Предавања за Евангелието по Јован

Стапките на Господа I

Др. Церок Ли

Назарет (Лука 2:51-52)
Исус го поминал Своето детство во Назарет, молејки се и барајки ја Божјта волја и провидение.

Родното Место На Исуса (Матеј 2:9)
Исус бил роден во Витлеем, во земјата Јудеа, пред околу 2,000 години, за да го исполни Божјото провидение за спасението.

Црквата на Свети Сергиј и Бахус (Матеј 2:13)
Се верува дека на ова место Марија, Јосиф и Бебето Исус одмориле на крајот од патувањето во Египет, бидејки бегаа од Кралот Ирод.

Исус, Спасителот

Кој што ја оставол славата на небесата зад Себе за да го спаси светот изгубен во гревот

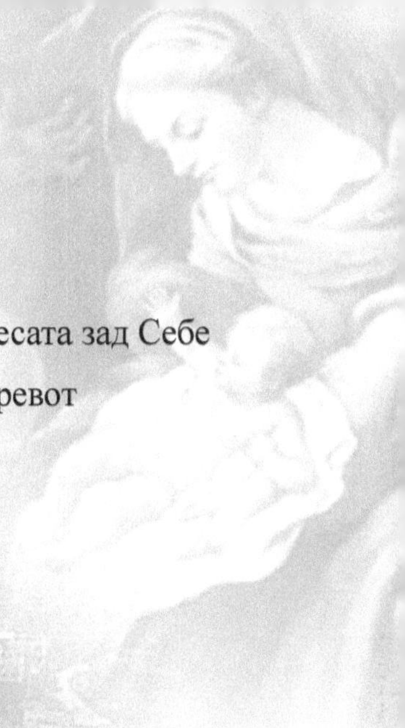

Планината На Искушението (Матеј 4:1)
По 40-дневниот пост, Исус бил поведен кон пустината од страна на Светиот Дух, за таму да биде искушуван од страна на ѓаволот.

Реката Јордан (Матеј 3:13)
Додека Исус бил крштеван во реката Јордан, небесата се отвориле и Духот Божји, како гулаб се спуштил над Него.

Францисканската Свадбена Црква Во Кана (модерно име Кафр Кана) (Јован 2:7-11)

Во почетокот на Своето јавно свештенствување Исус го извел Својот прв знак на претворањето на водата во вино, за време на свадбената веселба.

Синагогата Во Капернаум (Лука 4:31-32)

Каде и да одел Исус барал некоја синагога во тој регион, во која што би можел да го проповеда евангелието за Небесата.

Витсаида (Матеј 11:21)

И покрај фактот што Исус извел голем број на чуда во Витсаида, луѓето не се покајале и затоа Тој го прекорил градот.

Исус,
Вистинската Светлина На Светот
кој што им го споделил евангелието за Небесата
на душите кои што лутале во темнината како изгубени овци

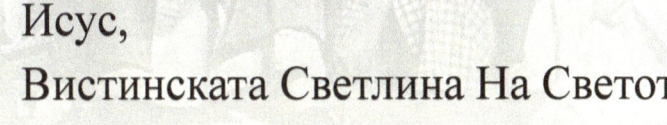

Галилејското Море
Во Галилеја, која што била главната локација за Неговото свештенствување, Исус ги собрал Своите ученици и извел безброј чуда.

Исус...
Исцелител
кој што им донесе слобода
на болните и на угнетените,
и кој што им донесе утеха и надеж
на одбиените и на запоставените.

Црквата На Мултиплицирањето Во Табга (Јован 6:11-13)

Оваа црква исто така е наречена и Црквата на Мултиплицирањето на Векните и на Рибите, во чест на чудото на хранењето пет илјади души со две риби и пет векни леб.

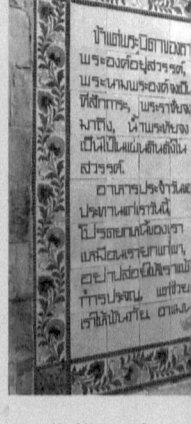

Капелата На Нашиот Отец
(Матеј 6:9-13)

Бањата Во Силоам (Јован 9:7)

Исус му кажал на слепиот од раѓање човек, да си ги измие очите во бањата во Силоам. Човекот бил излекуван и си отишол дома гледајќи.

Планината На Преображението (Лука 9:28-30)

На оваа планина Исус бил преобразен и започнал длабока духовна конверзација со Мојсеја и со Илија.

а ова место Исус ги поучувал Своите еници на Господовата Молитва. осподовата Молитва е испишана по ѕидовите црквата, на околу 70 различни јазици.

Маслиново Дрво

Издигајќи се до околу 810 метра надморска висина, Планината на Маслините била покриена со маслинови дрвја уште од античките времиња.

Исус Христос,
Вистинскиот И Добар Пастир

кој што го дал Својот живот за изгубените луѓе,

преку Неговата љубов

како што еден добар пастир го брани своето стадо

спремен да го положи и својот живот

Стапките на Господа I

Предавања за Евангелието по Јован

Стапките на Господа I

Др. Церок Ли

Стапките на Господа I:
Предавања за Евангелието по Јован од Др. Церок Ли
Објавени од страна на Урим Книги (Претставник: Johnny H. Kim)
73, Шиндаебанг Донг 22, Донгјак Гу, Сеул, Кореа
www.urimbooks.com

Сите права се задржани. Оваа книга или некои нејзини делови, не смеат да бидат репродуцирани во било која форма, да се чуваат во обновувачки систем, или да бидат пренесувани во било каква форма или преку било какви средства, електронски, механички, преку фотокопирање, снимање или на некој друг начин, без претходна писмена дозвола од страна на издавачот.

Авторско Право © 2020 од Др. Церок Ли
МСБК (ISBN): 979-11-263-0637-4, 979-11-263-0636-7(set) 04230
Преведувачко Авторско Право © 2013 од страна на Др. Естер К. Чанг. Употребено со дозвола

Прво Издание март 2020

Претходно објавено на Кореански во 2009 од страна на Урим Книги во Сеул, Кореја

Уредено од страна на Др. Геумсун Вин
Дизајнирано од страна на Уредувачкото Биро на Урим Книги
Отпечатено од страна на Prione Печатење
За повеќе информации ве молиме контактриајте ги: urimbook@hotmail.com

Забелешка На Авторот

Следејќи Ги Неговите Стапки...

Одејќи по трагата на Господовите стапки за време на моето поклоничко патување до Светата Земја, јас дојдов до сините води на Галилејското Море. Почувствував како да сум пропатувал 2,000 години наназад, до времето на нашиот Господ. Не можев да поминам ниту преку едно камче или прамен од тревата, без да бидам импресиониран од неговото значење. Кога и да ги затворев моите очи за момент, чувствував како да можам јасно да го чујам гласот на Господа. И гледајќи ја патеката од прашина која што се подигаше од нозете на поклониците ации кои што чекореа следејќи ги Господовите стапки, минатото и сегашноста се заплеткуваа во една смеса и јас чуствував како да стојам на самото место каде што Господ го извикувал Своето свештенствување. Можеби сето тоа беше резултат на мојата искрена желба да ги следам Неговите стапки.

Постојат Четири Евангелија во Библијата, кои што ги следат чекорите кои што Господ ги има направено во текот на Неговото свештенствување. Овие Евангелија се: Евангелието по Матеј, Марко, Лука и Јован. Меѓу Четирите Евангелија, Евангелието по Јован, напишано од страна на Јован – кој што бил толку близок со Господа да бил наречен „Саканиот Ученик," и кој што прв со сé се соочувал – во себе го носи најдлабокото духовно значење. Токму Евангелието по Јована повеќе од јасно покажува дека спасението доаѓа само преку Исуса Христа и дека Тој е вистинскиот Син Божји.

Секој пат кога ги читам Евангелијата јас станувам обземен со емоции. Специјално кога го читам Евангелието по Јована, и кога Светиот Дух ќе ме просветли со длабокото духовно значење на Словото кое што во него е запишано, јас не можам а да не го споделам тоа со секого кого што го познавам. Исто како што Господ го замолил Петра „Нахрани ги Моите овци," јас исто така се чувствував обврзан да ги нахранам сите верници со длабоките духовни тајни најдени во Евангелието по Јована. Поради оваа причина, во јули 1990 јас почнав да ги предавам 221-те серии на проповеди за Евангелието по Јована.

Предавањата за Евангелието по Јован: Стапките на Господа I & II впечатливо го отсликуваат ликот на Исуса од пред 2,000 години, виден низ очите на Јована, кој што лично го посведочил животот на Исуса. И проаѓајќи низ времето на вечноста, тајните за почетокот на времето, како и информациите за потеклото на Исуса, за Неговата љубов и провидение кои што на крајот доведоа до нашето спасение, сите ни беа откриени.

Било да Тој бил во Храмот, среќавајќи се со луѓето, или пак по планините или полињата, Исус ги поучувал луѓето употребувајќи илустрации од секојдневниот живот, така што секој можел лесно да го разбере. Неговите пораки воглавно биле за Бога, за Неговата должност како Спасителот и за вечниот живот. Иако високиот свештеник на Фарисеите не можел да го разбере духовното значење на Неговите пораки, добрите луѓе како што бил Никодим, Самариќанската жена кај бунарот во Сичар и Лазар, нашле нов живот низ Господовите пораки. Споделувајќи ги пораките за животот кои што не можеле никаде на друго место да бидат чуени, Господ им донел утеха и надеж на болните, на сиромашните и на запоставените. Сепак оние луѓе кои што одбиле да ја разберат Божјата љубов му го свртеле грбот на Исуса, поради тоа што Тој не бил сличен на месијата кој што тие го очекувале. И на крајот, истите овие луѓе повикале за Неговото распетие на крстот. Што ли мислите дека поминувало низ Исусовиот ум кога Тој бил обесен на крстот?

Кога ќе ја сватиме жртвата која што ја направил Исус – издржувајќи ги сите оние болки и тортури, бидејќи крстот бил единствениот начин да се исполни Божјото провидение – единствено што можеме е да му се поклониме во понизност. Уште од Неговото раѓање, па преку знаците и чудата кои што ги изведувал, преку пораките кои што ги пренесувал, сé до Неговото страдање на крстот и конечно до Неговото воскресение, секоја активност што ја извел Исус била значајна. Кога ќе го сватиме духовното значење кое што лежи позади секој настан, тогаш ние можеме навистина да ја разбереме длабоката љубов која што Бог ја има за нас.

Тајните за вечниот живот кои што можат да се најдат во Евангелието по Јована, се применуваат на нас и денеска. Ако ги отвориме нашите добри срца и го прифатиме Словото ние ќе можеме да откриеме едно неверојатното богатство и ако ние живееме во согласност со Словото, тогаш Бог ќе ни одговори на нашите молитви и ќе ни даде неверојатни благослови и сила.

Би сакал да им оддадам специјална благодарност на Гемсун Вин, Директорот на Уредувачкото Биро и на персоналот кој што вредно работеше на објавувањето на оваа книга и се надевам дека секој кој што ќе ја прочита оваа книга, ќе ја доживее големата Божја љубов. Исто така се молам да вие следејќи ги стапките на Господа и живеејќи во согласност со Неговите учења ги примите одговорите на сите ваши молитви и да Бог ви подари неверојатни благослови одозгора!

Јануари 2009
Церок Ли

 Предговор

Како Настанало Евангелието По Јована

1. Нешто Во Врска Со Авторот На Евангелието По Јована

Авторот на Евангелието по Јована бил апостолот Јован. Иако во самото Евангелие по Јована не е споменато кој би можел да биде авторот, ние можеме многу лесно да заклучиме дека авторот всушност е апостолот Јован. Ова можеме да го заклучиме од фактот дека Господовиот „Сакан Ученик" (Јован 13:23, 19:26, 20:2, 21:7, 20), Јован го има доживеано Господовиот живот од прва рака.

Јован бил син на Заведеј и Салома и тој му бил помладиот брат на Јакова. Заедно со неговиот брат Јаков, Јован бил еден од првите кои што постанале Исусови ученици. Поради својот жесток темперамент Јован бил наречен „Синот на Громот". Сепак тој бил многу сакан од страна на Господа што ја добил шансата да ја посведочи Исусовата духовна трансформација на Планината на Преображението и да ја оживее Јаировата ќерка. Кога Исус бил заробен од страна на Евреите и кога сите други ученици биле избегани поради стравот, Јован останал со Господа сè до моментот кога Тој умрел на крстот. Поради тоа што Исус ја видел веродостојноста на Јована, Тој му ја доверил девицата Марија, неколку моменти пред да умре на крстот.

По сведочењето на Исусовото воскресение и примањето на Светиот Дух, Јован станал изменета личност. Тој го посветил својот живот на ширењето на Евангелието (Дела 4:13) и ги поминал последните негови години во Ефес. Потоа, за време на суровата тиранија од стрна на императорот Домицијан, Јован бил протеран на островот Патмос. Островот Патмос, кој што во целост е составен од гранит, претставува неплодна почва каде што питката вода е навистина реткост, а вегетацијата едвај да може да преживее.

Во текот на денот, под надзорот на Римските војници, Јован бил приморан да работи во еден каменолом, во навистина тешки услови. А во текот на ноќта, трпејќи ги студот и гладот, Јован ја предавал целата своја енергија на молитвата. Дури и денеска, ако ја посетиме пештерата за која што се кажува дека во неа Јован секојдневно се молел, можеме да ги видиме отпечатоците од рацете на Јована кои што ни укажуваат на тоа колку биле тешки условите кога тој бил таму. По смртта на Домицијана, Јован се вратил во Ефес и таму умрел. Во неговите записи, вклучувајќи го тука и Евенгелието по Јована, Првото, Второто и Третото Послание по Јована, како и книгата на Откровението, Јован ја споменува љубовта преку 120 пати, поради што често е нарекуван „Апостолот на Љубовта".

2. Зошто Е Напишано Евангелието По Јована

Во Јован 20:31, апостолот Јован јасно предочува зошто го запишал Евангелието по Јована.

> *„А овие се запишани, за да поверувате дека Исус е Христос, Синот Божји и да преку верувањето можете да го имате животот во Неговото име."*

Во тоа време многу Евреи го мразеле Исуса и цврсто одрекувале дека Тој е Христос, за да на крајот дури и го убијат на крстот. Но во согласност со она што од прва рака го има посведочено апостолот Јован јасно сведочи дека Исус е вистинскиот Син Божји и дека Тој е Христос.

Темата на Евангелието по Јована е „Христос, љубовта,

животот и Светлината на светот." Тој ни кажува за Христа кој што дошол на овој свет за да ни даде љубов, Христа кој што дошол да го осветли светот и да го избави од темнината и Христа кој што му ја покажал на светот Божјата љубов преку тоа што се жртвувал Себеси.

3. Што Го Прави Евангелието По Јована Толку Специјално

Генерално Трите Евангелија кои што го забележуваат свештенството и учењата на Исуса – по Матеја, Марка и по Лука – се слични по содржина, структура и перспектива; поради што овие Евангелија се наречени Синоптични Евангелија. Сепак постои нешто што дефинитивно го разделува Евангелието по Јована од другие Евангелија.

Како прво, Синоптичките Евангелија го забележуваат свештенството на Исуса насочено претежно кон Галилеја, како главна сцена на настаните. За разлика од нив Евангелието по Јована го забележува свештенството на Исуса кое што воглавно се фокусира на Ерусалим и Јудеја.

Како второ, Пасхата во Синоптичките Евангелија е спомената само еднаш (Матеј 26:1-5; Марко 14:1; и Лука 22:1-2), додека Евангелието по Јована ја споменува Пасхата три пати (Јован 2:13, 6:4, и 11:55), означувајќи дека

Исусовото свештенствување во целост траело три години.

Како трето, Синоптичките Евангелија се фокусираат на кралството на Небесата, додека Евангелието по Јована се фокусира на односот помеѓу Исуса и Бога и на вечниот живот (Јован 3:16, 5:24, 11:25, и 17:2-3).

Евангелието по Јована ни објаснува за потеклото на Исуса Христа и како Тој бил со Бога уште од почетокот, па фразата „Јас сум ---" многу пати се појавува низ текстот на Евангелието по Јована. Фразата како што е, *„Јас сум лебот на животот"* (Јован 6:35), *„Јас сум Светлината на светот"* (Јован 8:12), *„Јас сум патот и вистината и животот"* (Јован 14:6), *„Јас сум добриот Пастир"* (Јован 10:11), и *„Јас сум вистинската лоза"* (Јован 15:1) јасно ни укажуваат кој е Исус. Многу настани како што е првиот знак кој што Исус го извел на свадбата во Кана, или Неговата посета на Самарија и многу други кои што не биле забележани во Синоптичките Евангелија, се забележани во Евангелието по Јована.

Она што специјално можеме да го видиме во Евангелието по Јована е записот за тоа како Исус кажува, *„Вистина, вистина ви кажувам,"* во многу случаеви. Ова на читателот силно му ја нагласува апсолутната вредност на Божјото Слово.

Содржина

Забелешка На Авторот

Предговор

Глава 1

Синот Божји Кој Што Дошол На Овој Свет ■

1. Исус, Словото Кое Што Стана Тело (1:1-18) ■ 3
2. Сведоштвото На Јован Крстител (1:19-34) ■ 20
3. Следбениците на Исуса (1:35-51) ■ 29

Глава 2

Исус Го Изведува Првиот Знак ■

1. Свадбената Гозба Во Кана (2:1-12) ■ 41
2. Престанете Да Правите Место За Тргување Од Куќата На Мојот Отец (2:13-25) ■ 53

Глава 3

Тајната На Повторното Раѓање ■

1. Разговорот Со Никодим (3:1-21) ■ 65
2. Оној Кој Што Се Симнал Од Небесата (3:22-36) ■ 88

Глава 4

Исусовиот Метод На Евангелизација ■

1. Исусовиот Разговор Со Самарјанката (4:1-26) ■ 97
2. Исус Ги Поучува Своите Ученици (4:27-42) ■ 112
3. Вториот Знак Во Кана (4:43-54) ■ 122

Глава 5

Знакот Кај Бањата Витезда ■

1. Човекот Кој Што Бил Излекуван На Денот Сабат По 38 Годишната Болест (5:1-15) ■ 131
2. Евреите Кои Што Го Прогонувале Исуса (5:16-30) ■ 142
3. Исусовото Сведоштво За Евреите (5:31-47) ■ 152

Глава 6

Лебот На Животот ■

1. Знакот На Двете Риби И Петте Векни (6:1-15) ■ 163
2. Исус, Кој Што Одел По Водата И Толпата Која Што Го Следела (6:16-40) ■ 175
3. Јадењето На Телото На Синот Човечки И Пиењето На Неговата Крв За Вечниот Живот (6:41-59) ■ 190
4. Учениците Кои Што Го Напуштиле Исуса (6:60-71) ■ 200

Содржина

Глава 7

Учењето На Празникот На Сениците

1. Исус Тајно Оди Во Ерусалим (7:1-13) ■ 209
2. Во Храмот Исус Разоткрива Кој Е Тој (7:14-31) ■ 218
3. Евреите Се Обидуваат Да Го Заробат Исуса (7:32-53) ■ 233

Глава 8

Вистината Ќе Ве Ослободи

1. Исус Ѝ Проштева На Жената Која Што Извршила Прељуба (8:1-11) ■ 249
2. Исусовата Порака До Евреите (8:12-30) ■ 258
3. Ослободувањето Во Вистината (8:31-47) ■ 273
4. Евреите Се Обидуваат Да Го Каменуваат Исуса (8:48-59) ■ 285

Глава 9

Исус Го Излекува Слепиот Човек ■

1. Оди, Измиј Се Во Базенот Во Силоам (9:1-12) ■ 295
2. Слепиот Човек Кој Што Бил Излекуван И Фарисеите (9:13-34) ■ 308
3. Да Се Биде Духовно Слеп (9:35-41) ■ 321

Глава 10

„Јас Сум Добриот Пастир" ■

1. Параболата За Добриот Пастир (10:1-21) ■ 327
2. „Јас И Отецот Сме Едно" (10:22-42) ■ 344

Глава 1

Синот Божји Кој Што Дошол На Овој Свет

1. Исус, Словото Кое Што Стана Тело
(1:1-18)

2. Сведоштвото На Јован Крстител
(1:19-34)

3. Следбениците на Исуса
(1:35-51)

Исус, Словото Кое Што Стана Тело

Уште од почетокот на светот луѓето секогаш ја сметале фамилијарната линија или родот како еден од важните фактори во животот. Фамилијарните стебла ја покажуваат желбата на луѓето да го откријат и негуваат нивното потекло и корени. Фамилијарното стебло ни покажува кои ни биле родителите, бабите и дедовците и прабабите и прадедовците. Ако продолжиме да одиме нагоре по фамилијарното стебло сé до самиот врв, до самото потекло на сите наши фамилии, кој мислите дека би бил коренот на сите нас? Тоа се Адам и Ева, родоначелниците на целото човештво.

Па тогаш кои настани се имаат случено пред постоењето на човекот, како настанал човекот и зошто Исус, Синот Божји, морал да дојде на овој свет?

Бог И Словото

„Во почетокот беше Словото, и Словото беше со Бога, и Словото беше Бог." (1:1)

Тајните за потеклото на животот можат да се најдат во Јован 1:1. Кажано е дека во почетокот беше „Словото." Тука „Словото" го означува Бога, кој што егзистира во форма на Словото. За ралика од луѓето, Бог не почнал да егзистира како резултат на раѓањето од страна на родители. Тој претставува совршено Битие кое што самото постои уште од пред вечноста (Исход 3:14).

Во стварноста кога го објаснуваме Бога, ние не мораме навистина да го употребиме зборот „почеток." Сепак причината зошто го употребуваме зборот „почеток" лежи во тоа што според човечкото знаење и искуство сите нешта и настани мораат да имаат една почетна точка. Така што овој збор ни помага во подоброто разбирање на концептот за Бога.

Зборот „почеток" исто така може да се најде во Битие 1:1, *„На почетокот Бог ги создаде небесата и земјата."* Но овој „почеток" е различен од „почетокот" кој што бил запишан во Евангелието по Јован. Секој од овие два „почетока" се однесува на различни времиња. „Почетокот" споменат во Битие се однесува на времето кога Бог ги создал небесата и земјата, а „почетокот" споменат во Евангелието по Јована се однесува на времето уште пред вечноста, чие што значење човекот не може да го проникне.

Тогаш зошто Јован кажува дека на почетокот било „Словото", а не „Бог"? Ова е направено така за да подобро ни се објасни ликот на Бога. На самиот почеток Бог не постоел во форма и појава како човек. Како што е и запишано во 1 Јован 1:5, *„Бог е Светлина,"* Бог владеел со целото пространство на времето и просторот, среде јасната, прекрасната и убава светлина, носејќи мноштво на зборови.

Овие зборови се јасни, транспарентни, нежни а сепак величенствени и во себе носат звуци кои што се доволно јаки да одекнуваат низ целиот универзум. Луѓето кои што го имаат чуено Божјиот глас под изразито длабоката инспирација од страна на Светиот Дух, можеби можат да го сватат овој звук. Додека Сам го владеел огромниот духовен простор, во еден одреден момент, за да се здобие со вистински чеда со кои што Тој би можел да ја сподели Својата љубов, Бог го зачнал планот за „култивацијата на човекот."

Откако ја испланирал култивацијата на луѓето, Бог ја земал формата за Себе (Битие 1:26). Бог, кој што егзистирал само во формата на Словото сега дошол во ситуација да ја има појавата на човек и Тој егзистирал како Богот Тројството, како Отецот, Синот и Светиот Дух. Бог морал да се направи Себеси во Богот Тројството бидејќи Нему му бил потребен Синот Исус, кој што ќе стане Спасителот и преку кого луѓето ќе стануваат вистински чеда Божји, а имал потреба и од Светиот Дух, преку кого ќе можел да ја комплетира култивацијата на луѓето.

Бидејќи е запишано, „И Словото беше со Бога," изгледа како да Словото и Бог биле два одделни ентитета. Но сепак заклучува, „И Словото беше Бог" дозволувајќи ни да узнаеме дека Словото всушност е Самиот Бог. Но ако ја анализираме таа секвенца, Словото било прво. Ова е така бидејќи Словото станало Тројство и потоа го земало името „Бог". Кога Словото самостојно егзистирало, Тој немал потреба за никакво име, но по планирањето на човечката култивација, Тој наишол на потребата да им даде на луѓето име по кое што ќе го нарекуваат.

Нормално дека кога кажуваме „Слово", мислиме на 66-те книги од Библијата. Но Библијата е запис кој што ја опишува позицијата на луѓето, патот на спасението и слично —информации кои што се потребни за време на култивацијата на човекот. Но тоа сепак е само мал дел од Словото кое што егзистирало од самиот почеток, кое што го опфаќало целото срце на Бога.

Исус Христос

„Тоа во почетокот беше со Бога. Сите нешта станаа преку Него и без Него ништо не стана што настана. Во Него беше животот и животот беше Светлината на луѓето. Светлината свети во темнината и темнината не може да ја спознае." (1:2-5)

Бог, кој што егзистирал во форматa на Словото, се направил Себеси Богот Тројството заради култивацијата на луѓето и како Тројството Тој започнал да работи на создавањето. Така што овиј стих ни кажува дека од самиот почеток, или дури уште пред создавањето, Отецот, Синот и Светиот Дух егзистирале и делувале заедно.

Кога дошол часот, Бог, кој што ја испланирал култивацијата на луѓето за да може да се здобие со вистинските чеда Божји, почнал да го создава универзумот со Неговите Зборови. Кога Бог кажал, „Нека биде светлина," и настанала светлината и сето во природата, сета вегетација и сите живи организми, настанале во согласност со Неговата заповед (Битие глава 1). Сето ова е така бидејќи Словото е Самиот Бог, а со тоа и самиот извор на животот.

Како последно, Бог ги создал луѓето и ја поставил финалната фондација за култивацијата на човештвото. Низ овој процес Бог се надевал да се здобие со чедата по Свој сопствен лик, но луѓето не живееле во согласност со Божјото Слово. На крајот, човештвото почнало да чекори по патот на сопствената смрт.

Така за да им го даде вистинскиот живот, Бог Самиот на Себе го земал телесното како кај луѓето и дошол на овој свет. Тоа е Богот Синот, Исус. Бидејќи Исус го има истото потекло како Богот Отецот, сите Негови Зборови и дела ни го покажуваат срцето на Бога. Поради тоа Тој кажал, *„Тој што ме има видено Мене, го има видено и Отецот"* (Јован 14:9).

Исус имал човечко тело, но бидејќи Тој изворно е Словото, Тој бил способен да ги лекува болните, да ги оживува мртвите и да го смирува ветрот и морињата (Марко 4:39). Конечно, за да ни ги даде Небесата, Тој го земал крстот наместо нас и ни го подарил вечниот живот (1 Јован 1:2).

1 Јован 5:12 кажува, *„Оној кој што го има Синот, го има и животот; оној кој што го нема Синот Божји, го нема ниту животот."* И во Јован 14:6 Исус кажува, *„Јас сум патот, вистината и животот; никој не доаѓа кај Отецот освен преку Мене."*

Така Исус, кој што е Самиот живот, дошол на овој свет како Светлината на луѓето. А бидејќи оваа Светлина сјае во темнината, луѓето можат да ја сватат невистината која што лежи во темнината и можат да ја разберат вистинската добрина и да чекорат кон животот, вистината и Светлината.

Сепак, како што е и запишано, „темнината не може да ја спознае," луѓето кои што се извалкани во гревот се од непријателот ѓаволот, кој што го држи авторитетот над светот на темнината. Поради овој факт луѓето кои што се под овој авторитет можат да ја видат Светлината, но не можат да ја сватат.

Сведок На Светлината

„И дојде човек испратен од Бога, чие што име беше Јован. Тој дојде како сведок, да сведочи за Светлината, така што сите да можат преку него да поверуваат. Тој не беше Светлината, туку тој дојде да сведочи за Светлината." (1:6-8)

Пред да го испрати Исуса на овој свет, каде што луѓето живееле среде беззаконието, неморалот и гревот, Бог припремил еден сведок кој што ќе посведочел за Исуса, кој што е Светлината и животот.

Луѓето многу лесно кажуваат дека Бог е оној кој што ја има контролата над животот и смртта. Се разбира Богот ја има целосната контрола над животот и смртта и со прецизност и ред Тој го контролира целиот универзум. Но сепак, Тој не одлучува какви деца ќе бидат родени и на кои родители. Секој човек и жена ја имаат слободната волја да си го изберат својот брачен партнер, да се венчаат и да имаат деца. Единственото нешто што Бог го набавува се биолошките потребни нешта кои што се изградени во нивните тела, за да можат тие да имаат потомство. Тие нешта се јајце клетките и сперматозоидите.

Постојат некои исклучителни случаи каде што Бог интервенира во создавањето на некоја специјална личност, за да потоа ја употреби на некој специјален начин за Своето кралство. Додека ги врши припремите за исполнувањето на некоја одредена волја во иднината, Тој избира некоја одредена личност за таа намена. Јован Крстител претставувал една таква личност. Тој бил зачнат по Божјо провидение за да го припреми патот за Исуса, кој што требало да стане Спасителот на целото човештво.

Лука 1:5-6 кажува, *„Во деновите на Ирода, кралот на Јудеа, постоеше еден свештеник наречен Захарија, од редот Авијанов; а тој имаше жена од ќерките на Арона, и нејзиното име беше Елисавета. Тие беа праведни пред Бога, чекорејќи безгрешно по сите заповеди и повелби на Господа."* Захарија и Елисавета биле препознаени од страна на Бога како безгрешни и праведни луѓе. Единствено нешто кое што им недостасувало сé до нивната старост било да имаат свое чедо. Но Бог ја видел добрината на нивните срца и ја благословил Елисаветината матка за да таа може да зачне дете (Лука 1:13). Ова дете било Јован Крстителот.

По Божјо провидение, Јован, кој што бил роден шест месеци пред Исуса, водел многу специјален начин на живот, кој што се разликувал од другите луѓе. Одвоен од остатокот на светот, Јован живеел во дивината, носејќи наметки направени од камилово влакно, опашан со кожен каиш околу појасот и се исхранувал само со скакулци и со медот од диви пчели. Тој комуницирал само со Бога и сваќајќи ја својата мисија, тој се припремал за неа.

Неговата мисија се состоела во тоа да го припреми патот за Исуса. Многу поуверливо е кога некој ќе каже за некоја личност, „Оваа личност е таква," зборувајќи за некоја одредена личност, отколку да таа иста личност самата за себе каже, „Јас сум таков." Имајќи го ова на ум, многу потешко би им било на луѓето да го прифатат Исуса како нивен Месија, ако Тој самиот кажувал за Себеси, „Јас сум Месијата. Верувајте во Мене." Поради оваа причина Бог го избрал Јована да посведочи за „Месијата" кој што требало да дојде.

Ако сведокот живеел во темнината а потоа сведочел за Светлината, луѓето никогаш не би му поверувале, ниту би го следеле. Токму затоа Јован бил толку праведен и несветовен – сé до таа точка да поседувал само една облека – и водел живот на целосната покорност кон Бога, кога сведочел за Исуса.

Вистинската Светлина И Чедата Божји

„Постои вистинска Светлина која што го осветлува секој човек кој што доаѓа во светот. Тој беше во светот и светот беше направен преку Него, но светот не го позна. Тој дојде кај Своите но Неговите не го примија. Но на многумината кои што го примија, Тој им го даде правото да станат чеда Божји, дури и на оние кои што веруваа во Неговото име, кои што не беа родени ниту од крвта, ниту од волјата на телесното, ниту од волјата на човека, туку од Бога." (1:9-13)

Еден објект кој што оддава светлина, без разлика колку и да е сјајна, има некои свои ограничувања. Дури и сонцето не може да ја осветли целата земја во исто време. Сепак Исус претставува вистинска Светлина која што му ја дава светлоста на целиот свет и на секого во него. Физичката светлина која што ја гледаме со нашите очи може да избледи со текот на времето, но Исус Христос е вечен, па затоа Тој е наречен вистинската Светлина.

Јован Крстител го посветил целиот свој живот кон тоа да ги извести луѓето за Светлината, но луѓето сепак сеуште не го препознавале Исуса. Ова се должело на фатот дека Исус не се појавил на оној начин на кој што тие го замислувале и очекувале Месијата. Во тоа време евреите живееле под репресијата на Римската Империја, така што тие очекувале некој Месија кој што ќе ја има политичката моќ да ги ослободи од угнетувањето. Исус во нините очи изгледал премногу немоќно и сиромашно за да ја оствари оваа задача.

Но на оние кои што го прифатиле Исуса кој што дошол во земјата Јудејска и кои што поверувале во Неговото име, Бог им го дал правото да станат Негови чеда. Тој исто така им го дал и Светиот Дух како подарок и им ги запишал нивните имиња во Книгата на Животот, на Небесата. Од тој момент, тие го примиле правото да го нарекуваат Бога како нивен „Отец". Ова право е неспоредливо со ниедно кое што постои тука на овој свет. Фамилијарните односи или крвните односи престануваат тогаш кога личноста ќе умре. Сепак духовните фамилијарни односи се вечни, бидејќи тие остануваат дури и на Небесата (Матеј 12:50).

Така луѓето кои што стануваат чеда Божји се сите браќа и сестри во Христа. Некои луѓе мислат дека тие самите го прифатиле Христа и почнале да ја посетуваат црквата, но тоа не е така. Ние не стануваме Божји чеда преку нашите сопствени напори или желби. Само самиот Бог ја има контролата над сето ова, па поради тоа сите чеда Божји се родени од Бога.

Славата На Божјиот Единствен Еднороден Син

„И Словото стана тело и се всели помеѓу нас, и ние ја видовме Неговата слава, славата на единствениот Еднороден од Отецот, полн со благодет и вистина." (1:14)

Бог кој што на почетокот егзистирал како Словото, ја

земал формата на човекот и дошол на овој свет за да ни се покаже Себеси на нас. Кога Тој е во ликот на Неговото создание за да ги спаси луѓето, тогаш ние го нарекуваме „Исус, Божјиот единствен Еднороден Син." Така што името Исус значи *„Тој ќе ги спаси Неговите луѓе од нивните гревови"* (Матеј 1:21). Пред да го испрати Својот Син, Бог го испратил ангелот Гаврил да ја извести Девицата Марија во врска со Исусовото доаѓање.

> *„Светиот Дух ќе слезе на тебе и силата на Севишниот ќе те осени; па поради оваа причина светото Чедо ќе биде наречено Синот Божји"* (Лука 1:35).

Физичката околина и услови кои што го опкружувале Исусовото раѓање биле навистина сиромашни. Во тоа време, во согласност со декретот издаден од Римскиот император, Марија и Јосиф требало да се вратат во својот роден град Витлеем, за да ја регистрираат својата фамилија на претстојниот попис. Бидејќи луѓето кои што биле распрскани низ целата земја почнале да се враќаат кон нивните градови во тоа време, не било чудно што секој ан бил преполн со луѓе. Поради оваа причина Исус бил роден во шталата каде што биле сместени животните. Чинот во себе го носи значењето дека Тој дошол да ги спаси луѓето кои што не се разликувале од животните, покрај кои што тој се родил.

Духовната атмосфера во времето на Неговото раѓање била навистина богата. Безбројните ангели го фалеле Бога и го прославувале раѓањето на Спасителот. Тие знаеле дека Исус ќе ја надмине силата на смртта и на темнината и дека ќе ги одврати загубените луѓе од овој свет повторно да станат чеда Божји.

Исус бил роден во регионот на Витлеем, во земјата на Јудеја. Но неговата фамилија морала да избега кон Египет заедно со Него. Тој го поминал своето рано детство во Назарет, регионот кој што се наоѓал југозападно од морето Галилејско. Сместен во мирното и изолирано место на природата, Исус ја сватил и станал свесен за Божјата волја и провидение. Кога и да имал време Тој одел до ридовите и се молел и медитирал за Божјото Слово, гледајќи кон Небесата. Тој стрпливо чекал да дојде часот кога ќе ја исполни Својата мисија на ширењето на евангелието за Небесата и за земањето на крстот поради спасението на човештвото.

Кога Тој бил на дванаесет годишна возраст, Исус, Марија и Јосиф отишле во Ерусалим за да ја прослават гозбата во име на Пасхата. По завршувањето на славењето, Марија и Јосиф се подготвувале да тргнат назад дома. Имало толку многу луѓе што тие дури по еден ден патување сватиле дека Исус бил изгубен. Помислувајќи на тоа дека младиот Исус бил изгубен во едно страно место, тие пребарувале насекаде трудејќи се да го најдат. Во текот на четири дена тие ги пребарувале патиштата и внатрешноста на градот, но не успеале да го најдат. Кога биле веќе уморни од потрагата и почнале да запаѓаат во очајание тие го виделе Исуса во

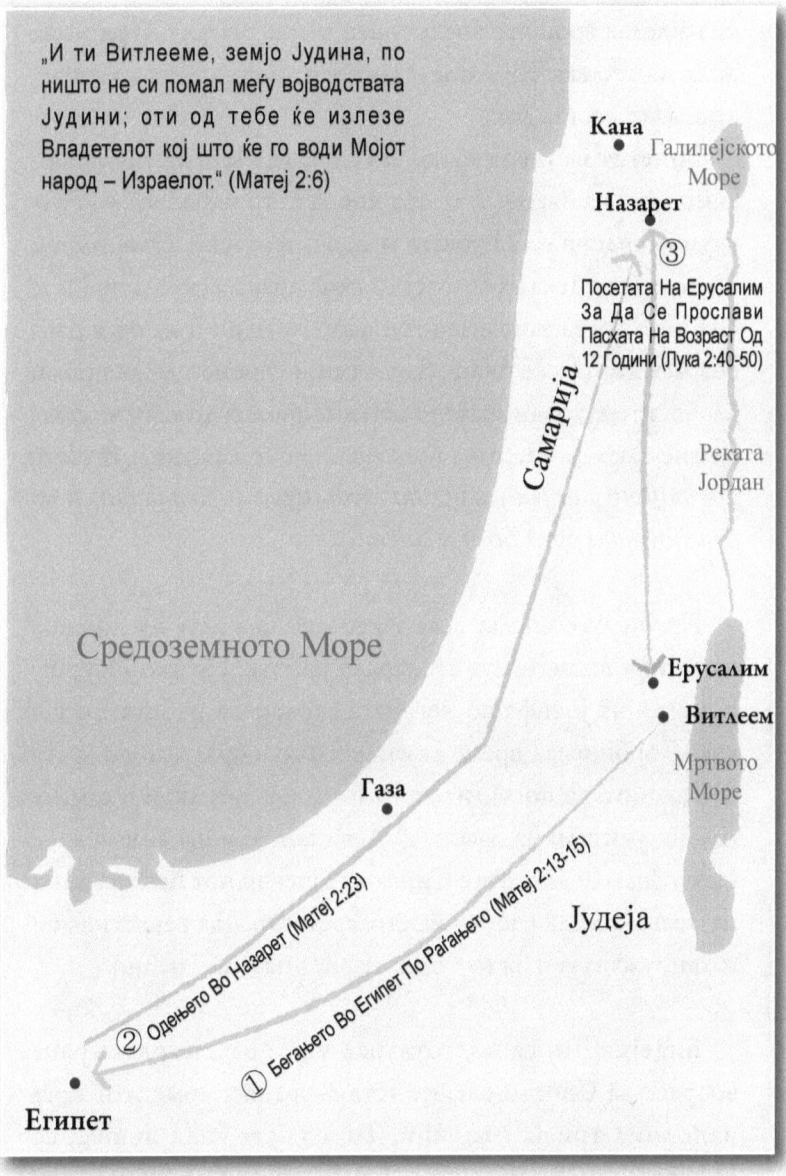

: : Раѓањето И Развојот На Исуса

храмот како зборува со големите учители на Законот. Исус не изгледал воопшто вознемирен или нервозен. Дури може да се каже дека Тој изгледал многу смирен и релаксиран, како да се наоѓал дома.

Во текот на тие неколку дена додека Исус разговарал со учителите на Законот, луѓето кои што го имале чуено биле вчудоневидени од Неговата мудрост и знаење. Овој настан ни покажува дека на возраст од само дванаесет години Исус бил веќе доста запознаен со Законот. Дури и на оваа рана возраст Исус веќе бил воодушевен и спремен да ги прими длабоките духовни значења кои што биле содржани во секој од тие закони. Па така во Лука 2:52 се кажува, *„И Исус постојано напредуваше во мудроста и возраста, и во благодетта пред Бога и луѓето."*

Некои луѓе мислат дека Исус кога бил дете му помагал на Јосефа во неговата столарска работа. Но ако Исус му помагал на Јосифа во неговата столарска работа, тогаш како Тој би имал време да стане толку образуван во врска со Законот, да постигне да ги вчудоневиди дури и самите големи учители на Законот? Девицата Марија знаела кој е Исус. Знаејќи дека Тој е Синот на Превишиот Бог, таа не би му дозволила да работи на столарството. Таа навистина би го опслужувала и би го чувала навистина внимателно.

Бидејќи Тој се подготвувал уште од Неговата рана возраст за Своето свештенствување, во моментот кога наполнил триесет години, Тој со сета сила почнал со Неговото свештенствување. Тој ги собрал Своите ученици и им ја покажал на луѓето Божјата сила. Како Синот Божји, Исус сведочел за живиот Бог и му ја оддавал славата. Тој им ги отварал очите на слепите, немите прозборувале и ги оживувал мртвите луѓе. На луѓето кои што во целост го имале изгубено нивното место како суштества кои што еднаш порано биле создадени по Божјиот лик, кои што сега живееле како животни, Тој им го покажувал нивниот прав лик и идентитет како чеда Божји. Тој ги избавувал луѓето од сиромаштијата, болестите и слабостите. Им ја носел надежта на оние кои што биле во очајание, а на оние кои што чекореле кон вечната смрт, Тој им ја дал шансата за добивањето на вечниот живот. Оваа услуга која што бесплатно ни ја дал Бог се нарекува „благодет".

Праведниот пат, животот и вечниот живот, нешта кои што никогаш не се менуваат, дури ниту со поминувањето на времето, се нарекуваат „вистина". Иако Исус ја поседувал неограничената сила и авторитет како Бог, Тој ги третирал злите луѓе со добрина и за сите луѓе покажувал милост – простувајќи им ги гревовите и сакајќи ги. И бидејќи го осветлувал словото со оваа прекрасна вистина, Библијата кажува дека Тој бил полн со „благодетта и вистината."

Благодетта И Вистината Низ Исуса Христа

„Јован сведочеше за Него и извикна, кажувајќи, 'Ова е Оној за кого што кажав, „Тој што доаѓа по мене го има повисокиот статус од мене, бидејќи Тој постоел пред мене."' Поради оваа Негова полнота ние се здобивме со благодет врз благодет. Бидејќи Законот беше даден преку Мојсеја; а благодетта и вистината беа реализирани низ Исуса Христа. Бога никој никогаш го нема видено; единствениот Еднороден Син кој што е на градите од својот Отец, Тој го има објаснето Него." (1:15-18)

Името Јован значи „Саканиот од Бога". Јован самиот знаел дека бил испратен од страна на Бога пред Исуса за да посведочи за Него. Тоа е причината поради која што Јован знаел за Исуса, кој што бил со Бога уште на почетокот, кој што бил „пред" него. Иако тој живеел сам во дивината тој бил полн со благодетта и со надежта за Небесата. Бидејќи Јован сведочел за Исуса, кој што бил Светлината и животот, тој можел само да биде преплавен со благодетта. Јован исто така ја изразил и радоста која што му била во срцето кога сведочел дека поради Исуса сите ја имаме примено „благодетта врз благодетта."

Исто како што Јован сведочел, секој кој што верува и го прифаќа Исуса како Синот Божји, и кој што се покајува за своите гревови е радосен поради надежта за Небесата, која што ја има во срцето. Исус им го донел оздравувањето на болните, им донел утеха и надеж на отфрлените и сиромашните, а им го дал и благословот на спасението и на вечниот живот на сите луѓе. Иако бил во тело, поради фактот дека изворно Тој е едно со Бога, само Тој, Исус Христос можел да му ја донесе оваа благодет и вистина на човештвото.

Законот е запис на духовните закони кои што се под Божјиот авторитет, за кои што ние апсолутно имаме потреба, за да можеме да живееме во овој свет. Како дополнение кон објаснувањето на срцето на Бога во тие Закони, исто така е објаснет и редот по кој што се одржува духовниот свет, сите правила во врска со благословите, проклетствата, гревот и смртта, судот, спасението и сите други значајни информации кои што се потребни за човечката култивација. „Тора" на еврејски е книга на закони која што се состои од 613 статии кои што Бог им ги дал на Израелците преку Мојсеја, пред Исус да дојде на овој свет. Ова е причината поради која Јован изјавил во стихот 17, *„Бидејќи Законот беше даден преку Мојсеја; а благодетта и вистината беа реализирани низ Исуса Христа."*

Додека го вршите процесот на евангелизација, одвреме навреме можеби ќе сретнете некои луѓе кои што ќе ви кажат, „Покажи ми го Бога, па тогаш ќе поверувам." Но само со тоа што некој бара да го види Бога, не значи дека Тој веднаш ќе се појави пред него. Ова се должи на фактот дека уште од непокорот на Адама, сите луѓе стануваат грешници, а грешниците не можат да го видат лицето на Бога; инаку тие ќе умрат (Исход 19:21). Поради тоа Словото, кое што е Бог, станува тело и доаѓа во овој свет, со името Исус, така што сите луѓе конечно можеле да го видат Бога. Затоа ако ние веруваме во Исуса и живееме во согласност со Неговото Слово, ние ќе можеме да го сретнеме Бога и сѐ друго што ќе побараме, ќе ни биде дадено од Негова страна.

Сведоштвото На Јован Крстител

Во 433 год. пред Христа (B.C), по Пророкот Малахија, Израел се соочувал со духовните „Мрачни Времиња". Во текот на 400 години немало ниту еден Божји пророк да им ги објави и предаде Неговите пораки на луѓето. Нацијата која што била под угнетувањето од страна на Рим, Израел офкал и стенкал низ долгите, молчеливи 400 години, за да на крајот еден пророк ја прекрши тишината. Овој пророк бил Јован Крстител.

Гласот На Оној Кој Што Повикувал Во Дивината

„Ова е сведоштвото на Јована, кога Јудејците испратија свештеници кај него и Левити да

Ерусалим да го прашаат, 'Кој си ти?' Тој призна и не одрече, туку призна, 'Јас не сум Христос.' Тие го запрашаа, 'А кој си тогаш? Дали си Илија?' И тој им одговори, 'Не сум.' 'Дали си Пророк?' А тој кажа, 'Не.' Тогаш тие му кажаа, 'Па тогаш кој си ти, за да можеме да им дадеме одговор на оние кои што не испратија? Што кажуваш за себеси?' Тој кажа, 'Јас сум гласот на оној кој што извикува во дивината, „Израмнете го патот на Господа," како што пророкот Исаија има кажано.'" (1:19-23)

Ако погледнеме во Матеј, глава 3, можеме да го видиме Јована Крстител во дивината на Јудеа како извикува, „*Покајте се, бидејќи се ближи кралството небесно*" (с. 2). Тој го извикувал ова за да им каже на луѓето за Исуса, кој што дошол како Спасител на светот и да ги поведе луѓето кон Него. И кога Јован крстел во реката Јордан, луѓето од Ерусалим и од целата Јудеја и регион доаѓале да си ги исповедаат своите гревови и да бидат крстени со неговата рака.

Додека Јован го припремал патот за Господа на овој начин, тој станал главен предмет за разговор помеѓу луѓето. Живеејќи во дивината хранејќи се само со скакулци и со див мед, за Израелците кои што биле во компленета духовна темнина во тоа време, Јован изгледал како еден зрак на светлина. Како што поминувало времето, зборот за Јован Крстител почнал да се шири и Јудејците станале љубопитни за тоа кој би можел тој да биде. Поради оваа причина тие испратиле свештеници и Левити кои што биле начитани и ги знаеле законите, за да го прашаат.

„Кој си ти?"
„Јас не сум Христос."
„Дали си Илија?"
„Не сум."
„Дали си Пророк?"
„Не."

За време на владеењето на кралот Ахаб, во Северното кралство на Израел постоел еден пророк со име Илија. За да докаже дека Богот на Израел бил единствениот вистински Бог, Илија влегол во натпревар против 650 пророци на Баал и Ашерах. Бог одговорил на барањето на Илија осветлувајќи ја неговата жртва со огнот од небесата, додека другите пророци не добиле никаков одговор од страна на нивните богови. Бидејќи тој бил свет и чист, тој бил подигнат во небесата без да ја искуси смртта. Подолг временски период тој бил негуван во срцата на Израелците и ја примил нивната љубов и респект. Како што е запишано во Малахија 4:5, „*Еве, Јас ќе ви го испратем пророкот Илија пред доаѓањето на големиот и страшен ден на ГОСПОДА,*" евреите верувале во ова пророштво и желно го исчекувале Илија. Но спротивно на нивната надеж и желби, Јован Крстителот јасно одрекува дека е Христос или Илија.

Конечно како резултат на нивното постојано испрашување Јован Крстителот се претставил себеси на овој начин, „Јас сум гласот на оној кој што извикува во дивината, 'Израмнете го патот на Господа.'" Бидејќи тој јасно знаел дека неговата мисија била во тоа да го припреми патот за Господа, тој се погрижил да не помине некои граници. И тој секогаш објавувал дека Оној кој што е поголем од него треба да дојде по него.

„Јас Крстам Со Вода"

„Сега тие беа испратени од Фарисеите. Тие го запрашаа и му кажаа, 'Зошто тогаш крштеваш, ако не си Христос, ниту Илија, ниту Пророк?' Јован им одговори кажувајќи, 'Јас крштевам со вода, но меѓу вас стои Еден кој што не го познавате. Тој е оној кој што доаѓа по мене, на кого што јас не сум достоен ниту ремените од сандалите да му ги одврзам.' Овие нешта се случија во Витанија, отаде Јордан, каде што Јован крштеваше." (1:24-28)

Се разбира дека високите свештеници и Левитите биле со сомнеж и двоумење – нивните луѓе биле крштевани од страна на некој кој што тврдел дека не е ниту Илија ниту пророк. Па го прашаа, „Зошто тогаш крштеваш?" Зошто мислите дека Јован Крстител крштевал со вода? Тој крштевал со вода за да им дозволи на луѓето да дознаат за Месијата кој што доаѓа.

Духовно, водата ја симболизира водата на животот која што на луѓето им дава вечен живот, што значи, Словото

Божјо. Исто како што водата го чисти телото од валканите нешта, исто така Божјото Слово ја чисти душата на човекот од греговите. Јован крштевал со вода на еден симболичен начин за да направи да луѓето прво се покајат за своите гревови а потоа да поверуваат и да го прифатат Синот Божји кој што доаѓа како Спасител.

Во тоа време, Јован Крстител бил високо почитуван од страна на луѓето бидејќи бил праведен и живеел во согласност со Законот и во вистината. Овој човек им кажувал на луѓето за Месијата, понизно покорувајќи се себеси кажувајќи, „Тој е оној кој што доаѓа по мене, на кого што јас не сум достоен ниту ремените од сандалите да му ги одврзам." Кога ќе го земеме во предвид фактот дека многу луѓе го сметале за пророк и го следеле, можеме да видиме колку тој бил понизно покорен. Во исто време, Јовановата исповест исто така ни помага да сватиме колку свет и вреден бил Исус.

„Еве го, Јагнето Божјо ..."

„Следниот ден тој го виде Исуса како доаѓа кај него и кажа, 'Еве го, Јагнето Божјо кое што врз Себе ги зеде греговите на светот!'" (1:29)

Следниот ден Исус отишол до реката Јордан, за да го сретне Јована. Тој отишол да биде крстен пред официјално да го почне Своето јавно свештенствување. Исус немал никакви маани или слабости. Но сепак Тој бил крстен бидејќи тој дошол на овој свет во тело, во ликот на Своето создание, за да може да ги спаси луѓето. Токму поради тоа Тој сакал да го следи редот на овој свет. Така да Неговото крштевање кај реката Јордан било доста значајно, бидејќи ја симболизирало жртвата и посветеноста на работата која што требало да ја исполни, земајќи го крстот за да спаси безброј човечки души.

Исполнет со Светиот Дух, Јован кога го видел Исуса кажал, „Еве го, Јагнето Божјо кое што врз Себе ги зеде гревовите на светот!" Повеќето од луѓето во текот на нивниот живот тука на земјата или ги бараат задоволствата на овој свет или прават секакви видови на гревови, обидувајќи се да се здобијат со слава, сила или пак да бидат пред другите луѓе. Јован ја направил неговата исповест, знаејќи дека на крајот Исус ќе биде закован на крстот, поради сите вакви гревови.

Зошто Јован го споредува Исуса со јагнето, покрај толку големиот број на животни кои што постојат? Тој ја има направено оваа компарација поради посебните карактеристики кои што ги има јагнето. Овците се навистина многу покорни и одат таму каде што ќе ги поведе пастирот. Дури и кога некој ќе ги фати и ќе им го истрижи руното, тие не се спротиставуваат. Нивната волна, млеко и месо се жртвуваат за добробитта на луѓето.

Посебно биле користени едногодишните машки јагниња, чија што волна изгледа толку многу мека и прекрасна, за жртвувањето кое што му се принесувало на Бога. Ако се споредат со луѓето, овие јагниња би можеле да им бидат еквивалентни на младите луѓе кои што се наоѓаат во најубавото доба од нивните животи. Поради тоа што ова е добата пред добата на размножување, јагнињата се навистина многу чисти и без некој дефект. Ова е исто како што Исус, жртвеното јагне, кое што несебично се предава Себеси за нас, грешниците. Без било какво навестување на воинственост или на разметливост, Тој бил благ, кроток, чист и без некоја маана.

Јован го споредил Исуса со јагнето бидејќи Исус, како и жртвеното јагне, морал да биде жртвуван за грешниците, како понудената жртва кон Бога. Некои луѓе ги нарекуваат новите верници кои што се млади во верата – „јагнињa." Сепак, Библијата им се обраќа на верниците со зборот „овци" или со „Божјите овци", но никогаш со „јагнињa." Ова се должи на фактот што терминот „јагне" се употребува однесувајќи се на Исуса Христа.

Синот Божји

„Ова е Тој за кого што реков, 'По мене доаѓа Човек кој што ја има повисоката позиција од мене, бидејќи Тој постоел пред мене.' Јас не го познав, но за да Тој биде претставен на Израелот, јас дојдов да крштевам со водата. Јован сведочеше кажувајќи, 'Јас го имам видено Духот во вид на гулаб како слегува од небесата и како останува над Него.' Јас не го препознав Него, но Оној кој што ме беше испратил да крштевам со вода ми кажа, 'Оној кај кого ќе видиш дека слегува Духот и останува над

Него, Тој е оној кој што ќе крштева со Светиот Дух.' Јас лично имам видено и посведочено дека ова е Синот Божји." (1:30-34)

Исус бил роден на овој свет шест месеци по раѓањето на Јована Крстител. Но духовно, Тој постоел уште пред почетокот на времето. Јован ја знаел оваа вистина. Поради тоа тој кажал, „По мене доаѓа Човек кој што ја има повисоката позиција од мене, бидејќи Тој постоел пред мене."

Тој наведува дека причината за неговото постоење е да им открие на луѓето дека Исус доаѓа во Израел. Причината зошто Јован крштевал со водата била во тоа да им каже на луѓето за Исуса, кој што ќе крштева со Светиот Дух. За да можат подобро да го сватат крштевањето со Светиот Дух кое што Исус ќе го изведувал подоцна, луѓето морале прво да го разберат духовното значење на крштевањето со водата.

Бог му кажал на Јован Крстител дека оној на кого ќе слезе Духот во вид на гулаб, спуштајќи се од небесата, е Христос. Исто како што кажал Бог, по крштевањето на Исуса и Неговото излегување од водата, небесата се отвориле и Духот, во вид на гулаб се спуштил на Него. Гледајќи го сето ова, Јован Крстител знаел дека Исус е Синот Божји. Исус, првиот кој што го примил Светиот Дух, подоцна ќе биде Оној кој што ќе ги крсти сите луѓе со Светиот Дух.

Што мислите зошто Библијата ни кажува дека Светиот Дух се спуштил долу во вид на гулаб? Гулабот е симбол на мирот и е многу блага и нежна птица која што е многу пријателски настроена кон луѓето. Но ова не значи дека всушност гулаб се спуштил и слетал на Исуса. Тоа значи дека присуството на Духот се спуштило на Исуса на еден благ и нежен начин, рефлектирајќи го Неговиот карактер. Светиот Дух различно работи во согласност со темпераментот на секоја личност. Кај луѓето кои што имаат енергичен темперамент, Светиот Дух работи на еден силен начин, а кај луѓето кои што се со кроток темперамент, Светиот Дух работи на еден мек и нежен начин. Бидејќи Бог му ги отворил духовните очи на Јована, тој бил во состојба да го види присуството на Светиот Дух, кој што луѓето, со нивните физички очи, не можат да го видат. Поради тоа тој бил во состојба да го види и да посведочи дека Исус бил Синот Божји.

Следбениците на Исуса

Кога Јован конечно го сретнал Исуса, кого што го очекувал и поради кого бил претходно испратен од Бога, колку ли возбудено и обземен со емоции морал да се чувствува во тој момент! По гледањето на Исуса кој што дошол да биде крстен од него, Јован се почувствувал толку многу непријатно засрамен, што се обидел да го одбие Неговото барање. Сепак Исус му кажува, *„Остави го сега тоа; зошто нам ни престои да ја исполниме секоја правдина"* (Матеј 3:15). Гласот на Исуса кој што бил благ, но сепак одлучен, го натерал Јована да не се колеба повеќе. Ова се случило така бидејќи сето се случува во согласност со Божјата волја.

Учениците На Јована Крстител

„Јован повторно стоеше со двајца од неговите ученици и погледна кон Исуса кој што чекореше кажувајќи, 'Еве го Јагнето Божјо!' Двајцата ученици го слушнаа како зборува и почнаа да го следат Исуса. Исус се заврте и ги виде како го следат, па им кажа, 'Што барате?' Тие му кажаа, 'Рави (што значи Учителе), каде живееш?' Тој им одговори, 'Дојдете и видете.' Тие отидоа и видоа каде живее; и останаа тој ден со Него, бидејќи беше околу десетиот час." (1:35-39)

Тоа се случило следниот ден откако Јован Крстител го покрстил Исуса со водата. Јован сакал да неговите сакани ученици почнат да го следат Исуса, Синот Божји. Поради тоа тој им кажал на своите ученици, „Еве го Јагнето Божјо!" повторувајќи уште еднаш кој навистина е Исус.

Исус ги запрашал овие ученици што бараат. Тој не ги запрашал бидејќи не знаел пто бараат. Тој ги запрашал бидејќи можел да им одговори само откако ќе го запрашаат (Матеј 7:7). Тој сакал да им ја даде можноста да го запрашаат. Во моментот кога тие го чуле ова, учениците веднаш почнале да го следат Исуса.

„Што барате?"
„Рави, каде живееш?"

„Рави" на еврејски е титула која што им се дава на

учителите кои што подучуваат на законите на Јудаизмот и значи „Мој учителе, Мој Господаре." Тоа е титула која што се користи за да и се обрати на некоја респектабилна личност, или на учител кој што во себе има голема количина на знаење. И уште еднаш Тој им прозборел на Јовановите ученици, кои што го сметаа за нивен учител, кажувајќи им, „Дојдете."

Додека го следеле Исуса задлабочени во конверзацијата со Него, учениците дури и не сватиле како времето бргу поминало. Тие биле навистина маѓепсани со Неговите пораки.

Андреј И Симон Петар

„А еден од двајцата кои што беа чуле од Јована и почнале да го следат Него, беше Андреј, братот на Симона Петра. Тој прв го најде брата си Симона и му кажа, 'Го најдовме Месијата' (што преведено значи Христос). И го одведе кај Исуса. А Исус погледна кон него и му кажа, 'Ти си Симон, синот Јонин; ти ќе бидеш наречен Кифа' (што значи Петар – камен)." (1:40-42)

Еден од Јовановите ученици кои што го следеле Исуса бил Андреј, братот на Симона Петра. Додека зборувал со Исуса тој ја открил прекрасната вистина. Тој открил дека Исус е Месијата на кого што укажувале сите пророштва! Андреј не можел повеќе да се воздржи во чувањето на оваа новост. Така што тој веднаш отишол кај својот брат Симон и му кажал, „Го најдовме Месијата!"

Можете ли да си замислите како се почувствувал Симон гледајќи го озареното лице на Андреја, како исполнето со возбуденост извикува, „Го сретнав Месијата!" Симон можеби бил малку збунет во почетокот, но штом неговиот брат му се исповедал дека го сретнал Христа – Месијата кого што Израелците веќе долги години го исчекувале – тој бргу го следел брата си, за да го види Него. Откако го видел Симона, Исус му кажал, „Ти си Симон, син Јонин; ти ќе бидеш наречен Кифа (Петар)."

Исус уште од почетокот знаел кој е тој и веднаш го видел Симоновото срце. Тој исто така знаел на кој начин Господ ќе го употреби понатаму. „Кифа", или „Петар", како што Исус го нарекол, подоцна ќе постане Исусовиот ценет ученик, кој што ќе си го жртвува својот живот за да ја изгради јаката основа на која што ќе биде изградена првата црква.

Другите Евангелија кажуваат дека Петар и Андреј рибареле на Галилејското Море кога биле повикани да станат Исусовите ученици (Матеј 4:18; Марко 1:16-18). Причината зошто Евангелието по Јована се разликува лежи во тоа што Евангелието по Јована известува за Андрејовото и Петровото прво соочување со Исуса; а не кога тие биле повикани да станат Негови ученици.

Филип И Натанаил

„Следниот ден Тој предложи да оди во Галилеја и го најде Филипа. И Исус му кажа нему, 'Следи

Ме.' Филип беше од Витсаида, градот на Андреја и Петра. Филип го најде Натанаила и му кажа, 'Го најдовме Оној за Кого што пишуваат Мојсеј во Законот, а исто така и пророците—Исус од Назарет, синот на Јосифа.' Натанаил му кажа, 'Може ли нешто добро да излезе од Назарет?' Филип му одговори, 'Дојди и види.'" (1:43-46)

Еден ден откако Исус ги сретнал Андреј и Петар, кога се спремал да оди во Галилеја, Исус го сретнал Филипа. Тој му кажал, „Следи Ме." Филип, исто како и Петар бил од градот Витсаида и исто така бил повикан да биде еден од Исусовите ученици. И исто како и Андреј, по сваќањето дека Исус е Месијата, тој отишол да ја сподели оваа новост со Натанаила. Бидејќи во тоа време Филип не знаел многу за Исуса, тој го претставил Него како „Исус од Назарет, синот на Јосифа". Па кажал, „Го најдовме Оној за Кого што пишуваат Мојсеј во Законот, а исто така и пророците—Исус од Назарет, синот на Јосифа." Но Натанаил запрашал, „Назарет! Може ли нешто добро да излезе од Назарет?"

Натанаил не можел да му поверува на Филипа. Тој помислил, 'Како е возможно да големиот Месија дојде од така малиот и запуштен град?' Натанаил помислил дека Месијата кој што требало да го спаси целото човештво од гревовите ќе биде, како Божји син, една добра личност но во исто време и една високо ценета личност, на која што луѓето не би се осмелиле така лесно да погледнат. Па се разбира дека, откако слушнал дека Месијата всушност е син на еден обичен столар, тој не можел да поверува во она што го чул!

Филип, кој што бил мудар човек, не се обидел да се расправа со Натанаила. Тој само му кажал да едноставно дојде и самиот види, ако не можел да поверува. Натанаил навистина не можел да поверува, но бидејќи имал добро срце, тој го послушал советот на својот пријател и пошол со него.

> „Исус го виде Натанаила како доаѓа кај Него и му кажа, 'Еве вистински Израелец, во кого нема измама!' Натанаил му кажа, 'Како ме познаваш?' Исус му одговори и му кажа, 'Уште пред да те повика Филип, кога седеше под смоквата, Јас те видов.'" (Јован 1:47-48)

Кога Исус го видел Натанаила кој што чекорел кон Него, воден од страна на Филипа, Тој му оддал комплименти кажувајќи му, „Еве вистински Израелец, во кого нема измама!" Исус го видел центарот на Натанаиловото срце и знаел дека тој во себе има едно непроменливо срце—остунувајќи верен и покорен кон Божјото Слово. Што мислите зошто Исус го нарекол Натанаила „вистински Израелец"?

Кога Бог го избрал Јакова да стане таткото на Израел, Тој ги посакувал луѓето кои што се добри и вистинољубиви. Сепак, одвреме навреме Израелците залутувале по патеките кои што водат кон оддалечувањето од Бога и ги обожувале идолите. Бог барал да најде „вистински Израелец" кој што вистински ќе биде верен и покорен и тоа бил моментот кога Натанаил се појавил пред Исуса.

Се разбира дека Натанаил бил изненаден кога Исус, кој што пред тоа никогаш се немал сретнато со него, го препознал и му ги оддал комплиментите. Тој го запрашал, „Како ме познаваш?" Исус му одговорил, „Уште пред да те повика Филип, кога седеше под смоквата, Јас те видов."

Исус пред тоа никогаш го немал сретнато Натанаила, но Тој можел да погледне низ него! Бидејќи Натанаил имал добро срце, тој не се посомневал во Исуса прашувајќи се, „Се прашувам дали некој му има кажано нешто за мене на Исуса пред нашиот состанок?" Наместо тоа тој го отворил своето срце и ја прифатил вистината каква што била.

Натанаиловата Духовна Исповест

„Натанаил му одговори, 'Рави, Ти си Синот Божји; Ти си Кралот на Израел.' Исус му одговорил кажувајќи му, 'Дали поверува поради тоа што ти кажав дека те видов под смоквата? Ќе видиш и поголеми нешта од тоа.' И му кажа, 'Вистина, вистина ти велам, ќе видиш како се отвораат небесата и како ангелите Божји се подигаат и слегуваат на Синот Човечки.'" (1:49-51)

По изменувањето на само неколку зборови со Исуса, Натанаил извршил една изненадувачка исповест: „Рави,

Ти си Синот Божји; Ти си Кралот на Израел." На што Исус одговорил, „Дали поверува поради тоа што ти кажав дека те видов под смоквата? Ќе видиш и поголеми нешта од тоа."

По слушањето на Натанаиловата духовна исповест, Исус му кажал што ќе се случува во иднината. Исто како и Бартоломеј, еден од Исусовите апостоли, Натанаил посведочил многу знаци и чуда, бидејќи бил во близина на Исуса. Тој посведочил како голем број на луѓе стануваат излекувани од разни видови на болести; бил сведок и кога Лазар бил воскреснат 4 дена по неговата смрт и распаѓање на телото; и на крајот тој бил сведок на Исусовата смрт на крстот, Неговиот закоп во гробницата и Неговото воскресение на третиот ден од смртта.

Исус потоа му ја дал на Натанаила следната благословена порака: „Вистина, вистина ти велам, ќе видиш како се отвораат небесата и како ангелите Божји се подигаат и слегуваат на Синот Човечки." Ова е потврда на Натанаиловата исповест, „Ти си Синот Божји; Ти си Кралот на Израел." Причината зошто Исус не одговорил со, „Да, во право си," а наместо тоа индиректно ја препознава Натанаиловата исповест и индиректно искажува дека Тој е Месијата, поради тоа што сѐ уште не бил часот да Исус го стори тоа. Ако Тој сѐ искажувал веднаш и отворено, непријателот ѓаволот и Сатаната би го попречиле планот за спасението и би се обиделе да го спречат исполнувањето на Божјата волја. Поради тоа Тој не сакал тогаш да се открие Себеси. Исус секогаш го гледал центарот на срцето на некоја личност; и имајќи ја на ум мисијата која што требало да ја исполни Тој само делувал во целосна согласност со Божјата волја.

Глава 2

Исус Го Изведува Првиот Знак

1. Свадбената Гозба Во Кана
(2:1-12)

2. Престанете Да Правите Место За Тргување Од Куќата На Мојот Отец
(2:13-25)

Свадбената Гозба Во Кана

Како што созревал во возраста, Исус постојано се припремал Себеси за Своето свештенствување како Спасителот и чекал да дојде Неговото време. И веднаш штом наполнил 30 години Тој официјално го започнал Своето јавно свештенствување за да го спаси човештвото како Месијата.

Чудесниот знак кој што Исус го извел кога присуствувал на свадбената гозба во регионот на Кана го означува почетокот на Неговото јавно свештенствување. Некои луѓе мислат дека Исус ја претворил водата во вино за да едноставно ги благослови луѓето кои што биле на гозбата, но сепак зад тој прв знак стои едно специјално значење кое што го означува почетокот на Неговото јавно свештенствување. Исусовото присуство на свадбената гозба, претворањето на водата во вино и кажувањето на некои одредени зборови во Неговата конверзација со Марија, сето тоа во себе носи едно големо значење.

Исус Бил Поканет На Свадбениот Банкет

„На третиот ден имаше свадба во Кана Галилејска, и мајката на Исуса беше таму; на свадбата беа поканети Исус и Неговите ученици. Кога приврши виното, мајка му на Исуса му кажа, 'Немаат вино.' А Исус и кажа, 'Жено, каква врска има тоа со нас? Сé уште не е дојден Мојот час.'" (2:1-4)

Регионот на Кана не се наоѓа далеку од Назарет или од Галилеја. Еден ден Марија и се разбира Исус и Неговите ученици исто така биле поканети на свадбен банкет кој што се одржувал таму.

Ако погледнете во Лука 17:27, се кажува дека во времето на судот, во времето на Ноа, *„тие јадеа, пиеја, се венчаваа сé до денот кога Ное влезе во арката, а потоа дојде потопот и ги уништи сите."* И во стихот 30 се кажува, „Ќе биде исто така и на денот кога ќе се открие Синот Човечки." Зборовите „јадење, пиење, венчавање" биле употребени за да се објасни како светот ќе се наполни со зло во добата на последните денови.

Понатаму, Кана Галилејска духовно го симболизира

светот а свадбениот банкет во Кана го симболизира светот кој што е полн со јадење, пиење и препуштање на гревот, во добата на последните денови. Непријателот ѓаволот, кој што е владетелот на овој свет, ги искушува луѓето да си ги следат своите грешни инстинкти да постанат пијани од секуларниот свет.

Па тогаш зошто Исус присуствувал на секуларната свадбена гозба? Исус никогаш не би присуствувал на гозбата или на банкетот, за да им се препушти на световните задоволства. Тој дошол на овој свет само за да му ја оддаде славата на Бога и да го спаси човештвото. Па како тогаш Тој би можел да го започне Своето јавно свештенствување со препуштањето на световните задоволства? Причината зошто Исус присуствувал на таа секуларна свадбена гозба била во тоа да покаже дека Синот Божји, кој што е свет и одвоен од гревот, дошол на овој свет, кој што е полн со грев, за да ги спаси грешниците кои што се во него.

Точно кога забавата била на својот врв, се случило да снема вино. За домаќинот на забавата тоа претставувала една многу вознемирувачка и непријатна ситуација. Марија, која што разбрала што се случило, почувствувала жал за домаќинот и му кажала на Исуса што се случува. Таа го сторила тоа бидејќи по триесет години живот со Исуса, таа знаела дека Тој ја има силата да стори било што. Но Исус и дава на Марија еден неочекуван одговор кажувајќи и, „Жено, каква врска има тоа со нас? Сѐ уште не е дојден Мојот час."

Па зошто тогаш Исус и се обратил на Марија со „жено"?

Бог, Создателот на универзумот, не можел да ја нарече жената која што била Негова креација, со зборот, „мајко." Се разбира дека во текот на триесет години Тој им служел на Своите физички родители во согласност со заповедите и Неговите обврски како син. Но по почетокот на Неговото свештенствување, Тој само ја исполнувал Својата мисија како „Божји Син." Поради тоа Исус и се обратил на Марија со зборот „жено", во присуство на Неговите ученици на банкетот.

Причината зошто Тој ја запрашал Марија, „Жено, каква врска има тоа со нас?" била во тоа да покаже дека Тој и Неговите ученици немале учество во јадењето, пиењето и веселбата на луѓето. Што мислел Исус кога кажал, „Сé уште не е дојден Мојот час"? Во оваа реченица зборот „час" означува духовно време. Така да она што Тој го мислел е дека времето да Тој ја исполни Својата мисија на спасение, умирајќи на крстот за нашите гревови, сé уште не било дојдено. Марија му кажувала на Исуса во врска со физичката ситуација во која што се наоѓале, во која што виното завршило на банкетот, но Исус и одговорил со зборовите кои што во себе носеле длабоко, духовно значење.

Духовното Значење На Шестте Камени Садови

„Неговата мајка им кажа на слугите, 'Сé што ќе ви каже, направете.' А таму имаше шест камени садови за вода, поставени за миење, поради еврејскиот обичај, содржејќи дваесет до триесет галони секој

: : Свадбата Во Кана (Слика Во Францисканската Свадбена Црква)

: : Францисканската Свадбена Црква

од нив. Исус им кажа, 'Наполнете ги садовите за вода со вода.' И тие ги наполнија до врвот." (2:5-7)

Марија им кажала на слугите да направат сé што Исус ќе им каже да сторат. Иницијално ова може да не поведе кон заклучок дека делувањето на Марија било против Исуса, кога Тој и одговорил, „Сé уште не е дојден Мојот час." Сепак не е возможно дека Марија би го занемарила она што Исус и го кажал. Иако Исус и кажал дека Тој нема никаква врска со веселењето од овој свет, Марија имала вера дека Тој ќе ја покаже милоста кон домаќинот на забавата—кој што бил во многу непријатна ситуација—и дека ќе направи нешто за него.

На банкетот имало шест камени садови за вода кои што евреите ги употребувале за церемонијално миење, а секој од нив можел да содржи дваесет до триесет галони со вода. Библијата споменува дека садовите биле направени од „камен." Сето ова е така бидејќи каменот претставува нешто што е јако и неменливо, како една цврста фондација. Ова го означува непроменливото ветување на Бога. Фактот дека имало шест камени садови е многу значаен бидејќи ги претставувале 6,000 години на човечката култивација. Исто како и камените садови, така и Божјото провидение и љубов кон човештвото биле и ќе бидат непроменети во текот на 6,000 години на човечката култивација.

Кога Марија му ја покажала на Исуса својата необесхрабрива вера, Тој и одговорил со изведувањето на еден чудесен знак. Тој им кажал на слугите да ги наполнат шестте садови со вода. Запишано е дека тие ги наполниле до врвот, што значи дека тие биле блиску до претекување. Фактот дека водата дошла до самиот врв на садовите но не претекла, означува дека историјата на човечката култувација ќе биде комплетирана пред крајот на тие 6,000 години. Малиот простор кој што останал над врвот на садовите симболично ги претставува настаните кои што ќе се случат на земјата за време на Седумгодишните Големи Страдања, следејќи го комплетирањето на човечката култивација.

Провидението На Претворањето На Водата Во Вино

„И Тој им кажа, 'Нацрпете малку и однесете му го на главниот слуга.' И му однесоа. Кога тој вкуси од водата што беше станала вино, не знаејќи од каде доаѓа (но слугите кои што ја беа нацрпиле водата знаеја), главниот слуга го повика младоженецот и му кажа, 'Секој човек прво го служи доброто вино, па кога луѓето ќе се поднапијат, потоа полошото; но ти си го зачувал доброто вино за сега.'" (2:8-10)

Кога слугите му се покориле на Исуса, што значи дека нацрпиле од садот и му го однеле на главниот слуга на банкетот, водата се претворила во вино! Водата која што се претворила во вино била вино кое што имало навистина прекрасен вкус. Тоа било толку многу добро по вкус да главниот слуга на банкетот го повикал малдоженецот за да го запраша во врска со тоа. Обично на забава луѓето прво го служат најдоброто вино што го поседуваат, бидејќи како што напредува забавата и луѓето се поднапиваат, нивните чувства отапуваат, па така да во тој момент не е ниту важно ако квалитетот на виното е малку полош од порано. Но на овој банкет, подоброто вино било послужено подоцна, па главниот слуга на банкетот помислил дека таквото нешто е навистина чудно.

Исус не присуствувал на свадбениот банкет и не ја претворил водата во вино за да луѓето паднат сѐ повеќе во развратност и пијанство. Исус всушност создал вино кое што во себе немало никави супстанции кои што би предизвикале пијанство кај луѓето. За да можете да го сватите чинот зошто Исус го извел тој чудесен знак, морате прво да го сватите духовното значење на водата и на виното.

Водата тука го претставува телото на Исуса Христа, кој што дошол на овој свет кога Словото станало тело (Јован 1:14), а виното ја претставува крвта на Исуса, кој што треба да ги спаси сите грешници. Па затоа причината поради која Исус ја претворил водата во вино и им го дал на луѓето да го пијат, била во тоа да им покаже дека кога ќе дојде времето, Исус ќе умре на крстот и ќе ја пролее Својата крв, па така што на оние луѓе кои што веруваат во ова ќе им бидат простени гревовите и ќе го примат спасението.

„Главниот слуга на банкетот" ги претставува световните луѓе кои што не веруваат во Бога, а слугите кои што му го донеле виното на главниот слуга на банкетот ги претставуваат слугите и работниците на Бога. Слугите знаеле како настанало тоа вино, но главниот слуга на банкетот немал поим од каде тоа можело да биде. Исто така слугите и работниците на Бога многу добро знаат дека преку крвта Исусова ќе бидеме спасени, па тие се обидуваат да ја споделат таа новост за Исуса Христа и Божјото Слово на нивните овци, исто како и на луѓето кои што се неверници во овој свет.

Исто како што главниот слуга на банкетот бил радосен кога го пробал новото вино, исто така и луѓето на кои што ќе им бидат простени гревовите преку скапоцената крв Исусова, навистина ќе ја почуствуваат радоста од самиот центар на нивните срца. Нивните гревови би направиле да тие тргнат по патот на вечната смрт, но поради Божјата милост, нивните гревови им биле испрани, па секако дека тие ќе почувствуваат една голема радост!

Фактот дека виното кое што било направено од водата по вкус било навистина добро, духовно го претставува Божјото Слово кое што е толку слатко како да е мед. Луѓето кои што не веруваат во Бога се обидуваат да ги задоволат своите физички желби барајќи ги сите видови на секуларни нешта; сепак, кога на крајот ќе се соочат со вечната смрт, сите тие нешта ќе им изгледаат бесмислени. Но Божјото Слово е благо и длабоко и ни дава живот, така да тоа е навистина вредно.

Па овој прв знак го покажува Божјото провидение на водењето на Своите луѓе кон Небесата, преку давањето на прошка за нивните гревови низ скапоцената крв Исусова и преку нивното осветување низ Неговото Слово.

„Така Исус направи почеток на Неговите знаци во Кана Галилејска и ја манифестираше славата Своја, и учениците Негови поверуваа во Него." (2:11)

Кога Библијата ни кажува дека учениците ја ставиле својата вера во Исуса по гледањето на Неговата слава низ овој прв чудесен знак, не значи дека тоа едноставно се однесува само на овој настан кога Исус ја претворил водата во вино. Оваа фраза исто така симболично се однесува на сите настани кои што ќе го исполнат Божјото провидение во иднината. Во Матеј 12 можеме да видиме една сцена каде што некои од Фарисеите и учителите на законот доаѓаат кај Исуса и го прашуваат да им покаже некој знак. Се до тој момент, според Божјата сила, Исус веќе имал покажано доволно докази за да луѓето поверуваат. Исус ги излекувал слепите да можат повторно да прогледаат, немите да можат да проговорат. Исус покажал голем број на други знаци како дополнение на овие, но сепак тие не им биле доволни нив. Тие сепак сеуште не поверувале и го запрашале да им изведе уште еден знак.

Во Матеј 12:39-40, Исус им одговорил и им кажал, *„Злобната и прељубничка генерација копнее за знак; но нема да и се даде знак освен знакот на пророкот Јона; бидејќи исто како што Јона беше три дена и три ноќи во утробата на морското чудовиште, исто така и Синот Човечки ќе биде три дена и три ноќи во срцето на земјата."* Утробата на морското чудовиште се однесува на „длабочината на Шеолот" во Стариот Завет (Јона 2:2), што го означува „Горниот Гроб." Она што Исус тука ни го кажува е дека исто како што Јона кој што не го послушал Бога и поминал три дена во гробот, Исус исто така ќе умре на крстот заради гревовите на човештвото и потоа ќе отиде во гробот. Потоа Тој ќе ни покаже нов знак со тоа што ќе се врати во живот по три дена.

Така што фразата, „Така Исус направи почеток на Неговите знаци во Кана Галилејска и ја манифестираше славата Своја, и учениците Негови поверуваа во Него," не значи дека Исусовите ученици поверувале токму во оној момент кога виделе како водата се претвора во вино. Оваа фраза претставува едно пророштво во кое што се вели дека учениците ќе се здобијат со вистинска вера само по Исусовото изведување на „знакот на Јона", со тоа што Тој ќе умре на крстот и ќе ја покаже славата на воскресението. И токму како што и наведува Писмото, единствено по посведочувањето на воскресението учениците навистина сватиле сé што им било кажано од страна на Исуса и поверувале во Него.

„По ова Тој слезе во Капернаум, Тој, мајката Негова, Неговите браќа Неговите ученици; и тие останаа таму неколку дена." (2:12)

По изведувањето на Својот прв знак, Тој слегол во Капернаум, заедно со мајка му, браќата и учениците. Капернаум, кој што е лоциран северозападно од Морето Галилејско, бил многу населено место, бидејќи во тоа време тоа претставувало Римско воено место, а воедно бил и центарот на администрацијата. Исус исто така извршил многу од Своите евангелисички свештенствувања на оваа локација.

Ова е местото каде што Тој го повикал Петра, Андреја, Јакова и Јована, да бидат Негови ученици; и тука Тој ги поучил на многу нешта. Тоа е местото каде што Исус го излекувал парализираниот човек и ја оживеал Јаирусовата ќерка. Но сепак луѓето од Капернаум не ги прифатиле Исусовите зборови. Луѓето кои што биле на ова место посведочиле многу повеќе дела на Божјата сила од луѓето во било кој друг регион, но сепак не се покајале. Не е ни чудно што Исус тагувал за нив (Матеј 11:23).

Околу шестиот век, градските ѕидини на Капернаум колабрирале; а тој останал ненаселен и во руини сѐ до денешниот ден. Исус не останал долго во овој регион и кога ќе погледнеме на сето што го има направено, можеме да разбереме зошто било така. Исус никогаш не делувал по Неговата Сопствена волја. Тој секогаш ја следел Божјата волја. Тој само го кажувал она што Бог му кажал да зборува, одел таму каде што Бог му кажувал да оди и останувал онаму каде што Бог му кажувал да остане.

Престанете Да Правите Место За Тргување Од Куќата На Мојот Отец

За време на владеењето на кралот Ровоам, Соломоновиот син, Израел бил поделен на Северно Израелско Кралство и на Јужно Израелско Кралство, а како резултат на тоа искусиле инвазии од многу непријателски нации. Подоцна во 722 година пред Христа (В.С.), Северниот Израел бил уништен од страна на Асиријците, а во 586 год. П.Х. Јужна Јудеја била нападната од страна на Вавилон и тогаш многу од Израелците биле земени во заробеништво. Како резултат на сето тоа, Јудејците страдале во текот на многу години. Сепак дури и под Римската репресија Јудејците успеале да се вратат во Ерусалим од многу места во светот, нудејќи му жртви на Бога во времето на најголемиот национален празник, Пасха.

Исус Го Исчистува Храмот

„Се наближуваше Пасха Јудејска, па Исус отиде во Ерусалим. И ги најде во храмот оние кои што продаваа волови и овци и гулаби, и менувачите на пари сместени на нивните маси. Па направи Тој бич од врвци и ги истера надвор од храмот, заедно со овците и воловите; на менувачите на пари им ги растури монетите и им ги испреврте масите; а на оние кои што продаваа гулаби им кажа, 'Носете го тоа од овде; престанете да правите место за тргување од куќата на Мојот Отец.' Учениците Негови се сетија дека беше запишано, 'Ревноста на Твојата куќа ќе ме изеде.'" (2:13-17)

Следејќи го Законот, Исус исто така отишол до храмот за да ја прослави Пасхата. Ние кажуваме дека луѓето отишле „нагоре кон храмот" бидејќи Ерусалим е сместен на планина 760 метра над морското ниво. Но кога Исус и Неговите ученици стигнале во храмот, Исус не можел да поверува во она што го видел! Храмот бил преполн со продавачи кои што се труделе да продадат добиток, овци, гулаби итн, на луѓето кои што патувале од далеку и немале можност ништо да припремат за жртвувањето посветено на Бога.

Луѓето кои што продавале добиток, овци и гулаби биле наредени а имало и менувачи на пари кои што седеле таму и им менувале пари на луѓето бидејќи им било кажано дека страните пари биле нечисти за да му се понудат на Бога. Звукот на луѓето кои што се ценкале и викот на животните се мешале правејќи таква бука што храмот едвај да изгледал како свето место каде што се одвива чинот на обожувањето.

Сведочејќи една таква сцена направило да Исусовото срце почне да гори од жесток гнев. Така Тој направил бич од врвци и ги истерал животните надвор од храмот, им ги растурил монетите на менувачите на пари и им ги превртел масите. Па потоа на строг начин им кажал на луѓето кои што продавале гулаби, „Носете го тоа од овде; престанете да правите место за тргување од куќата на Мојот Отец."

Па тогаш што мислите дека го натерало Исуса, кој што бил навистина нежен и никогаш не влегувал во караници, ниту пак се фалел, да стане така бесен? Тој не бил бесен бидејќи имал енергичен темперамент. Тој бил бесен бидејќи Божјиот храм, местото кое што би требало да биде нешто најсвето и најчисто, било изваlкано со продавачите кои што се обидувале да направат профит за себе. Оваа сцена ни покажува колку многу Исус го сакал храмот.

Некој човек може да запраша, „Нели е добро да се купуваат и продаваат нештата кои што се потребни за жрвувањето посветено кон Бога?" Сепак продавачите ги правеле тргувањата само за нивен профит и ја покривале Божјата слава. Храмот претставува место каде што ние го обожуваме Бога во духот и вистината и место каде што му ги нудиме нашите молитви и пофалби на Бога. На ова место не би требало да има бизнис трансакции кои што би се одвивале помеѓу верниците.

Дури и денеска, ние мораме да бидеме многу

внимателни да не направиме трговија во црквата, без разлика на причината. Тогаш некој би можел да запраша, „Но нели ние продаваме книги и некои други предмети во нашата црковна книжарница?" Сепак постоењето на книжарница во црквата не е за да се добие некој профит. Парите кои што се добиваат од продажбата на Библијата, црковните песни и некои други нешта кои што се потребни за секојдневниот Христијански живот, се употребуваат за помагањето на луѓето кои што имаат потреба за тоа, за хуманитарни мисии и за некои други програми кои што се наменети за кралството Божјо. Освен ова што е наведено, сето друго што некој би се обидел да го направи во црквата со намера за да постигне лична корист, не би требало да биде дозволено.

Во било кое место каде што луѓето се здружуваат во Господа, мораме да се осигураме дека на тие места не ги носиме начините кои што му припаѓаат на секуларниот свет. Ова би можеле да го постигнеме само со тоа што сè ќе правиме во вистината. Ако и со најмалата телесна мисла внесуваме во црквата некои трендови кои што му припаѓаат на секуларниот свет, тогаш исто како што квасецот нараснува и станува сè поголем, исто така ќе следат и искушенијата и неволјите. Да, Бог е навистина полн со љубов и со милост; но сепак Тој нема да ги толерира делувањата кои што ја оскверунуваат црквата и ја затскриваат Неговата слава.

Учениците кои што биле сведоци на Исусовиот гнев потоа можеле да го разберат Писмото, „...*Копнежот* за *Твојата куќа ќе ме изеде"* (Псалм 69:9). Фарисеите, Садукеите и учителите на законот тврделе дека го сакаат Бога и затоа ги студираат законите и ги почитуваат со копнеж. Тие се собираат во храмот за да извршат жртвувања и за да се молат. Но на крајот, тие не успеале да ја разберат Божјата волја. Тие однадвор изгледаат свето, но одвнатре се исполнети со зло и неправда. Тие не можеле да спознаат дека луѓето го осквернавувале храмот со правењето на ваквите бизниси во него.

На истиот начин, иако надворешниот изглед на храмот е битен, она што е повеќе важно е нашето срце кое што, во согласност со Библијата, претставува Божји храм исто така. Бог не гледа на надворешниот изглед на човекот, туку на внатрешниот дел на човечкото срце. Поради ова во 1 Коринтјаните 3:16-17, е запишано, *„Дали не знаете дека вие сте храмот Божји и дека Духот Божји пребива во вас? Ако некој човек го уништува храмот Божји, Бог ќе го уништи, бидејќи храмот Божји е свет и тоа е она што сте вие."*

Бидејќи срцето е местото каде што пребива Светиот Дух, ние мораме да се придржуваме до Словото, да го отфрлиме злото и секојдневно да се стремиме кон осветувањето на нашите срца. Само кога ќе успееме да го направиме ова ќе можеме правилно да ја дешифрираме Божјата волја и да живееме во согласност со неа.

„Урнете Го Овој Храм И За Три Дена Ќе Го Подигнам"

„Јудејците тогаш му кажаа, 'Со каков знак ќе ни ја покажаеш Својата власт за правењето на овие нешта' Исус им одговори, 'Урнете го овој храм и за три дена ќе го подигнам.' Јудејците тогаш кажаа, 'Потребни беа четириесет и шест години за да се изгради овој храм, а Ти ќе го подигнеш за три дена?' Но Тој зборуваше за храмот на Своето тело. Па кога воскресна од мртвите, учениците Негови се сетија што кажал; и поверуваа во Писмото и во словото што Исус го имаше кажано." (2:18-22)

Продавачите кои што биле во храмот, Високиот Свештеник, Садукеите и Фарисеите биле шокирани гледајќи го Исуса како ги превртува масите. Луѓето прашувале, „Каква власт има Тој за да може да измени нешто што Високиот Свештеник и Садукеите го имаат дозволено?" Ако Исус ја имал силата и власта да го направи тоа, тогаш тие барале од Него да го докаже тоа.

Тие прашале, „Со каков знак ќе ни ја покажеш Својата власт за правењето на овие нешта?" „Урнете го овој храм и за три дена ќе го подигнам," Исус им одговорил. Јудејците кои што го слушнале Исусовиот одговор почнале да му се потсмеваат. Храмот во Ерусалим има искусено толку многу страдања исто како и самата историја на Израелската нација. Изграден за прв пат за време на владеењето на кралот Соломон, бил уништен кратко по нападот на кралот Набуходоносор од Вавилон. Кога првата група на луѓе кои што биле земени во заробеништво во Вавилон, се вратиле дома, тие заедно со Зоровавел повторно го изградиле храмот за 20 години. Но овој храм исто така бил уништен во друг напад, па по многу години, кралот Ирод, за да се здобие со подршка од своите луѓе, го изградил по 46 годишно обновување.

Па така ние можеме да видиме дека обновувањето на храмот не е лесна работа. Градењето на храмот побарува многу ресурси и човечка сила, посветеност и преданост. Така, Исус кажал дека ќе го изгради храмот—за кого биле потребни 46 години да се обнови—за три дена, и се разбира дека Јудејците помислиле дека Неговото тврдење било апсурдно. Подоцна можеме да видиме дека тие ја употребиле оваа Негова изјава против Исуса, кога го суделе (Матеј 26:61). Како врв на сето тоа, кога Исус умирал на крстот за да го исполни Божјото спасение на човештвото, тие извикувале, *„Ти кој што ќе го уништиш и обновиш храмот за само три дена, спаси се Себеси! Ако Ти си Синот Божји, слези од крстот"* (Матеј 27:40; Марко 15:29-30).

Кога Исус кажал, „за три дена ќе го подигнам," Тој кажувал „Јас сум Господарот на храмот." Духовното значење кое што стоело зад оваа изјава се состоело во ова: Исус, кој што е храмот, ќе умре на крстот и ќе воскресне за три дена.

Ако Исус им кажал, „Јас сум Господарот на храмот и Синот на Богот Создателот," тие веројатно би станале разгневени и би му возвратиле, „Кој ти го дал правото да бидеш Господарот на храмот?!" И ако Исус директно им одговорел, „И иако ќе Ме распнете на крстот поради тоа што Ме мразите, Јас пак ќе се подигнам за три дена," тие би станале дури уште повеќе збеснети. Поради оваа причина Исус направил само некои индиректни импликации.

Луѓето на телесното не ги разбираат духовните зборови. Дури и во случајот кај Исусовите ученици, тие навистина поверувале дека Исус е Спасителот само по посведочувањето на Неговата смрт на крстот и Неговото воскресение. Само по примањето на Светиот Дух на Педесетница (Духови), тие станале храбри сведоци на евангелието без да се плашат за своите животи. Затоа една личност мора да го добие духовното искуство и да го прими Светиот Дух за да може вистински да го разбере Божјото Слово и да расне во верата.

„И кога беше во Ерусалим за празникот Пасха, за време на гозбата, многумине поверуваа во Неговото име, гледајќи ги Неговите знаци кои што ги изведуваше. Но Исус, од Негова страна не им се доверуваше, бидејќи ги познаваше сите луѓе и немаше потреба никој да му сведочи за човекот, бидејќи Тој Самиот знаеше што има во човекот." (2:23-25)

За оние луѓе кои што не сакале да поверуваат без некои знаци и чуда, Исус ги лекувал болните и ги оживувал мртвите. Тој им ги покажал многуте моќни дела. Како резултат на тоа голем број на луѓе му покажувале добредојде и го поканувале во нивните домови. Но сепак, Исус не им се доверувал, поради тоа што Тој го познавал срцето на луѓето. Она што тие го сакале не бил Исус, туку Неговата сила.

Ако Исус повеќе не би ја имал силата, нивните срца би се размениле. Ако нешто се смени во зависност од ситуацијата, тогаш тоа не е вистина. Но сепак, оние луѓе кои што го сакаат Исуса од центарот на нивните срца, му ја носат радоста во Исусовото срце. Марија и Марта, кои што живееле во Витанија, биле такви луѓе. Поради тоа што тие навистина го сакале Исуса од центарот на нивните срца, кога и да поминувал низ нивната област, Тој ги посетувал нивните домови (Лука 10:38).

Тогаш што мислел Исус кога кажал дека не му треба никој да му сведочи во врска со луѓето? Ова е така бидејќи во внатрешноста на човечкото срце, постои зависта, љубомората, убиството, похотата и измамата. Исус кој што бил без мана, праведен и бил само во вистината, не сакал да биде суден од нив. Ваквиот вид на луѓе не можат да ја примат Божјата сила и не можат да му ја оддадат славата на Бога. На оние луѓе кои што се со вистински срца, Бог ќе им ја покаже Својата сила—за да им докаже дека е со нив—та да можат тие да му ја оддаваат славата.

Глава 3

Тајната На Повторното Раѓање

1. Разговорот Со Никодим
   (3:1-21)

2. Оној Кој Што Се Симнал Од Небесата
   (3:22-26)

Разговорот Со Никодим

Додека бил во Ерусалим во време на празникот Пасха, Исус го осветил храмот, ги лекувал болните и ги проповедал пораките кои што луѓето никогаш порано никаде ги немале чуено. Голем број на луѓе ги виделе чудесните знаци кои што Тој ги изведувал и почнале да веруваат во Него. Еден од овие луѓе бил и Фарисејот по име Никодим, кој што бил член на Јудејците кои што го составувале владеачкиот совет.

Во времето на Исуса, Јудаизмот воглавно бил поделен на Фарисеи, на Садукеи и на Есени. Од сите тие три деноминации Фарисеите го имале најголемото влијание врз луѓето, верувале во стриктното придржување кон законите и верувале во воскресението на мртвите. Од друга страна пак Садукеите не гледале со симпатии кон строгото придржување на законите. Не верувале во воскресението и во вечниот живот и го одрекувале постоењето на ангелите и на духовниот свет. Тие биле деноминација на реалисти. Есените се фокусирале на постигнувањето на совршена хармонија со Бога. Тие го споделувале својот имот со другите членови и живееле еден аскетски начин на живот, одвоен од останатиот дел на светот.

Никодим Го Побарал Исуса

„Помеѓу Фарисеите имаше еден човек по име Никодим, владетел Јудејски; овој човек ноќе дојде кај Исуса и му кажа, 'Рави, знаеме дека си дојден од Бога како учител; бидејќи никој не може да ги изведува овие знаци што Ти ги изведуваш ако Бог не е со него.'" (3:1-2)

Владеечкиот совет во кој што Никодим бил член, бил составен од 71 член вклучувајќи го тука и високиот свештеник.Членовите на овој совет ги воспоставиле и ги спроведувале законите, а ја имале и улогата која што била еквивалентна на законодавните и судски ограноци на владиниот ентитет. Ова било можно поради тоа што иако Израел бил под власта на Римската империја, Римјаните им ја дале на локалните власти владеачката сила над своите луѓе.

Поради тоа што тој бил влијателен човек кој што бил на водечка позиција, Никодим воочил дека Исус не бил обична личност. Иако и тој самиот бил учител, тој

: : Јавна Средба На Големиот Совет-Санхедрин (Модел)

почувствувал дека постои една невообичаена сила во Исусовото учење. Па поради тоа што Исус изведувал нешта како што било излекувањето на болните и сакатите, кои што обичен човек не би бил во состојба да ги направи, тој го препознал Него како некој кој што бил испратен од Бога.

Една ноќ тој отишол да го види Исуса. Во тоа време религиозните лидери како што биле Фарисеите и Садукеите го обвинувале Исуса кажувајќи, „Тој е опседнат од страна на Велзевула! Од страна на принцот на демоните..." Ова било така бидејќи сè повеќе луѓе станувале Исусови следбеници и Фарисеите и Садукеите биле исплашени да не ги загубат своите позиции и власта над луѓето.

Но Никодим бил различен од нив. Тој секогаш бил жеден за вистината. Иако тој стриктно му се придржувал на законот, тој сепак не бил до крај задоволен од тоа. Во еден момент тој почнал да размислува за тоа дека Исус би можел да му ја изгаси неговата жед за вистината. За да избегне да биде виден од другите луѓе, тој ноќе отишол да го види Исуса, го спознал Исуса како добра личност и посакал да дознае повеќе за Него.

На истиот начин секој може да чуе и да ја посведочи истата сила на Бога, но секој човек различно реагира на тоа. Откако ќе ја почувствуваат Божјата сила, некои луѓе чувствуваат како се преплавени со радост и многу бргу си ги отвораат срцата. Но некои луѓе не сакаат дури ниту да чујат за таквите нешта и ја негираат Божјата сила во целост. Некои зли луѓе дури и се трудат да соберат некои несреќни случки и со тоа да најдат начини за да создадат некакво озборување или клевета. Разликата се наоѓа во доброто и злото кое што се наоѓа во срцето на секој човек.

Кога Никодим го сретнал Исуса, тој се претставил себеси во една скромност. Иако тој самиот бил човек кој што бил на висока водечка позиција, тој му го оддал својот респект на Исуса обраќајќи му се со „Рави", и исповедајќи се, „Ти си дојден од Бога како учител." Никодим го кажал ова бидејќи знаел дека чудотворните знаци кои што Исус ги изведувал, некој не можел туку така да ги изведе, па затоа и сакал да го изрази својот респект кон Него.

Значењето На „Повторното Раѓање"

„Исус одговорил и му кажал, 'Вистина, вистина ти кажувам, ако некој не е повторно роден, тој не може да го види кралството Божјо.' Никодим му одговори Нему, 'Како може човек повторно да биде роден кога е возрасен? Тој не може по втор пат да влезе во матката на мајка си и да биде роден, нели?'" (3:3-4)

По слушањето на Никодимовата исповест, Исус направил еден неочекуван одговор. Кога Никодим му кажал, „Ти дојде од Бога како учител," Исус не одговорил, „Да, во право си." Наместо тоа Тој кажал, „Вистина, вистина ти кажувам, ако некој не е повторно роден, тој не може да го види кралството Божјо."

Исто како што Исус го видел центарот на Натанаиловото срце кога Филип за прв пат го донел пред Него, Исус исто така видел што се наоѓа во ценатарот на Никодимовото срце. Никодим направил една таква исповест бидејќи во неговото срце, тој верувал дека Исус е Христос и дека е Божјиот Син. Поради тоа што имал добро срце, гледајќи ги чудотворните знаци кои што Исус ги изведувал, тој едноставно помислувал дека Исус бил личност која што е испратена од Бога. Но сето тоа не произлегло од некое духвно просветлување. Поради тоа Исус не кажал, „Во право си," или „Не си во право." Наместо тоа Тој го поучил за духовната вистина кажувајќи му дека мора да биде повторно роден за да го види кралството Божјо.

Што тоа значи да се биде 'повторно роден'? Кога некоја жена која што секогаш била критикувана од страна на соседите, заврти нова страница во животот и почне да биде 'добра' личност, тогаш луѓето обично кажуваат „Таа стана нова личност," или „Таа е повторно родена." Но она на што Исус се осврнува тука не е во тоа да се биде повторно роден во физичка смисла, туку да се биде повторно роден во духовна смисла. Да се биде повторно роден во духот значи дека личноста која што живеела среде невистината, слушајќи го Словото Божјо почне да живее во вистината. На пример ако една личност која што била лажго се промени во личност која што е искрена; или ако една гневна личност која мрази се промени во нежна личност која што сака.

Постојат случаи кога личностите кои што страдаат од некои неизлечиви болести, го сретнуваат Бога и стануваат излекувани. Тогаш тие стануваат толку многу исполнети со Божјата милост, благодет и благодарност што нивните срца веднаш се изменуваат. Но ова не значи дека тие веднаш стануваат повторно родени во духот. За да се случи нешто такво, ќе ни треба помошта од Светиот Дух. Само тогаш кога ќе го примиме Светиот Дух ќе бидеме во состојба да ја разбереме Божјата волја, да се придржуваме кон Божјата волја и ќе можеме да бидеме повторно родени во духот, а со тоа и да го примиме и вечниот живот.

Не сваќајќи го Исуса, Никодим го запрашал како е возможно да една личност биде родена два пати. Се разбира дека морал да праша такво нешто, бидејќи не можел да го разбере. „Како може еден човек повторно да биде роден кога е возрасен? Тој не може по втор пат да влезе во матката на мајка си и да биде роден, нели?"

Фетусот расте во матката на мајката во текот на девет месеци пред да биде роден. Секој знае дека една личност не може повторно да се врати во матката на својата мајка откако еднаш ќе биде родена. Иако Никодим поседувал темелно познавање на законите и бил учител на законите, поради фактот дека не можел да ја свати духовната порака, тој не можел а да не го постави ова смешно прашање.

Да Се Биде Роден Од Водата И Духот

„Исус одговори, 'Вистина, вистина ти кажувам, ако некој не се роди од водата и од Духот, нема да може да влезе во кралството Божјо.'" (3:5)

Никодим не можел да разбере што сакал Исус да каже кога рекол да се биде 'повторно роден', па кога Исус зборувал за тоа да се биде роден од водата и од Духот, тој едноставно не можел да проникне во значењето на сето тоа. Водата ја гасне жедта и делува како подмачкувач за да можат сите органи во телото правилно да функционираат. Водата го одржува животот и ги измива сите нечисти нешта. Така да се биде „роден од водата" значи да преку Божјото Слово се исчистат сите темни и нечисти нешта од нашето срце.

Иако има огромна вода пред нас, ако не се напиеме од неа, нема да можеме да си ја изгасиме жедта, а ако не се измиеме нема да можеме ниту да бидеме чисти. Истото се однесува и за Божјото Слово. Иако да кажеме го знаеме Божјото Слово, ако не се придржуваме до него, тогаш тоа е бескорисно. Така што како што Бог ни кажува во Библијата, „Не правете го тоа, отфрлете го," ако од нашите срца ги отфрлиме омразата, зависта, љубомората, презирот и осудата, како и другите плодови на невистината, тогаш тие ќе станат навистина чисти. Потоа, како што Бог ни кажува, „Направете го ова," или „Запаметете го тоа;" тогаш ние можеме да станеме исполнети со љубов, жртвување, радоста што им помагаме на другите и вистината, кои што ќе бидат во нашите срца. Отфрлајќи ја невистината и станувајќи личност на вистината со придржувањето кон Божјото Слово, значи да се биде „роден од водата".

Што тогаш значи да се биде „роден од Духот"? Адам, првиот предок на човештвото, бил создаден и имал дух, душа и тело (1 Солунјаните 5:23). Но во моментот кога тој го извршил чинот на непокорот кон Бога со тоа што вкусил од плодот на дрвото за познавањето на доброто и злото, неговиот дух умрел. Од тој момент па натаму човекот станал суштество кое што едноставно имало само душа и тело, исто како и животните (Еклизијаст 3:18).

Но штом ќе го прифатиме Исуса Христа како наш Спасител и ќе го примиме Светиот Дух, тогаш нашиот дух повторно ќе се врати во живот и ние ќе постанеме чеда Божји. Дополнително, нашето име ќе биде запишано во Книгата на Животот, која што се наоѓа на Небесата. Светиот Дух пребива во нашите срца и ни помага да сватиме дека сме грешници и не води кон покајание.

Светиот Дух исто така ни ја дава и благодетта, силата и снагата да живееме во согласност со Божјото Слово.

Иако можеби знаеме доста за Божјото Слово, не можеме да делуваме во согласност со него без помошта на Светиот Дух. Ако Божјото Слово остане во нашите умови само како едноставно знаење, тогаш спасението нема да може да се прими преку него. Откако ќе го засадиме семето, ние мораме да го негуваме и да се грижиме за него, сé додека не ги видиме неговите плодови. Слично на ова, откако ќе го примиме Светиот Дух, тој ќе ни помага да го негуваме и да се грижиме за нашиот дух, така што тој ќе биде во можност да расте и да созрева. Така што да се биде роден од Духот, значи да се придржуваме до Божјото Слово со помошта на Светиот Дух и да станеме личности на вистината—личности кои што наликуваат на ликот на Бога. Кога ова ќе се случи, ние ќе го примиме спасението и ќе можеме да влеземе на Небесата.

Ако го имаме Божјото Слово но го немаме Светиот Дух, тогаш ние нема да можеме да го победиме светот на неријателот ѓаволот. Дури и да ни дојде Светиот Дух, ако во себе го немаме Божјото Слово, нема да можеме да се исчистиме себеси. Божјото Слово и Светиот Дух заедно делуваат во тоа да не поведат кон Небесата. Значи поради тоа ние мораме да бидеме „родени од водата и од Духот".

Личност Родена Од Светиот Дух

„Затоа што роденото од тело, тело е, а роденото

од Дух е дух. Затоа не чуди се што ти реков, 'Вие морате да бидете повторно родени.' Ветрот дува каде што сака и ти можеш да го чуеш неговиот звук, но не можеш да знаеш каде оди; така е и со секој кој што е роден од Духот." (3:6-8)

Никодим бил збунет тоа што му го кажал Исус, но сепак со добро срце се обидел да го прими сето тоа. Бидејќи Исус го знаел неговото срце, Тој продолжил да му зборува. Ако Никодим бил ист како и другите Фарисеи и Садукеи, кои што би се обидувале да најдат некоја точка по која што би можеле да се расправаат, тогаш Исус најверојатно би престанал да му се обраќа.

Никодим станал уште повеќе збунет кога Исус почнал да му зборува за „телесното" и за „духовното." „Телесното" буквално значи „кожа" или „тело." Но духовната дефиниција за „телесното" е сето она што нестанува или се изменува; нешто што не е вечно. „Телесното" ги означува сите нешта кои што нестануваат, како што се: сето што се наоѓа под сонцето, омразата, зависта, љубомората, прељубата, раздорот—сето што не доѓа од Бога и кое што не е вистинито.

Тогаш зошто Исус кажал, „Телесното раѓа телесно"? За да можеме да го разбереме ова, ние мораме прво да ги знаеме карактеристиките на калта или почвата. Во зависност од тоа со што тие се измешани, така се менува и нивниот квалитет. Еден од квалитетите кои што ги има почвата се состои во тоа да таа може да се разградува и да се менува; поради тој факт почвата припаѓа на 'телесното'.

Бидејќи човекот бил создаден од прашината, од почвата, значи дека неговата оригинална природа му припаѓа на 'телесното'. Кога Бог го создал првиот човек, тој бил создаден од плодна почва. Тогаш Бог му го вдишал здивот на животот во неговите ноздри и човекот станал живо битие со жив дух. Да, Адам, првиот човек имал дух, но тој не бил совршено суштество како што бил Бог. Човекот не бил жив дух самиот по себе; тој станал жив дух бидејќи Бог му ја вдишал Својата сила во него. Па бидејќи човекот не бил совршено битие, имајќи ја својата слободна волја, тој пробал од забранетото овошје. Како резултат на сето тоа, Адамовиот дух умрел, а тој се вратил кон тоа да едноставно биде само човек на телесното.

Овој човек, кој што се вратил кон тоа да биде само телесното или минливото битие, создал предуслов за да може непријателот ѓаволот и Сатаната да му всадат секакви видови на невистини во него. Тоа е причината зошто само после една генерација по Адамовиот пад и егзил од Градината Едемска, се случило убиство—кое што било извршено од страна на брат против брат.

Адамовите два сина, Каин и Авел и двајцата му принесувале жртви на Бога, но Бог ги примил само Авеловите жртви, поради тоа што тие претставувале соодветни жртви кои што требало да му бидат принесени на Бога. Поради ова Каин му станал љубоморен на Авела и го убил. Адам станал човек на телесното, па и неговите потомци исто така му припаѓале на телесното, а со секоја наредна генерација човекот станувал сè повеќе исполнет со зло. На крајот се стигнало до ситуацијата да секоја човечка мисла и желба станале телесни нешта, а телесните нешта со време се уништувале и се менувале. Токму на овој факт мислел Исус кога кажал, „Телесното раѓа телесно."

Затоа луѓето кои што се вакви, кои што се едноставно само од телесното, не можат да отидат на Небесата, кои што се духовниот свет. Поради тоа во 1 Коринтјани 15:50 е кажано, „*...Телото и крвта на можат да го наследат кралството Божјо, ниту пак може менливото да го наследи неменливото.*" Како тогаш може еден човек на телесното да влезе во Божјото кралство? „Духот мора да му даде раѓање на духот." Духот претставува нешто што му е тотално спротивно на телесното. Духот не исчезнува ниту пак се менува; тој е вечен. Само Светиот Дух може да му даде раѓање на духот.

Како што беше претходно објаснето, Светиот Дух го оживува нашиот дух, кој што еднаш порано умрел; и не само тоа, туку тој континуирано прави да нашиот дух созрева. Светиот Дух ни помага да ги воочиме нашите гревови и да константно се обидуваме да го оживееме „доброто" во нашите срца. Светиот Дух ни кажува, „Не одете по патот на вечната осуда. Тоа е грев и невистина. Овој другиот пат е патот на правдината." Кога се обидуваме да живееме во вистината, помогнати со помошта од Светиот Дух, „телесното" почнува да се лупи и отпаѓа од нас. На пример, Божјото Слово ни кажува, „Не мразете." Ако се обидеме да му се покориме на ова слово со тоа што ќе ја оттурнеме омразата надвор од нашите срца, тогаш љубовта, која што е нешто што е спротивно на невистината на омразата, ќе почне да си го зазема своето место во нашите срца. Ова е случајот кога „Духот му дава раѓање на духот."

Кога Исус се обидел да му го објасни ова, правејќи дистинција помеѓу телесниот свет и духовниот свет, Никодим не можел да проникне во значењето на Неговите зборови. Сето ова е така бидејќи духовниот свет не е нешто кое што би можеле да го разберете преку световното знаење. Само преку помошта од Светиот Дух би можеле да го сватиме тоа. Иако Никодим бил образуван и со многу знаење во него, тој немал никакво познавање за духовниот свет, така што тој не можел да го свати Исуса. За да му помогне во разбирањето на сето ова, Исус се обидел да го објасни со употребата на терминот „ветер" како илустрација.

Кога ќе ги видиме лисјата како се тресат, кажуваме дека ветрот дува, но не можеме да одредиме од каде дошол и во кој правец оди. Исто како што не можеме да го знаеме курсот на ветерот, исто така телесната личност не може во целост да ја свати личноста која што била родена во Духот. Бидејќи една личност која што е родена во Духот се дистанцира себеси од световните задоволства и живее живот кој што е под голема самоконтрола, тогаш луѓето на телесното би можеле да запрашаат, „Што таквата личност прави за забава во животот?" Но една личност која што е родена од водата и Духот живее во согласност со Божјото Слово, така што таа е исполнета со вистискиот мир и радоста, кои што доаѓаат од надежта за Небесата што Бог ги има припремено за нив.

Никодим Сепак Повторно Прашува

„Никодим Му дговори и рече, 'Како можат тие работи да бидат?' Исус одговори и му кажа, 'Нели си ти учител Израилев, па како тогаш не ги разбираш овие нешта? Вистина, вистина ти велам, ние зборуваме за она што го знаеме и сведочиме за она што сме го виделе, а вие нашето сведоштво не го примате.'" (3:9-11)

Дури ниту по употребата на компарацијата со илустрацијата во врска со ветрот, Никодим сепак сеуште не можел да разбере, па тој пак прашувал. Гледајќи го ова можеме да ја видиме неговата искрена желба да научи нешто за духовниот свет. Тој прашал, „Како можат тие работи да бидат?"

На ова прашање, Исус му одговорил со прашање, „Нели си ти учител Израилев, па како тогаш не ги разбираш овие нешта?" Исус не го поставил ова прашање со намера да го омаловажи или да му се потсмева. Тој само навистина сакал Никодим да разбере, бидејќи тој знаел за Бога и бил учител на законите, но сепак сеуште не го разбирал духовниот свет. Во стварноста, кога Никодим дошол да го посети Исуса, Тој веќе некое време го изведувал Своето свештенствување. Поради тоа Никодим веќе имал чуено и дознаено за тоа, го имал чуено Исусовото сведоштво за тоа што видел во врска со Небесата. Тој исто така знаел сé во врска со знаците и чудата што Исус ги имал изведено. Но тој сепак сеуште не можел да разбере. Поради тоа тој продолжил со прашањата.

Во тие времиња, голем број од луѓето ги имале видено знаците и чудата кои што Исус ги изведувал, па сепак сеуште не можеле да поверуваат. Причината за нивното незнаење не лежела во фактот дека немале никакво знаење за духовниот свет, туку во тоа што нивните срца биле зли и закоравени. Тие или биле духовно арогантни или пак помислувале дека она што го виделе не соодветствувало со знаењето на законите кои што си ги имале поставено за себеси. Така што, тие завршиле со тоа што почнале да го критикуваат Исусовото учење и Неговите чуда. За да им помогне на овие луѓе во разбирањето, Исус зборувал за „она што го знаеме," што би можело да биде Божјата вистина или Неговото Слово, а посведочил за „она што сме го виделе," што би значело духовниот свет, знаците и чудата. Но Исус изјавил дека луѓето сепак сеуште не слушаат ниту пак веруваат.

Терминот „луѓето" за кои што Исус зборувал, го вклучувал и Никодима. Ова било така бидејќи неговите духовни очи сеуште не му биле отворени и тој бил во ситуацијата што сеуште не можел да ги разбере духовните нешта. Сепак Никодим не пришол кај Исуса со зло во неговото срце, па како резултат на тоа, на крајот тој го прифатил Господа и целиот негов живот му се изменил. Подоцна, иако тој не бил во состојба да го подржи Исуса, тој сепак застанал во Негова одбрана и по Исусовата смрт на крстот, Никодим дури и ги донел намазите кои што требале да се употребат на Неговото тело (Јован 7:51, 19:39-40).

„Кога за земни работи ви зборувам и не верувате, па како ќе поверувате ако би ви говорел за небесните нешта? Никој не се воздигна на небесата, освен Оној кој што слезе од небесата: Синот Човечки." (3:12-13)

Кога Исус поучувал на Словото Божјо, Тој употребувал голем број на алегории, како што се на пример талентите, почвата, лозјето итн. Сето ова било така бидејќи не било лесно јасно да се објасни духовниот свет со употребата на јазикот од овој свет. Дури и да било возможно, Исус знаел дека луѓето сепак не би поверувале. Исто како и тие луѓе, Никодим исто така не можел да разбере, дури ниту по слушањето на неколкуте илустрации за неколкуте нешта. Па како тогаш можел Исус да му зборува за небесните нешта?

„Оној кој што слезе од небесата" е Исус. Секоја личност се зачнува и раѓа низ соединувањето на сперматозоидот и јајце клетката од родителите. Но Исус бил зачнат од страна на Светиот Дух, така што Тој бил „Оној кој што слегол од небесата." Во Библијата ни е кажано дека пред Исуса, Енох и Илија биле тие кои што отишле на Небесата без да умрат. Но зошто исто така е кажано, „Никој не се воздигнал на небесата, освен Оној кој што слезе од небесата: Синот Човечки," мислејќи на Исуса?

Енох и Илија биле потомци на Адама, исто како што сме тоа и ние. Поради тоа тие исто така биле родени носејќи го оригиналниот грев. Иако тие немале извршено некои гревови за време на нивниот живот тука на земјата, тие сепак во себе го носеле оригиналниот, изворен грев кој што го имале наследено од нивните родители. Како тогаш се воздигнале кон Небесата без да умрат? Енох и Илија живееле во времето на Стариот Завет, уште пред Светиот Дух да дојде како Помагачот. Сепак со верата тие успеале да го надвладеат нивниот изворен грев. Ја земале контролата над тоа и го надвладеале изворниот грев, кој што бил во нивните срца, постигнувајќи го тоа преку верата, па со самото тоа станале ослободени од духовниот закон кој што кажува, „Платата за гревот е смртта." Преку ова можеме да видиме колку голема била нивната вера.

Исус, од друга страна, бил тој кој што бил зачнат од страна на Светиот Дух и кој што немал никаков грев, уште од самиот почеток. Исус дошол на овој свет за да умре на крстот и да не спаси за нашите гревови; Тој потоа воскреснал и се воздигнал на небестата, сé сторено во согласност со Божјото провидение. Па тогаш она што овој пасус би можел да значи би било дека освен Исуса, не постои никој друг кој што отишол на Небесата без изворниот грев или без некои извршени гревови.

Пророштвото За Исусовата Смрт На Крстот

„И како што Мојсеј ја подигна змијата во дивината, исто така треба да се издигне и Синот Човечки; така што секој што верува во Него да не загине туку да има живот вечен." (3:14-15)

Уште еднаш Исус ја употребил приказната за

Израилевиот исход надвор од Египет, за да му помогне на Никодима да разбере. Израелците кои што го следеле Мојсеја и отишле надвор од Египет, можеле да ја видат Божјата сила. Тие биле сведоци на секаков вид на чудесни нешта, како што биле десетте страдања во Египет, поделувањето на Црвеното Море и горката вода од Мара која што се претворила во питка. Но секој пат кога ќе се соочеле со потешкотии, тие не успевале да ја покажат таа вера. Наместо тоа тие го сочувале незадоволството кон Бога, како да никогаш пред тоа ја немале почувствувано Неговата сила.

Иако Бог ги ослободил од 400 годишното тешко ропство, тие во целост заборавиле на оваа милост и почнале да се жалат на тоа, дека Тој прави да тие 'умрат во пустината'. Тие дури и ја нарекувале маната, која што Бог им ја дал за јадење, „мизерна храна", и го наградиле Божјиот благослов со презир (Броеви 21:5). Па кажале дека дури и да мораат пак да живеат во Египет како робови, сето тоа би било подобро од умирањето во пустината. Како резултат на сето тоа Бог го одвратил Неговото лице од нив, па змиите отровници се појавиле и почнале да ги касаат. Само кога биле навистина на самиот раб од смртта тие решиле да зажалат за своите дела и да се покајат.

Кога Мојсеј се помолил во нивно име, Бог му кажал како Израелците би можеле да бидат спасени од смртта. На Мојсеја Тој му кажал да направи бронзена змија и да ја стави на еден столб и тогаш да им каже на оние луѓе кои што биле каснати од змии, да погледнат кон оваа бронзена змија, за да преживеат. Дури и да ја имале толку малата вера за едноставно да му се покорат на Мојсеја и да погледнат кон бронзената змија, Бог сепак ќе им ја препознаел таа мала вера и ќе им ги спасел нивните животи.

Духовно, змијата го претставува ѓаволот и Сатаната, а исто така е и симбол на смртта. Бидејќи змијата ја искушала Ева и направила да човештвото тргне по патот на смртта, таа е отелотворението на гревот. Зошто Бог би му кажал на Мојсеја да направи змија, која што го симболизира гревот и смртта и би ја ставил на столб?

Ова го наговестува Божјото провидение за спасението: смртта на Исуса Христа на крстот. Исус бил Тој кој што ќе ги земел на себе гревовите на целото човештво и ќе умре на крстот. Поради тоа Бог го натерал Мојсеја да ја создаде оваа змија, која што ги претставувала гревот и смртта и му кажал да ја стави на столб. Исто како што секој човек кој што погледнал на бронзената змија на столбот бил спасен од смртта, исто така секој кој што ќе поверувал во спасението кое што доаѓа преку крстот ќе биде спасен од вечната смрт и ќе се здобие со вечен живот.

Понекогаш луѓето прашуваат, „Бидејќи Мојсеј направил бронзен лик и направил да луѓето гледаат на него, нели е тоа нешто како обожување на идолите?" Ако не го разбирате духовното значење на Божјото Слово и на Неговото провидение, тогаш вие лесно можете да се доведете себеси до ваквото погрешно толкување. Сепак, овој настан бил само еден начин да се наговести Божјиот план за спасението кое што ќе дојде преку Исусовата смрт на крстот, а со која ќе бидат отплатени гревовите на сите луѓе. Така да тоа не можело да биде со намена да се обожува бронзената змија.

Љубовта На Бога Кој Што Го Дал Својот Единороден Син

„Зошто Бог толку го возљуби светот, што го даде Својот Единороден Син, па секој кој што ќе поверува во Него да не загине, туку да има вечен живот. Оти Бог не го испрати Својот Син во светот за да му суди на светот, туку за да може светот преку Него да се спаси." (3:16-17)

На многу места во Библијта се кажува, *„Не љубете го светот"* (1 Јован 2:15), но во овој стих се кажува дека Бог го возљубил светот. Што тоа би можело да значи? Кога Библијта кажува „Не љубете го светот", значи да не сакате ништо што би одело против Божјата волја, како што се на пример беззаконието, невистината и животот во гревот. Тоа значи не грешете и не живејте во темнината, туку живејте според Божјото Слово и живејте во Светлината. Кога Библијата кажува, „Бог толку го возљуби светот", тоа значи дека Бог ги сака луѓето и сето што е поврзано со нив.

Бог кој што ја испланирал човечката култивација за да може да ја сподели Својата љубов со нив, го создал природниот свет и сето што е во него, за да луѓето можат да живеат. Исто како што родителите со радост припремаат сè што би му било потребно на нивното новородено чедо, исто така и Бог со радост припремил сè во созданието, за да го припреми за луѓето, кои што ќе бидат направени по Неговиот лик. Бидејќи Бог толку многу ги сакал луѓето, Тој го сакал и сето она што го имал припремено за нив. На крајот, кога луѓето згрешиле и морале да тргнат по патот на смртта, Бог го испратил Неговиот Еден Еднороден Син Исус, да ги спаси од вечната смрт.

Постојат некои луѓе кои што погрешно го сваќаат Бога само како страшниот Бог на судот. Но во стихот 17 јасно се кажува дека Бог не го испратил Исуса да го осуди светот, туку да го спаси.

Верата И Вечниот Живот

„На оној кој што верува во Него нема да му се суди; а оној кој што не верува веќе е осуден, бидејќи не поверувал во името на единствениот Еднороден Син Божји. А овој суд е поради тоа што Светлината дојде во светот, но луѓето повеќе ја сакаа темнината отколку Светлината, бидејќи нивните дела беа зли. Зошто секој кој што прави зло ја мрази Светлината и не оди кон Светлината поради стравот дека неговите дела ќе бидат разоткриени. Но оној кој што ја практикува вистината, оди кон Светлината, така што неговите дела да можат да бидат манифестирани како исковани во Бога." (3:18-21)

Дела 4:12 ни кажува, *„И нема спасение во никој друг;*

бидејќи не е дадено друго име под небесата преку кое што би можеле да бидеме спасени." Дури иако некоја личност се воздигне до височините на светец и има направено големи дела за заедницата, тој или таа не би можеле да не спасат. Единствениот начин по кој што би можеле да бидем спасени е преку примањето на Исуса Христа со вера. Верата тука не значи едноставното знаење за тоа како можеме да бидеме спасени а кое што ќе го имаме во нашите умови. Верата значи да се обидуваме да станеме што послични на Христа, живеејќи во согласност со Божјото Слово, отфрлајќи ја невистината и станувајќи личност на вистината.

Зошто тогаш Писмото ни кажува дека оние кои што нема да го прифатат Исуса Христа како нивниот Спасител, веќе се осудени? Ова се должи на фактот дека не постои некое друго име освен името на Исуса Христа според кое би можеле да го примиме спасението, па оние кои што не веруваат во Него, не живеат во Светлината и не живеат во согласност со вистината, па сходно на тоа, тие не можат да бидат спасени. Ако во овој момент умре некој кој што го нема примено Исуса Христа, тој тогаш ќе мора да оди во Пеколот. Поради овој факт, Писмото кажува дека овие луѓе веќе се осудени.

Во нашето проповедање на евангелието, одвреме навреме можеме да сретнеме некои луѓе кои што не ги сакаат Христијаните или пак чувствуваат жал за нив. Тие ја преферираат темнината пред Светлината и тие не ја познаваат радоста и среќата на примањето на Светиот Дух, надежта за Небесата, па така помислуваат дека

Христијаните се досадни.

Гледајќи ги срцата на ваквите луѓе, Исус кажал, „Зошто секој кој што прави зло ја мрази Светлината и не оди кон Светлината поради стравот дека неговите дела ќе бидат разоткриени." Спротивно на нив, оние луѓе кои што ја следат вистината, кои што го имаат прифатено Господа и примено Светиот Дух, се обидуваат да го живеат животот фокусирани кон славењето на Бога. Правејќи го тоа тие знаат дека низ Бога, сите нивни проблеми можат да бидат решени, дека сите благослови доаѓаат од Него и дека на крајот ќе одат на Небесата.

Оној Кој Што Се Симнал Од Небесата

Луѓето се собираат и формираат населби онаму каде што има вода. Слично на тоа, луѓето кои што копнеат и се жедни за праведноста, се собираат на местата каде што се кажува Божјото Слово, кое што е вода на животот. Кога Исус, кој што Самиот бил Словото, почнал да го шири евангелието, зборувајќи за Небесата и кога почнал да крштева, голем број на луѓе природно се собрале околу Него. Сето тоа било така поради тоа што, како што еден пишувач на Псалмите се исповедал, *„Колку ли ми се благи Твоите зборови по вкус! Да, тие ми изгледаат послатки дури и од медот во устата!"* (Псалм 119:103), Словото Божјо е навистина многу благо.

„Потоа дојде Исус и Неговите ученици во

земјата Јудејска, па таму живееше заедно со нив и крштеваше. Јован исто така крштеваше во Енон, во близина на Салим, бидејќи таму имаше многу вода; па доаѓаа и се крштеваа—бидејќи сеуште не беше фрлен во затвор. Тогаш се случи една расправија помеѓу Јовановите ученици и некои Јудејци, во врска со очистувањето. Дојдоа кај Јована и му кажаа, 'Рави, Оној кој што беше со тебе отаде Јордан, за Кого што ти посведочи, ете Тој крштева и сите луѓе кај Него одат.'" (3:22-26)

Кога Исус крштевал, Јован Крстител исто така крштевал во Енон, во близина на западната страна на Јордан, каде што имало многу вода. Голем број од Јовановите следбеници почнале да го следат Исуса. Гледајќи го ова, другите ученици на Јована Крстител почнале нелагодно да се чувствуваат.

Сѐ до тој момент, голем број на луѓе гледале на Јована Крстител како на најголемиот пророк кој што до тогаш постоел и почнале да го следат. Тие се чуствувале горди што биле негови ученици. Но ситуацијата се изменила и сѐ поголем број на луѓе почнале да се собираат околу Исуса, Кого што нивниот учител го има крстено, па поради тоа тие на еден незадоволен начин му ја соопштиле оваа новост на својот учител.

„Рави, Оној кој што беше со тебе отаде Јордан, за Кого што ти посведочи, ете Тој крштева и сите луѓе кај Него одат."

„Тој Мора Да Расте; А Јас Да Се Намалувам."

„Јован одговори и рече, 'Човек не може ништо да прими освен ако не му е дадено од небесата. Вие самите сте ми сведоци дека кажав, "Јас не сум Христос," туку, "Јас бев испратен пред Него." Оној кој што има невеста е младоженецот; но пријателот на младоженецот, кој што стои и го слуша, многу му се радува на гласот на младоженецот. Така оваа радост моја стана цела. Тој мора да расте, а јас да се намалувам."' (3:27-30)

Јовановите ученици помислиле дека Јован би им ги разбрал измачените срца, но реакцијата на Јована била многу поразлична од тоа што тие го очекувале. Јован сведочел дека, бидејќи тоа е Божја волја, единствено исправно нешто би било да луѓето го следат Исуса. Тој ги поучил своите ученици на вистината.

Ако ја примениме оваа ситуација во денешно време, на што би наликувала таа? Да претпоставиме дека постојат некои луѓе кои што насекаде бараат, жедни за Божјото Слово. Ако нивниот пастор се загрижи дека тие можеби би отишле во некоја друга црква и ако почне да зборува во негативен контекст за таа црква или за нејзиниот пастор, тогаш срцето на тој пастор би било многу оддалечено од срцето на Јована. Или пак, ако чуеме некого како зборува во негативен контекст за некоја друга личност и ако ги начулиме нашите уши, тогаш ние не сме многу поразлични од Јовановите ученици. Дури и да чуеме како некоја личност кажува негативни нешта за друга личност, не би требало да се приклучиме кон тоа; наместо тоа би требало да се обидеме да ги просветлиме со вистината инволвираните во таа негативна конверзација и да ја отфрлиме темнината од таквата ситуација.

Бидејќи Јован Крстител ја знаел Божјата волја, тој бил во состојба да им каже на своите ученици во што бил неговиот повик и во што би бил нивниот повик. А за да не ги разочара учениците тој би употребил некои илустрации за да им покаже кој всушност е Исус. Главната личност на една свадба, која што је очекува невестата, е младоженецот. А пријателот на младоженецот ја споделува својата радост и благословите со него.

Јован се обидувал да им објасни дека, штом Исус, младоженецот веќе бил дојден, тој самиот, како пријател на младоженецот, бил преплавен со радост и среќа. Иако тој го крстил Исуса, Јован знаел дека Исус ќе биде Оној кој што ќе ги спаси своите луѓе од гревот и дека е Оној кој што ја има големата сила. Поради тоа самиот чин на воздигнувањето на Исуса и служењето Нему, му претставувало голема радост.

Повеќето луѓе се чувствуваат нелагодно кога другите се поуспешни од нив во нешто, или во некоја ситуација. Но Јован бил различен од нив. На него не му било важно што ќе му се случи нему; тој единствено ја полагал надежта во тоа да сѐ му оди добро на Исуса. Тој се унизил себеси кажувајќи, „Тој мора да расте, а јас да се намалувам." Срцето на Јована било таков вид на срце што се исполнувало со радост штом некоја друга личност била повеќе сакана и попризнаена од него.

Сведоштвото На Оној Одозгора

„Оној кој што доаѓа одозгора е над сѐ, а оној кој што е од земјата, земен е и зборува за земјата. Оној кој што доаѓа од небесата е над сите. Она што Тој го има видено и чуено, за тоа сведочи; а сведоштвата Негови никој не ги прима. Тој што го има примено Неговото сведоштво, го има ставено својот печат на тоа дека Бог е вистината." (3:31-33)

Јован Крстител знаел дека Исус бил Оној кој што дошол одозгора. Јован сведочел дека, како Оној кој што го создал универзумот, Исус е Кралот над кралевите и дека Тој е над сите. Јован исто така кажува дека оној кој што „е од земјата" е земен и дека зборува како оној кој што е од земјата. Каде тогаш припаѓаме ние? Бидејќи го примаме Исуса Христа и се спасуваме преку верата, стануваме чеда Божји и граѓани на Небесата, па сходно на тоа и им припаѓаме на Небесата.

Се разбира, дури и да поверуваме во Исуса, ако не го примиме Светиот Дух, сеуште ќе бидеме луѓето на телесното и сеуште ќе бидеме „оние кои што се од земјата". Личноста која што „припаѓа на земјата" го слуша Божјото Слово, но не може да поверува во него. Ист бил случајот и во времето на Исуса. Исус сведочел за тоа што го имал видено и чуено на Небесата, но луѓето не му поверувале. Наместо тоа тие го прогонувале и се обидувале да го убијат.

Но оние луѓе кои што имаат добро срце, ги прифаќаат Неговото сведоштво и Неговите Зборови. Кога ќе си ги отвореле срцата и ќе го прифателе Исуса Христа, Бог тогаш им го дарувал Светиот Дух и тие тогаш се здобивале со правото да станат Божји чеда. Така што Богот Создателот тогаш станува нивен Отец и тие го примаат осигурувањето дека им припаѓаат на Небесата. Тогаш тие можат да се исповедаат дека Бог е вистината и да му се покорат на Неговото Слово.

Вечниот Живот И Божјиот Гнев

„Оној кого што Бог го испратил, ги кажува зборовите од Бога; оти Бог го дава Духот без мерка. Отецот го сака Синот и му ги предал сите нешта во Неговата рака. Оној кој што верува во Синот, ќе има живот вечен; но оној кој што не го почитува Синот нема да види живот, туку врз него ќе падне Гневот Божји." (3:34-36)

Исус, кој што бил испратен од Бога, единствено ги кажувал Зборовите од Бога. Само Божјото Слово е вистинито и вечно. Бог му го дал Духот без мерка, па така Тој ги кажувал Зборовите на Бога во исполнетоста со Светиот Дух.

Истото слово се однесува и кон нас денеска. На оние луѓе кои што го примаат сведоштвото, кои што веруваат дека Бог е вистината, Бог им го дава Духот без мерка. Па така оние кои што го имаат прифатено Исуса Христа како својот Спасител и кои што се преплавени со Божјата благодет сведочат за Бога и за Исуса Христа, во исполнетоста со Светиот Дух.

Поради тоа што Богот Отецот го љуби Синот, Тој му ги предал сите нешта во Неговата рака. Исус бил безгрешен и чист и й Самиот бил Бог; но сепак го земал телото на слуга и дошол на земјата, за да се покорува сé до самата смрт. Па како тогаш можел Бог да не го сака? Поради тоа што ја имал толку големата љубов за Него, Тој му ставил сé во Неговите раце.

Луѓето кои што веруваат во Синот, му се покоруваат на Неговите зборови и делуваат во вистината. Па така животот е во нив и тие чекорат кон вечниот живот. Но оние кои што не му се покоруваат на Синот, не можат да го видат вечниот живот, па наместо тоа на нив паѓа Божјиот гнев. Писмото ни кажува дека Божјиот гнев 'паѓа на' нив, бидејќи Божјиот гнев може да остане или да си оди во согласност со тоа дали луѓето ќе се покаат и ќе се покорат или пак ќе живеат непокорен живот. Токму поради тоа Писмото ни кажува, „тој кој што не му се покорува на Синот нема да види живот, туку Гневот Божји ќе падне врз него." Но ако овие луѓе се покаат и се свртат кон Бога, Тој ќе им прости и ќе ги сака.

Глава 4

Исусовиот Метод На Евангелизација

1. Исусовиот Разговор Со Самарјанката
   (4:1-26)

2. Исус Ги Поучува Своите Ученици
   (4:27-42)

3. Вториот Знак Во Кана
   (4:43-54)

Исусовиот Разговор Со Самарјанката

Кого ќе сретнете и каде ќе го сретнете, може да претставува точка пресвртница во вашиот живот. Во Јован глава 4, можеме да видиме како тотално и се изменил животот на една жена Самарјанката, кога таа го сретнала Исуса.

Религиозните лидери во Јудејското општество, како што биле Фарисеите и учителите на законот, не биле задоволни гледајќи го Исуса како им проповеда на луѓето. Тие цело време барале некој погоден момент за да го фатат Исуса во јамката. Некаде во тоа време тие начуле дека Исус крштевал повеќе луѓе отколку што тоа го правел Јован.

Исус Поминува Низ Самарија

„Затоа кога Господ дозна дека Фарисеите чуја дека Исус прави и крштева повеќе ученици од Јована (иако Исус Самиот не крштеваше, туку тоа го правеа Неговите ученици), Тој ја напушти Јудеа и отиде повторно во Галилеја. И мораше да помине низ Самарија." (4:1-4)

Иако Исус не беше Тој што крштева, гласините кажуваа така. Крштевањето го правеа Неговите ученици, но луѓето сепак доаѓаа да бидат крстени. Тогаш Фарисеите почнале да стануваат љубоморни и запрашале, „Кој е овој Исус кој што крштева?" Знаејќи што се случува во срцата на Фарисеите, Исус ја напуштил Јудеа и се вратил во Галилеја, за да ја избегне конфронтацијата со нив.

Постојат два начина за да се стигне од Јудеа до Галилеја. Едниот е да се земе правиот пат почнувајќи од Ерусалим, па потоа одејќи низ регионот на Самарија. А втората рута е да се почне од Ерусалим и да се патува северно одејќи по реката Јордан, што претставува подолг и понерамен пат. Но сепак, Исус преферирал почесто да оди по втората рута. За тоа постоеле некои причини.

Во суштина, Самарјаните се исто така Авраамови потомци. Во годината 722 B.C.(Пред Христа), по завземањето на Северниот Израел од страна на Асирците, тие земале голем број на луѓе како пленици и во регионот доселиле голем број на туѓинци. Во ова време, Израелците кои што биле оставени во Самарија почнале да се венчаваат со овие туѓинци и поради тоа тие ја загубиле чистата крвна линија од Израел. Така што Самарјанинот бил личност која што била од еден Израелски и еден не-Израелски родител.

Од друга страна пак, кога Јужниот дел на Јудеа бил завземен од страна на Вавилон, Јудејците исто така биле насилно релоцирани, но тие не се измешале со некои други раси. Во времето на Неемија, Јудејците кои што се беа вратиле на своите огништа во Јудеа, почнале еден интензивен проект на барањето назад на своето наследство. Во случаите каде што Јудејците се имале измешано со туѓинки и имале дете со нив, тие ги натерале своите жени и деца да се вратат во своите земји (земјите од каде што доаѓале жените), па така да само чистата линија на Јакова останала во земјата. Ова покажува колку била голема гордоста за етничката припадност и како резултат на тоа, тие ги третирале Самарјаните како да се кучиња и не сакале да се дружат со нив.

По репатријацијата на Јудејците, тие биле во процес на повторната изградба на храмот во Ерусалим. Во овој процес тие биле секојдневно и под константно мешање од страна на Самарјаните, кои што толку многу се обидувале да ги спречат Јудејците во тој процес на реконструкција, да на крајот тие станале смртни непријатели. Јудејците го сметале и самото стапнување на земјата на Самарјаните како нешто одвратно и ако требале да одат од Јудеа до Галилеја, тие преферирале да одат по подолгиот пат околу Самарија. Сепак, Исус кој што во Своето срце имал само љубов и во него немал воопшто зло, одлучил да оди низ земјата Самарјанска.

Самарјанката Која Што Го Сретнала Исуса

„Така дојде Тој градот Самарјански наречен Сихар, во близина на земјиштето што му го даде Јаков на сина си Јосифа; па бунарот на Јакова исто така беше таму. Исус, изморен од патот, седна покрај бунарот. Беше околу шестиот час. Таму дојде една Самарјанка за да нацрпи вода. Исус и кажа, 'Дај Ми да се напијам.' Учениците Негови беа отидени до градот за да купат храна. Затоа Самарјанката му кажа Нему, 'Како Ти, како Јудеец, ме прашуваш мене Самарјанка да ти дадам да се напиеш?' (Бидејќи Јудејците не се мешаа со Самарјаните.)" (4:5-9)

Кога Исус поминувал низ Самарија, Тој дошол до еден град наречен „Сихар". Бунарот на Јакова бил лоциран таму (бунарот бил ископан од страна на Јакова за син му Јосиф). Можеби ќе помислите, „Што ли е толку битен еден мал бунар па да биде наречен со некое име?" Но сепак, во временскиот перид од една година, помеѓу април и октомври, во Израл речиси и да не паѓа дожд. Токму поради тоа водата има голема важност за оваа нација. Затоа бунарите имаат многу голема вредност во Израл.

Запишано е дека Исус седнал покрај бунарот бидејќи бил уморен од патот, но ова било запишано од преспективата на Неговите ученици. Бидејќи тие самите почувствувале умор, тие претпоставиле дека и Исус исто така е уморен.

Додека Исус се одмарал, учениците отишле до градот

: : Самарија И Околните Области

: : Јакововиот Бунар, Лоциран На Подножјето На Планината Гевал Во Северен Сихем

за да купат нешто храна. Току тогаш Самарјанката дошла до бунарот за да нацрпи малку вода. Таа можела да дојде до бунарот во било кое друго време на денот, избегнувајќи го најјакото сонце, но таа одбрала да дојде до бунарот токму во тоа време. Бидејќи било пладне, жената не очекувала да види голем број на луѓе на тоа место. Тогаш го видела туѓинецот како се одмара покрај бунарот. Тој сигурно бил Јудеец, па таа се прашувала што тој прави поминувајќи низ Самарија.

Исус ја запрашал жената да му даде малце вода. Жената се нашла во шок, бидејќи кога Јудејците ги гледале Самарјаните тоа било како да гледаат некоја бубачка. Поедноставено кажано, Јудејците никогаш не се мешале со Самарјаните. Но овој Јудеец дури и ѝ се обраќал! Всушност тоа што Исус патувал низ Самарија за да стигне до Галилеја било Божја волја!—заради тоа да се рашири евангелието и во Самарија. Учениците кои што отишле до градот и Самарјанката која што дошла токму тогаш до бунарот, сето тоа не било само случајност. Целата случка била организирана од страна на Бога.

„Зар Мислиш Дека Си Поголем Од Нашиот Отец Јаков?"

„Исус и одговори, 'Ако го знаеше дарот Божји, и кој е тој што ти кажува, „Дај Ми да се напијам," ти би го прашала и Тој би ти ја дал водата жива.' Таа Му кажа, 'Господине, Ти немаш со што да нацрпиш а бунарот е многу длабок; каде тогаш ќе ја земеш живата вода? Зар си ти поголем од нашиот отец Јаков, кој што ни го дал овој бунар, и ѝ самиот и синовите негови пиеја од него а и добитокот нивен?'" (4:10-12)

Со жената која што не можела да го сокрие своето вчудоневидување, Исус го споделил исказот за Божјиот дар и за Него Самиот. На ова место, „Божјиот дар" го означува Светиот Дух. Како што е запишано во Дела 2:38, *„Покајте се и секој од вас нека се крсти во името на Исуса Христа заради прошката на своите гревови; и ќе го добиете дарот на Светиот Дух."*

Исус ѝ објаснувал дека ако таа познала дека Оној кој што и бара вода е Спасителот, таа би го запрашала за Светиот Дух и за живата вода. Но бидејќи таа не го знаела тоа, таа и не прашувала. Па Исус се обидувал да ја поучи на таа вистина. Поради фактот дека таа не можела да го разбере длабокото значење на тоа што и го кажувал, таа одговорила, перцепирајќи ја само физичката ситуација, прашувајќи, „Господине, Ти немаш со што да нацрпиш а бунарот е многу длабок; каде тогаш ќе ја земеш живата вода?" Исус зборувал за Светиот Дух и за водата на вечниот живот. Но жената не можела да го разбере духовното значење кое што стоело зад Неговите Зборови, па на крајот го поставила таквото прашање. Таа всушност е слична со Никодима, кој што не го разбрал духовното значење на фразата, да се биде „повторно роден".

Тогаш жената го прашува Исуса дали Тој е поголем од

Јакова. Бидејќи Исус и кажал дека Тој може да и ја даде живата вода, таа го споредила со нејзиниот предок Јаков, кој што им го дал тој бунар, за да можат од него да црпат вода. Ова било така бидејќи таа го сметала својот предок Јаков како една голема личност. Кога таа би знаела дека личноста која што стои пред неа е Спасителот, тогаш таа сигурно би одговорила на поинаков начин.

Водата Што Ја Давам Е Водата На Вечниот Живот

„Исус и одовори и ѝ кажа, 'Секој кој што ќе се напие од оваа вода, пак ќе ожедни; но оној кој што ќе се напие од водата што ја давам Јас, никогаш повеќе нема да ожедни; затоа што водата што ќе му ја дадам, во него ќе стане извор на вода што ќе тече кон вечниот живот.' Жената Му кажа, 'Господине, дај ми од таа вода, така да и јас не бидем повеќе жедна, ниту пак да доаѓам тука на ова место за да црпам вода.'" (4:13-15)

Водата е најесенцијалниот елемент потребен за живот. Жената секогаш порано има доаѓано на тоа место за да нацрпе вода, но откако ќе се напиела од водата, нејзината жед згаснувала за само кратко време, па малку потоа, таа повторно ѝ се враќала. Но штом Исус ѝ кажал дека ќе ѝ даде вода што ќе направи да никогаш повторно не биде жедна, тоа за неа била одлична новост! Исус ја просветлил жената во врска со најважниот фактор за животот па со тоа и помогнал да си го отвори срцето.

Дури тогаш жената сватила дека водата за која што зборува Исус се разликува од водата на која што мислела. Бидејќи Исус ѝ кажал, "но оној кој што ќе се напие од водата што ја давам Јас, никогаш повеќе нема да ожедни," жената помислила, "Ох, тој мора да зборува за нешто друго тука." Оној кој што и ја предавал оваа порака ѝ изгледал вистинит, па таа ја добила оваа мисла во нејзиното срце, "Можеби не разбирам во целост, но подобро да се потрудам да научам од него и да поверувам во тоа што тој го кажува." Па така таа му кажала на Исуса, "Господине, дај ми од таа вода, така да и јас не бидам повеќе жедна, ниту пак да доаѓам тука на ова место за да нацрпам вода."

> "Тој ѝ кажа на неа, 'Оди, повикај го мажот ти и дојдете тука.' Жената Му одговори и рече, 'Немам маж.' Исус ѝ кажа, 'Право кажа, "Немам маж"; бидејќи имаше пет мажи и оној кој што сега го имаш, не ти е маж; право кажа.'" (4:16-18)

Жената го прашала Исуса за водата на вечниот живот. Но Исус не ѝ ја дал водата што ѝ ја понудил. Наместо тоа, Тој и кажал да оди и да го повика својот маж. Ова и било навистина чудно на жената и му кажала, "Немам маж."

Тогаш Исус кажал нешто, како веќе да знаел сѐ, и ѝ кажал дека дотогаш имала пет мажи. Фактот дека еден туѓинец го знаел нејзиното минато, уште повеќе ја шокирал. Како што кажал Исус, таа имала пет мажи. По сите преврања во нејзиниот живот, таа го сретнала и мажот со кој што била во тој момент, но тој исто така не можел да ѝ ја пружи вистинската љубов и радост.

Па така оваа жена многу добро знаела дека не може да очекува да добие љубов од било која личност. Затоа, таа го очекувала Христоса, личноста за која што пророците од Стариот Завет и кажувале—вистинскиот младоженец кој што ќе ја спаси и ќе биде со неа во вечноста. Но бидејќи таа сеуште го немала сретнато тој Месија, таа се исповедала дека нема маж. Гледајќи го нејзиното срце, Исус ги познал нејзините зборови. „Право кажа, 'Немам маж.'"

Наместо да ја прекори кажувајќи ѝ, „Зошто лажеш? Зарем човекот со кого што сега живееш не ти е маж?" Тој само го прифатил нејзиниот збор и кога и кажал, „Оди, повикај го мажот ти и дојдете тука," Тој не се обидувал да и прекопува во минатото. Тој се обидувал да ѝ го реши најважниот проблем кој што таа го имала во животот. Па знаејќи го нејзиното срце и ситуацијата во која што била, Тој и кажал, „… право кажа."

„Гледам Дека Си Пророк"

„Жената Му кажа, 'Господине, гледам дека си пророк. Нашите татковци се поклонуваа во овие планини, а вие кажувате дека Ерусалим е местото каде што луѓето треба да се поклонуваат.'" (4:19-20)

Бидејќи туѓинецот кого што таа никогаш порано го немала сретнато и со кого немала претходно зборувано, толку добро го познавл срцето и ситуацијата, таа почнала да се тресе од вчудоневиденост. И таа знаела дека не зборува со обичен човек. Таа била сигурна дека Тој мора да е пророкот за кого што има чуено од другите луѓе и од нејзините предци.

Па кога му се обратила на Исуса со „Господине", таа се обидувала да му оддаде почит и респект, иако не можела ниту да претпостави дека личноста која што стоела пред неа бил Месијата. Но едноставно перцепирајќи го како пророк, таа го запрашала за нешто за кое што отсекогаш била љубопитна, прашањето за местото на поклонение.

Во тоа време, Исус се поклонувал во храмот во Ерусалим, но Самарјаните се поклонувале во храмот кој што се наоѓал на врвот од планината Геризим, кој што се наоѓал во нивната земја. Во времето на владеењето на кралот Ровоам, Израел бил поделен на Северно и Јужно Кралство. Јеровоам, кралот на Северниот Израел изградил храмови на високи места за да ги спречи луѓето во одењето од Ерусалим. Бидејќи имала начуено нешто во врска со овие нешта, таа била љубопитна да дознае каде се наоѓаат соодветните места за поклонение.

„Жено, Верувај Ми"

„Исус ѝ кажа, 'Жено, верувај Ми, се ближи часот кога ниту во овие планини, ниту во Ерусалим ќе му се поклонувате на Отецот. Вие му се поклонувате на она што не го знаете; ние на она што го знаеме, бидејќи спасението доаѓа од Јудејците." (4:21-22)

За луѓето од Израел, местото на поклонение имало многу големо значење. Храмот е местото каде што пребива Божјото присуство, па затоа е означено како свето. Јудејците верувале дека храмот бил центарот на универзумот. Но сепак, многу позначајно од местото за поклонение, било тоа како да се поклонува—со каков вид на срце би требало да го правиме поклонението. Бог е многу задоволен кога луѓето делуваат во добрината и го обожуваат Бога преку вистинската љубов за Бога, а не го прифаќа обожувањето на оние луѓе кои што го прават тоа со зло во нивните срца.

Самарјанката немала некое точно познавање за Бога и за Месијата, па така таа не била во состојба да му оддаде достојна почит на Бога. Самарија порано била држава која што го имала изгубено културниот идентитет и станала едно политеистично општество каде што се обожувал идолот, па затоа жената немала големо познавање за Бога. Кога би ја имала поточната информација за Бога и за Месијата, таа веројатно би препознала дека човекот кој што се наоѓа пред неа бил Месијата.

Луѓето кои што навистина длабоко го почитуваат Бога, веднаш го препознале Исуса како Месија. Тие исто така знаеле—исто како што и предвиделе пророците—спасението ќе дојде преку линијата на Давида; од некој кој што ќе биде роден во Витлеем, во земјата Јудејска. Ова била причината зошто Исус и кажал на жената, „Вие му се поклонувате на она што не го знаете; ние на она што го знаеме, бидејќи спасението доаѓа од Јудејците."

„Доаѓа Часот Кога Вистинските Обожувачи Ќе Му Се Поклонуваат На Бога Во Духот И Во Вистината"

„Но Доаѓа часот и веќе е тука, кога вистинските обожувачи ќе му се поклонуваат на Бога во духот и вистината; бидејќи таквите луѓе Отецот ги бара да му бидат Негови поклоници. Бог е дух а оние кои што го обожуваат мора да му се поклонуваат во духот и вистината." (4:23-24)

Обожувањето е формален чин во кој што му оддаваме длабока почит и обожување на Бога. Тоа му оддава пофалби и слава на Бога и поради тоа му го воздигнува Неговото свето име. Причината поради која што еден човек би требало да го обожува Бога лежи во тоа што Бог го создал универзумот заради луѓето и Тој исто така го испратил Неговиот Еднороден Син, Исус Христос, за да го спаси човештвото од гревовите.

Сепак, Бог не прима било каков вид на обожување. Ние можеме да го видиме ова низ примерот на Каина и на Авела. Авел го направил чинот на обожувањето низ жртвувањето на првороденото јагне и маст, додека Каин го направил обожувањето принесувајќи жртва на житото од полето. Каин го покажал обожувањето кон Бога низ телесното, во согласност со тоа што тој самиот мислел дека е коректен начин на обожување. Авел пак од друга страна, го обожувал Бога во духот, во согласност со Божјата волја, употребувајќи жртвена крв. Бог го прифатил само чинот на обожување кој што доаѓал од Авела.

Па што тогаш тоа значи да се обожува во духот? Кој е начинот на обожувањето кој што го прифаќа Бог? Тоа е понудата на обожувањето на Бога во духот и вистината. Обожувањето во духот значи да се земат 66-те книги од Библијата како еден вид на нега и храна, во согласност со водството на Светиот Дух и да се направи обожувањето од самиот центар на човечкото срце. Обожувањето во вистината значи да се обожува со сето наше тело, ум, волја и искреност, со радост, благодарност, молитва, пофалба, дела и понуди. Кога ќе го обожуваме Бога на овој начин, Бог тогаш ќе го прифати нашето обожување и ќе не заштити од несреќи, болести и опасности. Тој тогаш исто така и ќе ни ги благослови нашите бизниси и работни места.

Исус ѝ одговорил на Самарјанката со еден одговор кој што таа не го очекувала, зборувајќи ѝ за духовно обожување. Тој исто така и кажал и за тоа дека доаѓа часот кога ќе обожуваме во духот и во вистината. Овој „час" кој што го споменал Исус се однесува на времето по Исусовото воскресение и Неговото вознесение во Небесата, што значи од моментот кога дошол Светиот Дух, сè до Исусовото враќање кое што ќе биде во воздухот. Но жената не можела во целост да свати што тоа значи да се обожува во духот и во вистината.

„Јас Кој Што Ти Зборувам Сум Тој"

„Жената Му кажа, 'Знам дека доаѓа Месијата (Тој што се нарекува Христос); кога Тој ќе дојде, Тој сè ќе ни каже.' Исус ѝ кажа, 'Јас Кој што ти зборувам сум Тој.'" (4:25-26)

Самарјанката искрено го очекувала Месијата за кој што зборувале претците и пророците од Стариот Завет. Но таа не знаела кој е Тој. Дури и Јудејците, кои што кажувале дека ги познаваат законите, не помислувале дека Месијата ќе биде Спасителот на светот; тие едноставно мислеле дека тој ќе биде некој крал кој што ќе ги спаси од угнетувањето, од страна на Римската империја.

Исус ѝ кажал една тајна која што во целост ја изненадила. Дека Тој Самиот бил Месијата. „Јас Кој што ти зборувам сум Тој."

Со болка во срцето жената го очекувала Месијата. Сега, кога Тој застанал пред неа, колку ли само возбудена таа морала да биде! Како маглата која што исчезнува во реткиот воздух, така во еден миг и исчезнале сите нејзини сомнежи. Без дури и најмал знак на сомнеж, таа поверувала во Исусовите Зборови.

Исус Ги Поучува Своите Ученици

Колку ли време поминало? Додека Исус го споделувал евангелието со Самарјанката, откако купиле нешто храна, Неговите ученици се вратиле на местото. Тие знаеле дека Исус не познавал никого во Самарија. Но сепак тие го виделе како разговара со Самарјанката како да ја познавал веќе долго време.

„Кога дојдоа учениците Негови се зачудија што Тој разговара со жената, но сепак никој не рече, 'Што бараш?' или, 'Зошто зборуваш со неа?'" (4:27)

Сите Негови ученици помислија дека е чудно што Исус зборува со Самарјанката, но сепак никој не го прашал што прави. Гледајќи го секојдневно Исуса, тие знаеле дека сите Негови зборови и постапки се секогаш во вистината и дека во Него нема измама или невистина. Затоа никој од нив не можел лесно да каже дека она што Тој го правел било „право" или „не е право". Јудејците не се мешаат со Самарјаните, но тие знаеле дека ако Исус зборувал со Самарјанката, во тоа мора да имало некоја специјална причина. Поради тоа тие не сакале да го прашаат.

Но сепак, ако учениците во себе не го имале срцето кое што е способно да суди и осудува, уште од самиот почеток, тие веројатно и не би ни биле „изненадени". Секоја личност одлучува што според неа е право или не е право, во согласност со своите сопствени знаења, едукација, искуства и мудрост. Кога нешто не коинцидира со нивните лични мисли, тогаш луѓето лесно се подложни на тоа да судат и да осудуваат. Но знаењето на еден човек, неговите теории или искуства не секогаш ја претставуваат вистината, така што судот на некоја личност може секогаш да биде невистинит.

Самарјанката Евангелизира

„Така жената го напушти поилиштето и отиде во градот, па им кажа на луѓето, 'Дојдете, видете го човекот кој што ми ги кажа сите нешта што сум ги направила; да не е Тој Христос?' Тогаш тие излегоа од градот и отидоа кај Него." (4:28-30)

Поради радоста дека го сретнала Месијата, таа заборавила зошто била кај бунарот, и оставјќи го поилиштето, таа побрзала кон градот. Зошто повеќе не и било потребно поилиштето? Сега кога таа го сретнала Исуса, Кој што е вечната жива вода—самиот вечен живот, тогаш нејзината цел во целост се изменила! Со нов сјај во лицето свое, таа на секого му кажала дека човекот кој што претходно никогаш го немала сретнато, знаел сé за нејзиното минато и дека Тој бил Месијата кого што тие желно го исчекувале.

„Дојдете, видете го човекот кој што ми ги кажа сите нешта што сум ги направила; да не е Тој Христос?" Овие зборови биле доволни за да подигне љубопитноста кај луѓето во градот.

Мојата Храна Е Да Ја Извршувам Неговата Волја

„Во меѓувреме учениците го молеа кажувајќи Му, 'Рави, јади.' Но Тој им кажа, 'Јас имам храна за јадење која што вие не ја знаете.' Така учениците си кажуваа еден на друг, 'Никој му нема донесено нешто за јадење, нели?' Исус им кажа, 'Мојата храна е да ја извршувам волјата на Оној Кој што Ме има испратено и да го извршам Неговото дело.'" (4:31-34)

Кога Самарјанката отрчала до градот, Исусовите ученици го молеле да земе нешто од храната која што тие ја имале донесено. Но Исус им кажал дека Тој има храна за јадење. „Јас имам храна за јадење која што вие не ја знаете."

На почетокот изгледало дека Исус ја одбива храната која што учениците со тешкотија ја набавиле, но тоа не било навистина така. Исус ја искористил можноста кога сите биле гладни за да ги поучи за „духовната храна" на начин на кој што таа би им била изгравирана во нивните срца. Но не сваќајќи ја намерата на Својот учител, тие ги протолкувале Неговите Зборови на еден нивни начин. Па потоа се запрашале помеѓу себе, „Никој му нема донесено нешто за јадење, нели?"

Учениците чии што духовни очи сеуште не им биле отворени, зборувале за храната на телото, додека Исус им зборувал за духовната храна која што го дава вечниот живот. Исус исто така кажал дека духовна храна е да се исполнува Божјата волја и да се исполнува Неговото дело. Тогаш што би можела да биде Божјата волја и Божјето дело?

Во 1 Солунјани 5:16-18 е кажано, *„Секогаш радувајте се; молете се без престан; оддавајте благодарност за сѐ; зошто тоа е Божјата волја за вас во Христа Исуса."* И во 1 Солунјани 4:3, се кажува, *„Бидејќи ова е волјата Божја, вашето осветување…"* Така што ако секогаш сте радосни, се молите и секогаш ја оддавате благодарноста, осветувајќи ги срцата, сето тоа е волјата Божја. Понатаму делувањето во согласност со Божјите Зборови, на пример, да се сакате едни со други, да си простувате и да живеете во мир, исто така е Божја волја.

Па што тогаш е Божјето делување? Тоа е обожувањето, евангелизацијата, посветеноста и служењето за да се исполни Божјото кралство. Сепак иако извршуваме голем дел од Божјата работа, ако тоа го правиме со зло во срцата и продолжуваме да грешиме, ние тогаш не ја исполнуваме Божјата волја, па затоа и нашето делување ќе биде залудно. Бог ги бара чистите, добри срца на вистината. Кога ќе ја извршуваме Божјата работа, ние мораме да го правиме тоа во согласност со Неговата волја. Тогаш и само тогаш нашите срца ќе можат да бидат исполнети со радоста и со Светиот Дух; а како резултат на сето тоа ќе можеме да ги примаме одговорите на желбите од нашите срца.

Сеачот И Жетварот

„Нели кажувате, 'Уште четири месеца па ќе дојде времето на жетвата'? А Јас пак ви кажувам, подигнете ги очите и погледнете ги полињата, тие се побелени, готови за жетва. И жетварот веќе прима надница и го собира плодот за вечниот живот; та да можат и оној кој што сеел и оној кој што жнее заедно да се радуваат." (4:35-36)

По кажувањето на Своите ученици за духовната храна, Тој понатаму со нив ја споделува илустрацијата за „жетвата", зборувајќи им за сеачот и за жетварот. Во зависност од семето, некои посеви се пожнејуваат побргу а некои подоцна. Па тогаш што мислите зошто Исус им кажал, „Уште четири месеци па ќе дојде времето за жетвата"?

Во повеќето случаеви, зборовите и броевите кои што биле забележани во Библијата имаат длабоко духовно значење, така што мораме да се потрудиме да ги сватиме преку исполнетоста со Светиот Дух. Во 2 Петар 3:8, се кажува дека: „*...кај Господа еден ден е како илјада години, а илјада години како еден ден.*"; и во Даниил 9:27 исто така се кажува дека еден ден е искалкулиран како една година, а седум години се искалкулирани како една седмица. Така што „Четири месеци" во овој случај означува четири илјади години.

Од времето кога згрешил првиот човек Адам и бил истеран од Градината Едемска, па сé до времето кога Авраам станал таткото на верата и до доаѓањето на Исуса на земјата, бил еден распон од околу четири илјади години. Од времето кога Бог ја започнал човечката култивација, за да се здобие со вистински чеда, па сé до времето кога дошол Исус нашиот Спасител, поминале околу четири илјади години.

По Исусовото доаѓање почнал процесот на жнеењето на култивираните души. Бидејќи Исус го искупил човештвото од неговите гревови, на оние луѓе кои што го прифаќаат, им се проштеваат гревовите и тие стануваат спасени низ верата. Така што „Уште четири месеци па ќе дојде времето на жетвата" значи дека четири илјади години од почетокот на човечката култивација се отворил патот на спасението низ нашиот Спасител Исус Христос.

Па кои се тогаш „сеачите", а кои се „жетварите"? Еден од сеачите е Бог, кој што го испратил Својот Син Исус на овој свет. Другиот сеач е Исус, кој што станал едно зрно пченица со тоа што умрел на крстот и го отворил патот на спасението. А ние, чедата Божји сме жетварите кои што ги жнееме душите кои што израснале во изборот на зрното. Со други зборови, како жетвари, ние можеме да поведеме голем број на души по патот на спасението.

„И жетварот веќе прима надница и го собира плодот за вечниот живот" означува дека жетварот веќе го има примено спасението низ верата, Ефесјаните 2:8 ни кажува, *„Бидејќи преку благодетта сте биле спасени низ верата; а тоа не доаѓа од вас, тоа е дар од Бога."* И во Римјаните 3:24, е запишано, *„ ...добивајќи оправдание како дар преку Неговата благодет низ искупувањето кое што е во Христа Исуса."*

Спасението претставува еден бесплатен дар од Бога. Иако поради нашите гревови би требало да се соочиме со вечната смрт, низ верата во Исуса Христа ние ја имаме добиено „надницата", или прекрасната благодет на спасението. Токму поради тоа ние вредно работиме во ширењето на евангелието; за да можат исто така и другите луѓе да го примат вечниот живот заедно со нас. Ова е означено преку „жнеењето на посевите за вечниот живот."

Кога ние—водени од благодарноста за благодетта на спасението кое што ни било дадено—вредно го шириме евангелието и го жнееме житото, Бог се радува на Небесата гледајќи го тоа (Лука 15:7). Ние кои што го шириме евангелието исто така се радуваме заедно со Него. Во 3 Јован 1:3, Јован зборува во врска со оваа радост, *„Бидејќи Јас бев навистина среќен кога браќата дојдоа и сведочеа за вашата вистина, а тоа е, како вие чекорите во вистината."*

„Бидејќи во овој случај поговорката е вистинита,

'Еден сее а друг жнее.' Ве испратив да го пожнеете тоа што не сте го работеле; други работеле а вие влеговте во нивниот труд." (4:37-38)

Голем број на луѓе го жнеат она што Исус го посеал; сепак тоа не претставува плод на нивниот труд или на нивната жртва. Тоа е резултатот од Исусовото умирање на крстот. Исто така, голем број на Исусовите ученици и некои други луѓе станале маченици додека го ширеле евангелието. Дури и во Стариот Завет, постоеле некои пророци кои што—поради нивната љубов кон Бога—се обидувале да ги поведат луѓето да чекорат кон патот на вистината, но поради тоа биле прогонувани. Овие луѓе ги претставуваат сеачите.

Апостолот Павле има кажано, *„Јас посадив, Аполос го поли, но Бог направи да израсне"* (1 Коринтјаните 3:6). Секој може да полива и да жнее, но пророците, Исус и Исусовите ученици биле оние кои што сееле. Но тоа не значи дека денеска не постојат повеќе сеачи. Бог сеуште сее низ некои одредени слуги кои што Тој ги признава. Но сепак воглавно поголемиот број на луѓе денеска само го полеваат и го жнеат она што веќе било посеано.

Мнозина Самарјани Поверувале Во Исуса

„И Мнозина Самарјани од тој град поверуваа во Него поради зборовите на жената која што сведочеше, 'Тој ми кажа сѐ што сум направила.' Па кога Самарјаните дојдоа кај Исуса, Го замолија да остане со нив; и Тој остана таму два дена. Мнозина поверуваа поради словото Негово; а на жената ѝ кажуваа, 'Сега веќе не веруваме поради твоето кажување, туку поради тоа што самите чувме и дознавме дека Тој е Спасителот на светот.'" (4:39-42)

Додека Исус ги поучувал Своите ученици за духовниот свет, Самарјанката отишла во градот и почнала со возбуден глас да им кажува на сите кои што ги сретнала, дека го сретнала Месијата. По слушањето на нејзиното сведоштво, мнозина од Самарјаните поверувале во Исуса.

Некои луѓе претпоставуваат дека поради фактот дека Самарјанката пред тоа имала пет мажи, таа не можела да биде некој добар пример за луѓето. А некои дури и кажуваат дека причината зошто таа отишла на бунарот околу пладне лежи во тоа што таа сакала да избегне контакт со луѓето. Ако оваа претпоставка беше точна, таа тогаш би била исмеана од луѓето во градот и најверојатно тие воопшто и не би ја ни слушале, кога би им зборувала. И кога извикнала, „Дојдете и видете!" тие најверојатно не би се ни грижеле за тоа што таа зборува. Но важен фактор тука е тој што луѓето сепак ја ислушале и ѝ поверувале.

Од сето ова можеме да видиме дека жената била нормално признаена и ѝ се придавала доверба од страна на луѓето. Токму поради тоа нејзината евангелизација била дури и многу поефектна, па луѓето поверувале во тоа што таа им го кажала. Како резултат на сведоштвото искажано од жената, мноштво луѓе го прифатиле Исуса како нивниот

Спасител. И откако ја примиле Божјата благодет, тие го замолиле Исуса да остане со нив некое време, за да би биле во можност да ги чујат Неговите зборови. Гледајќи го искреното и добро срце кое што го имале овие луѓе, Исус останал некое време за да го сподели евангелието со нив.

Тогаш луѓето й кажале на жената, „Сега веќе не веруваме поради твоето кажување, туку поради тоа што самите чувме и дознавме дека Тој е Спасителот на светот." Во почетокот тие поверувале поради тоа што го слушнале кажувањето од жената, но откако го сретнале Исуса и го слушнале Неговото Слово, тие биле во можност навистина да поверуваат од самиот центар на своите срца, дека Тој навистина е Месијата, кој што дошол да ги спаси.

Вториот Знак Во Кана

Она што претставува прекрасен благослов е фактот дека многу луѓе во Сихар поверувале во Исуса низ Самарјанката! Поради искрената желба на луѓето за вистината, Исус останал со нив и го ширел евенгелието во текот на два дена, пред да замине за Галилеја.

Зошто Пророкот Нема Чест Во Своето Родно Место

„По два дена излезе од таму и отиде за Галилеја. Зошто Самиот Исус беше посведочил дека пророкот нема чест во своето родно место. Па кога Тој стигна во Галилеја, Галилејците Го примија, бидејќи ги имаа видено сите нешта кои што Ги изврши во Ерусалим, на гозбата; бидејќи и тие самите исто така беа на гозбата." (4:43-45)

Од Самарија, Исус отишол директно во Галилеја, без да застане во Назарет, Неговото родно место. Тоа било така бидејќи луѓето во Неговиот роден град го одбиле Исуса. Во една прилика кога Исус ги поучувал луѓето од Назарет, тие се почувствувале осудени во своите срца, па затоа се обиделе да го избркаат од својот град. Не само тоа, тие дури и Го повеле до врвот на еден рид со намера да Го фрлат од карпата (Лука 4:16-30).

Луѓето го отфрлиле Исуса поради тоа што не можеле да разберат како може некој кој што израснал со нив и кој што бил син на еден обичен столар, да биде Месијата или пророкот (Матеј 13:53-58). Тие не ги виделе со своите духовни очи сите знаци кои што Тој ги изведувал; тие едноставно гледале на Него со нивните физички очи.

Како и да е, Исус наидувал на добродошлица на сите други места. Особено му покажувале гостопримство оние луѓе кои што живееле на крајбрежјето на езерото Галилејско. По гледањето на сите знаци и чуда кои што ги извел Исус во Ерусалим, за време на Пасхата, тие Галилејци знаеле дека Тој не може да биде обична личност.

Кралскиот Службеник Кој Што Дошол Да Го Посети Исуса

„Затоа Тој дојде повторно во Кана Галилејска

каде што ја беше претворил водата во вино. И таму беше едно кралско службено лице, чиј што син беше болен во Капернаум. Кога слушна дека Исус беше дојден од Јудеа во Галилеја, тој отиде кај Него молејќи Го да дојде и да му го излекува синот; бидејќи син му беше на умирање." (4:46-47)

По пристигнувањето во Галилеја, Исус отишол во Кана, градот кој што се наоѓал во рамките на Галилеја. Ова е местото каде што Исус го извел Својот прв знак, кога ја претворил водата во вино (Јован глава 2). Кралскиот службеник на кралот Херод чул дека Исус дошол во Кана, па го пропатувал целиот тој пат од Капернаум до таму, за да го посети. Неговиот син бил болен и на умирање.

Капернаум се наоѓа на околу 32 km оддалеченост од Кана; и тоа навистина не е лесна дестинација да се помине во двата правца. Како кралски службеник, тој можел да направи син му да го третираат најдобрите лекари во тоа време. А во тоа време Исус исто така бил обвинет и за тоа дека е „опседнат од демонот" од страна на првосвештениците, писарите и другите водачи.

Сепак овој човек слушнал за знаците и чудата кои што ги изведувал Исус, како што било претворањето на водата во вино и излекувањето на болните. Така што тој дошол кај Исуса со чисто срце кое што верувало. Тој искрено верувал дека Исус ќе може да му го излекува синот, па затоа го молел Исуса да дојде и да го стори тоа.

„А Исус му кажа, 'Ако вие луѓето не видите некои

знаци и чудеса, вие едноставно нема да поверувате.' Кралскиот службеник Му кажа, 'Господине, дојди додека детето мое е сеуште живо.'" (4:48-49)

Кралскиот службеник се наоѓал во една итна ситуација каде што неговиот син можел да умре во секој момент. Но наместо веднаш да почне да го следи, Исус му кажал, „Ако вие луѓето не видите некои знаци и чудеса, вие едноставно нема да поверувате." За еден човек кој што е загрижен што неговиот син може да умре, овие зборови му биле несватливи, па тој Му одговорил „Господине, дојди додека детето мое е сеуште живо."

Многу често се случува некои луѓе околу нас да си ги отвараат своите срца и го прифаќаат Господа без дури и да видат некои знаци и чудеса. Но без да ги доживеат знаците и чудесата, тие многу лесно можат да ја имаат верата која што ќе се базира на основа на нивното знаење, што всушност претставува телесно базирана вера. Наспроти тоа, луѓето кои што ќе ги доживеат Божјите знаци и чудеса сваќаат дека ако Бог интервенира, тогаш сѐ е можно и сѐ може да се случи, па поради тоа тие се здобиваат со вистинската вера или со други зборови, со духовната вера. Затоа ваквите луѓе поспремно живеат во согласност со Божјото Слово.

Се разбира дека некои од луѓето имаат сомнежи дури и по гледањето на знаците или на чудесата кои што им се случиле пред нивните очи, но оние кои што се со доброто срце во себе, растат во верата после посведочувањето на таквите чуда. Ова е причината поради која Исус ги изведувал знаците и чудесата било каде и да одел.

Кралскиот службеник имал добро срце—па поради тоа тој поверувал во сите новости кои што ги слушнал во врска со Исусовите знаци; но сепак, тој во себе ја немал вистинската вера. Ние можеме да го видиме ова поради тоа што тој го запрашал Исуса да дојде што побргу, за да не умре неговиот син.

Ако тој навистина верувал во Семокниот Бог кој што можел дури и мртвите да ги врати од смртта, тој тогаш не би бил загрижен па дури и да умрел неговиот син. Ова е ограничувањето во верата која што е базирана на знаењето. Дури и по слушањето за силата на Семокниот Бог, кога ваквата личност која што е со телесно-базирана вера ќе достигне еден одреден степен во развојот, тогаш таа не е повеќе во состојба да ја покажува верата. Само ако успее да го премине овој момент, само тогаш ќе може го доживее чудото во согласност со својата вера. Ова е вистинската вера која што и дозволува на личноста да ја види Божјата слава. Токму поради тоа Исус кажал, *„'Ако можеш да поверуваш?' Сѐ е можно за оној кој што верува,"* (Марко 9:23) и *„Оди, ќе биде направено во согласност со твојата вера"* (Матеј 8:13).

Исус Со Неговите Зборови Моментално Излекувал

„А Исус му одговори, 'Оди си; твојот син е жив.' Човекот поверува во зборовите што Исус му ги кажа и си замина. Кога тргна надолу го сретнаа слугите негови и му јавија дека син му е жив. Тој ги праша за часот кога почнало да му станува подобро. Тие му одговорија, 'Вчера во седмиот час, го пушти грозницата.'" (4:50-52)

Исус не го обвинил кралскиот службеник за неговата вера базирана на знаењето. Наместо тоа, гледајќи ја неговата искрсност која што се искажала низ долгото патување од Капернаум, Тој одговорил на неговото барање.

„Оди си; твојот син е жив." Тој со свои очи не ја видел подобрата состојба на синот, но поверувал во Исусовото Слово и се вратил во Капернаум. Додека сеуште бил на патот кон дома, во далечината видел некои познати лица. Неговите слуги, кои што требало да водат грижа за неговиот син, трчале накај него.

Тие трчале за да му кажат дека неговиот син е добар. Службеникот поверувал во Исусовото Слово, но колку ли среќен морал да биде, кога дознал дека син му е добро! Смирувајќи си го срцето, тој запрашал за состојбата на синот и за часот кога таа почнала да се подобрува. Тој чул дека состојбата на син му, кој што бил на умирање поради високата температура, се подобрила во моментот кога Исус му кажал, „Оди си; твојот син е жив."

„Така таткото дозна дека тоа се случило токму во часот кога Исус му кажа, 'Твојот син е жив'; и поверува и тој и целото негово семејство. Ова е вториот знак што Исус го има изведено кога отиде од Јудеја во Галилеја." (4:53-54)

Ако кралскиот службеник имал сомнеж и по слушањето на Исусовото Слово, тогаш најверојатно неговиот син не би бил излекуван. Бидејќи тој ја покажал својата вера низ делувањето сé до крајот, тој го доживеал чудесното излекување на својот син, како и примањето на благословот да целата негова фамилија поверува во Исуса. По знакот на претворањето на водата во вино, излекувањето на синот на кралскиот службеник бил вториот знак кој што Иусу го има изведено во Кана.

Слично на ова, верата прави невозможното да стане возможно. Исус кажал, *„Затоа и ви кажувам, сите нешта за кои што се молите и прашувате, верувајте дека сте ги добиле и ќе ви бидат дадени."* (Марко 11:24). Ова Писмо не кажува, „Верувајте дека ќе ги добиете," во идно време. Туку кажува, „Верувајте дека сте ги добиле" во минато свршено време. Ова значи дека морате да се молите верувајќи дека веќе го имате добиено одговорот на прашањата.

Библијата ни кажува, *„Но да моли со вера без никаков сомнеж, бидејќи оној кој што се сомнева наликува на морски бран, кого што ветрот го издига и го растура. Таквиот човек не треба да очекува дека ќе добие нешто од Господа"* (Јаков 1:6-7). Кога се молиме со целосната вера во Семоќниот Бог без ниту трошка сомнеж, тоа е часот кога се случуваат чудесните знаци.

Глава 5

Знакот Кај Бањата Витезда

1. Човекот Кој Што Бил Излекуван На Денот Сабат По 38 Годишната Болест
   (5:1-15)

2. Евреите Кои Што Го Прогонувале Исуса
   (5:16-30)

3. Исусовото Сведоштво За Евреите
   (5:31-47)

Човекот Кој Што Бил Излекуван На Денот Сабат По 38 Годишната Болест

По изведувањето на Својот втор знак во Галилеја, Исус отишол до Ерусалим. Постојат неколку празници кои што секој возрасен Јудеец мора да ги одржува како свети: Пасхата, Празникот на Неделите и Празникот на Колибите. Така следејќи ја Божјата волја, Исус отишол до Ерусалим за да присуствува на празниците.

Луѓето Кои Што Се Насобрале Кај Бањата Витезда

„По овие нешта беше празникот Јудејски, па Исус се искачи до Ерусалим. А во Ерусалим, при Овчата порта има бања, што на еврејски се нарекува Витезда, со пет тремови. Во нив лежеа многу болни, слепи, куци и исушени, [кои што чекаа да се раздвижи водата; зошто во одреден период ангелот Господов слегуваше во бањата и ја раздвижуваше водата; и кој прв ќе влезеше по раздвижувањето на водата, оздравуваше од било каква болест да боледуваше.]" (5:1-4)

Храмот во Ерусалим има неколку порти. Една од тие порти, која што е лоцирана на североисточниот дел од храмот, била наречена „Овчата Порта". Изградена во времето на Неемија, околу 445 Пред Христа (Неемија 3:1), била наречена „Овчја Порта" бидејќи токму пред портата се наоѓал сточниот пазар, па овците кои што биле потребни за ритуалот на жртвеното обожување, биле донесувани низ оваа порта. Веднаш до Овчјата Порта се наоѓа еден базен кој што на еврејски се нарекува „Витезда". Овој базен бил создаден како еден вид на резервоар кој што ја собирал дождовницата и го обезбедувал целиот храм со вода. Интересното нешто во врска со овој базен било тоа што одвреме-навреме чистата изворска вода излегувала од дното на базенот и ја раздвижувала водата во него. Луѓето верувале дека сето тоа се случува како резултат на доаѓањето на ангелот кој што ја разбранувал водата. Првата личност која ќе влезе во базенот веднаш по овие случувања, ќе била излекувана од било каква болест. Токму поради тоа базенот секогаш бил запоседнат од страна на болни луѓе. Слепите, куците исушените—луѓето кои што имале различни видови на болести—чекале покрај базенот, следејќи дали ќе се разбранува водата.

: : Овчјата Порта Лоцирана На Североисточниот Дел Од Ѕидот На Ерусалим

: : Бањата Витезда Лоцирана Во Близина На Овчјата Порта

Старите Библиски ракописи не ги содржат зборовите, „кои што чекаа да се раздвижи водата; зошто во одреден период ангелот Господов слегуваше во бањата и ја разбрануваше водата; тогаш оној кој што прв, откако ќе се видело разбранувањето на водата, ќе влезел во неа, ќе се излекувал од било каков вид на болест." Сепак овој пасус ни е прикажан во подоцнежните ракописи, што претставува еден вид на импликација дека ова претставува само еден вид на популарна вера помеѓу луѓето во тоа време. Бидејќи е Божјо Слово, Библијата нема ниту една најмала грешка; но сепак одвреме-навреме постојат некои зборови кои што биле забележани во неа, за да му помогнат на читателот во подоброто разбирање и во доживувањето на околностите од тој временски период.

Исус, Кој Што Ги Излекувал Болните На Денот Сабат

„Таму беше и еден човек кој што беше болен веќе триесет и осум години. Кога Исус го виде како лежи таму, знаејќи дека веројатно долго време се наоѓа во таква состојба, Тој му кажа, 'Дали сакаш да оздравиш?' Болниот му одговорил, 'Господине, јас немам никој друг кој што би ме ставил во базенот кога водата за прв пат ќе се разбранува, додека јас да дојдам, некој друг слегува пред мене.' Исус му кажа, 'Стани, земи ја постелката своја и оди си.' Во тој час човекот беше излекуван и си ја зема постелката своја, па почна да чекори. А тој ден беше Сабат." (5:5-9)

Тремовите на Витезда биле секогаш исполнети со луѓе инвалиди. За да можат да бидат првите кој што ќе влезат во базенот откако водата ќе била разбранувана, луѓето се обидувале да застанат што поблиску до базенот. Еден од нив бил и тој човек кој што веќе 38 години боледувал од болеста. Постои една стара Кореанска поговорка, „Долгото боледување не носи верно дете" со значење дека дури и најверните личности нема да можат да продолжат да бидат верни и посветени на должноста ако болеста на нивниот родител трае еден неиздржливо долг период. Бидејќи овој човек бил болен во текот на 38 години, тој најверојатно веќе бил напуштен од страна на неговата фамилија и не постоела ниту една личност која би се заложила за него и би му помогнала. Но тој сепак, среде големите страдања и болки кои што ги издржувал, тој не ја губел надежта. Со надежта дека еден ден ќе се почувствува подобро, тој стоел до базенот. Гледајќи го срцето на овој човк кој што стрпливо чекал без да ја изгуби надежта, Исус посегнал со љубов кон него.

„Дали сакаш да оздравиш?"
Бидејќи веќе подолго време тој бил лишен од среќата да некој му се обрати со таквите нежни зборови, тој одговорил со објаснението за неговата несреќна ситуација. Дури и кога ќе се разбранувале водите некој друг, кој што бил поподвижен од него, влегувал во базенот пред него. Тој го

молел Исуса да му помогне да влезе во базенот, но она што му го одговорил Исус го изненадило човекот.

"Стани, земи ја постелката своја и оди си."
За некого кој што веќе долго време живее како хендикепирана личност, ова можеби звучело навистина чудно. Тој можел да помисли дека Исус дури и се исмева со него. Но уште пред да узнае, тој веќе бил на своите нозе! Се случило да неговата сила некако биде повторно воспоставена во неговото тело. Исус само кажал неколку збора и болеста која што му била на терет на човекот во текот на 38 години, за миг исчезнала! Исус не лекувал секого. Тој им пружал излекување само на оние луѓе кај кои што ќе видел вера и добри дела. Исус го излекувал човекот бидејќи и покрај неговото долго страдање, неговото срце сеуште било добро. Тоа било истрајно и во надеж.

Јудејците Кои Што Не Го Сватиле Вистинското Значење На Сабатот

"Заради тоа Јудејците му рекоа на оној кој што беше исцелен, 'Сабат е, и не е дозволено да ја земаш постелката своја.'" Но тој им одговори, 'Тој кој што ме исцели беше оној кој што ми кажа, "Земи ја постелката своја и оди си."' Тие го прашаа, 'Кој е човекот кој што ти кажа, "Земи ја постелката своја и оди си"?' Но исцелениот не знаеше кој беше, бидејќи Исус беше отиден оти на тоа место имаше голема толпа луѓе." (5:10-13)

Човекот кој што бил инвалид во текот на 38 години, немал причина и понатаму да остане покрај базенот. Кога ја земал својата постелка со намера да си оди, му пристапиле Јудејците. Причината лежела во тоа што сето тоа се случувало во текот на денот Сабат, а традицијата на старите кажувала дека е стриктно забрането да се поместуваат некои предмети во текот на тој ден. Израелците искусувале тешки времиња секогаш кога немало да им се покорат на Божјите заповеди, или на Неговите закони. Кога кралот кој што се плашел од Бога бил на тронот, во Израел постоел мир. Но кога кралот кој што не се плашел од Бога и кој што обожувал лажни идоли дошол на престолот, Израел бил завземен од страна на другите нации и неговите луѓе биле однесени како пленици. Па така за да им се покорат на Божјите закони уште пострактно, Израелците ги модифицирале заповедите со цел да вклучат некои специфични детали. Кога во Библјта се зборува за ова, се кажува како за „традицијата на старите".

На пример за да се придржуваат до заповедта „Одржувајте го свет денот на Сабатот," Јудејците додале некои подделови до оваа заповед, наведувајќи ги во детали нештата од кои што би требало да се воздржуваат. Тие додале некои детални артикли до оваа заповед, како што биле: никој не би требало да го посејува семето ниту да го ора полето, ниту пак да меси и да пече тесто, не би требало да се пере облеката, ниту пак да испише два збора или пак да ги избрише, не би требало да се четка или да се помести еден предмет од едно место на друго, итн.

Сепак Бог никогаш не кажал, „Не земајте ја постелката своја и не одете во текот на денот Сабат." Бог им заповедал на Своите луѓе да го зачуваат денот на Сабатот свет, за да ги благослови и да го зачува тој ден свет, но не разбирајќи го во целост вистинското значење на Неговите заповеди, Јудејците ги создале овие прецизни правила, отежнувајќи си на себеси. Кога чуле дека еден човек кој што 38 години бил инвалид бил излекуван, тие би требало да бидат среќни заради тоа, но наместо тоа, Јудејците го осудиле овој настан.

„Сабат е, и не е дозволено да ја земаш постелката своја."

Јудејците кои што се вознемириле поради тоа, останале упорни во своето кажување.

„Кој е човекот кој што ти кажа, 'Земи ја постелката своја и оди си'?"

За среќа, Исус, знаејќи однапред дека Јудејците чувствително ќе реагираат на излекувањето на болниот од Негова страна за време на денот Сабат, веќе бил отиден кога Јудејците го започнале своето испрашување. Исус не отишол поради тоа што Тој се почувствувал слаб или без сила. Дури и во ситуацијата каде што Тој бил неправедно прогонуван, Тој сепак делувал во праведноста. Без разлика во каква и да е ситуација да се нашол, Тој никогаш не направил ништо што би можело да го попречи исполнувањето на Божјата волја.

„Ете Сега Стана Здрав; Не Греши Повеќе."

„Потоа Исус го најде во храмот и му кажа, 'Ете сега стана здрав; не греши повеќе за да не те снајде нешто уште полошо.' Човекот отишол и им кажал на Јудејците дека Исус бил оној кој што го беше исцелил." (5:14-15)

Кога Исус уште еднаш го сретнал во храмот човекот кој што пред тоа бил инвалид во текот на 38 години, Тој го предупредил, „Не греши повеќе, за да не те снајде нешто уште полошо."

Исус го поучил човекот дека навистина, Бог го има исцелено. Но сепак, ако не почне да живее во согласност со Божјото Слово и ако повторно згреши, ќе му биде нанесена болест којашто ќе биде дури полоша и од претходната. Тука можеме да видиме дека болестите доаѓаат како резултат на гревот. Ова се однесува не само на проблемите врзани со болестите туку и на сите други проблеми воопшто. Кога го сакаме Бога и се плашиме од Него, кога живееме во согласност со Неговата волја, тогаш болестите и слабостите не можат да ни пријдат и тогаш ние ќе можеме само да ги примаме благословите на просперитетот во сите области на нашите животи.

Но ако не живееме во согласност со Словото, тогаш ние ќе страдаме од сите видови на болести и на проблеми. Во повеќето случаеви, луѓето помислуваат дека една личност станува болна поради лошата среќа или пак поради наследните особини. Но причината дури и за наследните болести во многу случаи е поврзана со гревот на непридржувањето кон Божјото Слово. Ако на пример не ги конзумираме нашите оброци на регуларна база, или пак ако сме се оддале на ненаситност, тогаш прво нашиот дигестивен систем па потоа и другите органи од телото ќе ни станат ослабени. Сето тоа се должи на фактот што не сме успеале добро да се погрижиме за нашите тела кои што Бог ни ги има дадено. Тоа е нешто слично на непочитувањето на Божјото Слово.

Во Исход 15:26, се кажува, *„Ако искрено го послушаш гласот на ГОСПОДА твојот Бог, и ако го правиш она што е исправно во очите Негови, и ако ги слушаш Неговите заповеди, и ако ги запазиш сите Негови наредби, тогаш Јас нема да ти испратам ниту една од болестите кои што им ги бев испратил на Египјаните; бидејќи Јас, ГОСПОД сум твојот исцелител."* Кога ќе се придржуваме до Божјите закони и ќе ги живееме животите кои што му се угодни на Бога, тогаш Тој ќе ни ги излекува сите болести кои што би можеле да ги имаме и ќе не направи една целина.

Човекот дури и не знаел кој бил тој што го излекувал. Но по повторното среќавање со Исуса во храмот, дознавајќи дека Тој бил оној кој што го излекувал, тој бил преплавен со радост. Кога го запрашале, тој радосно им кажал на Јудејците дека Исус бил оној кој што го излекувал, но тој не ги знаел нивните намери. Тој не можел ниту да претпостави дека неговите зборови би можеле толку многу да му наштетат на Исуса.

По чинот на излекувањето, во многу случаеви Исус им кажува на личностите да отидат и да им кажат на своите роднини, но постојат и случаеви кога Тој им кажува да не кажуваат за тоа на никого (Матеј 8:4; Лука 8:56). Ако некоја друга личност која што има добро срце чуе за чудата, ако тоа е некој кој што би му ја оддал славата на Бога и ако ја има верата во Него, тогаш Исус би ѝ кажал на излекуваната личност да му каже или да ѝ каже за тоа. Но сепак, ако личноста која што би чула за тоа, е некоја која што би ја прогонувала другата личност или би ѝ наштетила поради тоа што се случува, тогаш Исус би ѝ кажал да не кажува никому. Поради ова многу е значајно да бидеме мудри кога ќе ги споделуваме информациите со некоја личност—потребно е прво да го сватиме нејзиното срце.

Евреите Кои Што Го Прогонувале Исуса

Поради изведувањето на чудото во време на денот Сабат, Исус бил прогонуван од страна на Јудејците. Не сваќајќи го исправно законот, тие го осудиле Исуса, кој што извел едно добро дело. Сепак, Исус кажува во Марко 2:27-28, „*Сабатот бил создаден за човекот, а не човекот за Сабатот. Така што Синот Човечки е Господ дури и на Сабатот.*"

Поради тоа што Господ е дури и над Сабатот, Исус ги исцелувал луѓето кои што страдале од најразлични болести, им ја покажувал љубовта и ги надминувал дури и законите. Слично на ова, на Бога му се помили љубовта и сочувството над сите други закони.

„Па поради оваа причина Јудејците го прогонуваа

Исуса, бидејќи Тој ги изведуваше овие нешта во текот на Сабатот. Но Тој им одговораше, 'Мојот Отец досега работи, а и Јас Самиот работам.' Поради оваа причина Јудејците уште повеќе го бараа Исуса, да го убијат, бидејќи Тој не само што го прекршуваше Сабатот, туку исто така го нарекуваше Бога – Негов Отец, правејќи се еднаков со Бога." (5:16-18)

Една добра личност не им суди, ниту ги осудува другите. Наместо тоа, таа и самата се труди да се стави во позицијата на другите луѓе за да може што подобро да ги разбере. Но сепак, Јудејците се обидувале да најдат некоја причина за да почнат караница со Исуса и да можат да го прогонуваат, заради тоа што изведувал некои добри дела. Кон ова Исус одговара, „Мојот Отец досега работи, а и Јас Самиот работам." и Тој го става акцентот врз фактот дека Тој не делува во согласност со Неговата Сопствена волја. Кога го чуле ова, Јудејците станале збеснети и уште повеќе го барале за да го убијат. Тие си помислувале дека Исус не само што го прекршил Сабатот, туку со нарекувањето на Богот како Неговиот Сопствен Отец, Тој со тоа се изедначувал со Бога.

Како и да е, во основа, Исус и Бог се едно исто. Тој бил со Бога уште од почетокот и видел како бил создаден и одржуван универзумот. Бидејќи Тој има видено сé уште од почетокот па сé до крајот и знае за сето уште од самиот почеток, Тој секогаш делувал во согласност со Божјата волја и никогаш немал направено нешто што би одело против Божјата волја или план. Јудејците, кои што биле духовно слепи, не можеле да го сватат овој факт. Како дополнение на сето тоа, Исус изведувал некои нешта кои што тие самите не би можеле да ги направат, за да потоа добијат пофалби од страна на луѓето, па така тие стануале сé позавидливи и пољубоморни.

Исус Се Обидува Да Им Помогне На Евреите Да Разберат

„Затоа Исус им одговори на тоа и им рече, 'Вистина, вистина Ви велам, Синот не може ништо да направи сам од Себе освен ако не го види Отецот како го прави тоа; затоа што она што го прави Отецот, истото го прави и Синот. Поради тоа што Отецот го сака Својот Син, Тој ќе му ги покаже сите нешта кои што Самиот ги прави; и ќе му покаже и нешта поголеми од овие, за да се чудите вие.'" (5:19-20)

Да кажеме дека еден татко кој што поседува една голема компанија, сака да го предаде својот бизнис на својот син. Тој ќе го поучи својот син во сето што му е потребно да знае за водењето на бизнисот, па дури и на најголемите тајни информации за компанијата. Слично на ова, Бог го поучил својот возљубен Син, Исус, кој што бил заедно со Него уште од почетокот (од создавањето па сé до култивирањето на луѓето), Неговото провидение и сите тајни во врска со создавањето. Исус дошол на овој свет за да ни покаже дека

Богот Отецот го поучил и му покажал сѐ. Со исцелувањето на болните, подигањето на мртвите повторно во живот и со смирувањето на ветрот и на водите, Тој ги спровел неверојатните чуда (Лука 8:24).

А на луѓето кои што биле вчудоневидени од делата кои што ги извел, Тој им проповедал дека ќе видат нешта кои што ќе бидат уште поголеми од оние на кои што веќе им се имаат изчудено. Со ова Тој се осврнал кон настанот кога Тој ќе ги земе на Себе гревовите на сите луѓе, со тоа што ќе умре на крстот, воскреснувајќи на третиот ден. Како врв на сето тоа, Исус ќе биде вознесен на Небесата откако воскресението ќе биде настан со една таква големина, настан кој што никој до тогаш го нема видено. Повторното доаѓање на Исуса на овој свет, во времето на крајот исто така ќе биде инспиририрачки и грандиозен настан.

Односот Помеѓу Отецот И Синот

„Исто како што Отецот ги воскреснува мртвите и им дава живот, исто така и Синот дава живот на кого што сака. Затоа што Отецот не суди никого, туку целиот суд му го предаде на Синот, така што сите да го почитуваат Синот, како што го почитуваат Отецот. Оној кој што не го почитува Синот, не го почитува ниту Отецот, кој што го испратил." (5:21-23)

Бог, кој што го има највисокиот авторитет над животот

и смртта кај личноста, исто така му го дал тој авторитет и на Својот Син, Исус. Така што кога Исус кажал „Синот исто така дава живот на кого што сака," значи дека Исус може да дава живот на кого што сака.

Тогаш кое би било значењето на тоа што Писмото кажува дека Бог му го имал предадено целиот суд на Синот? Како што Римјаните 3:10 кажува, *„Не постои никој кој што е праведен; дури ниту еден,"* по падот на Адама, целото човештво морало да отиде по патот на смртта. Но Богот на љубовта го припремил патот на спасението за нас; а тој пат е Исус Христос. Така што оној кој што верува во Него и кој што живее во согласност со Неговото Слово, ќе оди на Небесата, а оној кој што не верува ќе оди во Пеколот. Поради тоа Писмото ни кажува, „Тој [Бог] му го има предадено целиот суд на Синот." Ова значи дека Божјата волја всушност е Исусовата волја.

Како што било запишано во Римјаните 5:1, *„И така бидејќи сме оправдани со верата, имаме мир со Бога, преку нашиот Господ Исус Христос,"* Исус е мостот на верата кој што го спојува нашиот однос со Бога. Кога веруваме и му се покоруваме на Исусовото Слово, тогаш ние веруваме и му се покоруваме и на Божјото Слово. Токму затоа познавањето на Исуса Христа и оддавањето на чест кон Него, во суштина значи и познавање и оддавање на чест кон Бога.

Кога Го Слушаме Гласот На Божјиот Син

„Вистина, вистина ви велам, оној кој што го слуша Словото Мое и кој што верува во Оној кој што Ме испратил, има вечен живот и нема да дојде на суд, туку преминал од смртта во живот. Вистина, вистина ви велам, доаѓа часот и веќе е дојден, кога мртвите ќе го чујат гласот на Синот Божји, и оние кои што ќе го чујат ќе живеат. Затоа што како што Отецот има живот во Себе, така Тој му даде и на Синот исто така да има живот во Себе; и Му даде власт да го извршува судот, бидејќи Тој е Синот Човечки." (5:24-27)

Оној кој што ги слуша зборовите на Исуса и кој што верува во Бога кој што го има испратено, нема да појде на суд, туку поминал од смртта во животот. Зборот „верува" во ова Писмо не значи вера која што оправдува само преку кажувањето на нечии усни, „Јас верувам." Тоа го означува верувањето кое што доаѓа од „духовната вера", кое што е оправдано преку делата на личноста кои што се во согласност со Божјото Слово.

„Мртвите" не се однесува на физички мртвите луѓе, туку на луѓето кои што се духовно мртви. Кога Бог ги создал луѓето, Тој ги создал така да бидат живи суштества кои што имаат дух, душа и тело. Но кога првиот човек, Адам, не го послушал Бога, гревот навлегол во човекот и тогаш неговиот дух умрел.

Така што сите Адамови потомци се раѓаат со изворниот

грев и нивните духови се мртви; но сепак, кога ќе го чујат евангелието и ќе го прифатат Исуса Христа како свој Спасител примајќи го Светиот Дух, тогаш нивните духови повторно ќе оживеат. Кога луѓето делуваат во согласност со Божјото Слово, тие сè повеќе и повеќе се трансформираат во личности на вистината, или во личности на духот, а во Писмото се мисли на ова кога се зборува за слушањето на гласот на Божјиот Син и дека часот е веќе дојден, кога луѓето го слушаат гласот на Божјиот Син.

Тој исто така кажува, „Затоа што како што Отецот има живот во Себе, така Тој му даде и на Синот исто така да има живот во Себе." Зборот живот на ова место се однесува на вечниот, духовен живот, кој што не згаснува. Исус, кој што е едно исто со Бога, исто така има живот во Себе (Јован 14:6), па ако веруваме во Него и ако го прифаќаме и ние исто така се здобиваме со вечниот живот.

Поради тоа што Исус е Синот Човечки, Бог му го дал авторитетот да може да го извршува судот; а овој суд ќе биде направен во согласност со делата на личноста во нејзиниот живот. Тоа значи дека една личност која што верува во Исуса Христа го има животот, па затоа таа ќе оди на Небесата; а личноста која што не верува во Исуса Христа и која што го нема овој живот, ќе оди во Пеколот. Тогаш зошто Бог му го дал авторитетот на Својот Син, да може да го извршува судот?

Исто како што за да ја измериме тежината на еден предмет мораме да го ставиме на вага, исто така мораме да имаме и еден одреден стандард по кој што ќе можеме да пресудиме дали некоја личност го има животот или не.

Исус Христос е мерката на животот и стандардот по кој што ќе се пресудува. Ова е така бидејќи Исус Самиот го претставува животот или самата вистина. Па поради тоа Бог Му го дал авторитетот на Својот Син да може да го извршува судот.

Воскресението За Животот И Воскресението За Судот

„Не чудете му се на ова; бидејќи доаѓа часот во кој што сите кои што се во гробовите ќе го чујат Неговиот глас и ќе истапат; оние кои што правеле добро ќе воскреснат за живот, а оние кои што правеле зло ќе воскреснат за судот. Јас не можам ништо да направам по Моја иницијатива. Како што слушам, така и судам; и Мојот суд е праведен, оти не ја барам волјата Моја, туку волјата на Оној кој што Ме испратил." (Јован 5:28-30)

Кога ќе им се каже дека животот и судот зависат од Божјиот Син, некои луѓе се наоѓаат во неверување. Тие прашуваат, „Тогаш што ќе се случи со луѓето кои што живееле и умреле пред раѓањето на Исуса?" Затоа Исус кажал, „Не чудете му се на ова," па потоа ни кажува за судот на совеста.

Има некаде околу стотина и нешто години откако Христијанството се прошири во Кореја. Што тогаш ќе се случи со оние луѓе кои што живееле пред сто години, или пак со луѓето кои што живееле во времето на Стариот Завет? Ако сите овие луѓе се испратат во Пеколот само поради фактот дека не знаеле за Исуса Христа, тогаш како ќе можеме да кажеме дека Богот е љубов?

Бог, кој што е самата љубов, го припремил патот на спасението за сите луѓе со добри срца. За оние луѓе кои што правеле добри дела во текот на својот живот, тие ќе доживеат воскресение на животот, а оние кои што правеле зли дела ќе доживеат воскресение за суд (Римјаните 2:14-16). Така што „судот на совеста" претставува пат за спасението кој што Бог го има припремено за оние кои што живееле во времињата на Стариот Завет, пред доаѓањето на Исуса и за оние луѓе кои што живееле во времињата на Новиот Завет, но кои што никогаш ја немале можноста да го чујат евангелието.

Иако никогаш го немале чуено евангелието, сепак постојат некои луѓе кои што со стравопочит и со побожен страв помислуваат на небесата, па затоа и ги прават сите напори да го живеат животот на добар и праведен начин, а тоа значи дека живеат во согласност со Божјата волја до некој одреден степен (Еклизијаст 3:11; Римјани 1:20). Постојат луѓе кои што си ги жртвувале животите за своите земји или за родителите, или пак можеби дури и за пријателите. Ова е пожртвуваната љубов.

Ако ваквиот вид на луѓе го чујат евангелието, тие со сигурност би го прифатиле Господа, би го примиле спасението и би влегле во Небесата? Така да преку судот на совеста, Бог им дозволува на овие луѓе да го примат спасението (Погледнете во книгата, *Пекол*).

Значи ова покажува како Богот на правдата на секого му дава фер судење. Кога Исус зборувал за судот, луѓето кои што го слушале наеднаш биле обземени со стравот и се прашувале, „Каков ли ќе биде судот?" Знаејќи го прашањето кое што им било во главите, Исус им одговорил, „Не можам ништо да направам по Моја иницијатива. Како што слушам, така и судам; и Мојот суд е праведен, оти не ја барам волјата Моја, туку волјата на Оној кој што Ме испратил."

Исусовото Сведоштво За Евреите

Пророците од Стариот Завет и Јован Крстител веќе го имале раширено гласот за Исуса. Тие пророкле дека Исус ќе се роди во фамилијата на Јисај и дека нациите ќе се свртат кон Него, дека ќе биде роден во Витлеем и дека 'Неговите случувања се од одамна, од времињата на вечноста' (Исаија 11:10; Михеј 5:2). Овие пророци не зборувале по некое свое убедување. Бог им наложил да го кажуваат пророштвото за Исуса Христа.

Како дополнение на овие пророштва, знаците и чудата коишто Исус ги изведувал, самите за себе зборуваат: дека Исус бил дојден од Бога. Но Јудејците не Го препознале и почнале да Го прогонуваат, така што Тој им ги покажал доказите дека Тој е Синот Божји. Тој тоа го сторил само поради љубовта која што ја имал за нив, така да тие можат да се здобијат со спасението.

„Постои Друг Кој Што Сведочи За Мене"

„Ако Јас Самиот посведочам за Себе, сведоштвото Мое нема да биде вистинито. Постои друг кој што сведочи за Мене и Јас знам дека сведоштвото кое што Тој го дава за Мене е вистина. Вие пративте кај Јована и тој посведочи за вистината. Но сведоштвото кое што Јас го примам не доаѓа од луѓето, туку Јас ги кажувам овие нешта за вие да можете да бидете спасени." (5:31-34)

Замислете колку засрамувачки и смешно би изгледало ако некој се фали себеси, но тоа никој не го забележува? Па така што ако ние ја имаме доволната самодоверба за да се фалиме себеси, ние прво мораме да бидеме препознаени од страна на луѓето околу нас. Исус го имал целото право да се фали Самиот Себе, но Тој само чекал да Бог им покаже на луѓето кој е Тој. Наместо да сведочи за Себеси, Исус ги искористил знаците кои што Бог ги манифестирал низ Него, да зборуваат за Него.

Зошто тогаш мислите дека Исус кажал дека Тој не го прима сведоштвото од луѓето? Тоа се должи на фактот дека не постои никој кој што би можел да даде целосно и точно сведоштво за Исуса. Дури и самиот Јован Крстител не можел да го даде совршеното сведоштво за Исуса. Затоа додека Јован бил во затвор, тој ги испратил своите ученици да го запрашаат Исуса, „*Дали си Ти Очекуваниот, или да бараме некој друг?*" (Матеј 11:3).

На ова Исус одговорил со следните стихови 4-5, „*Одете и кажете му на Јована што слушате и што гледате: слепите прогледуваат и сакатите проодуваат, лепрозните се очистуваат а глувите прослушуваат, мртвите се подигаат а на сиромашните им се проповеда евангелието.*" Тој го кажал ова бидејќи со самото познавање на овој факт тие би требало веќе да знаат, „Ох, ова дефинитивно е Оној кој што е испратен од Бога."

Духовните нешта можат единствено да се препознаат преку духовниот ум (1 Коринтјани 2:13); но во тоа време, луѓето не знаеле дека Исус е од Бога. Поради тоа и им било тешко дури и да точно посведочат за Него. За да можат што поголем број на луѓе да бидат испратени во спасението, Исус многу зборувал за сведоштвото и делата на Бога. Но Јудејците кои што биле исполнети со љубомора не го разбрале ова и помислиле дека Исус се фали Себеси, па знаејќи го ова многу добро, Тој кажал дека сведоштвото кое што Тој го добива не е од луѓето.

Чуда И Знаци: Божји Дела

„Тој беше ламбата што гори и свети, а кратко време вие сакавте да се радувате во светлоста. Но сведоштвото што го имам јас е поголемо од сведоштвото на Јована; бидејќи делата кои што Отецот Ми ги има дадено да ги извршам—делата што ги правам—сведочат за Мене, дека Отецот Ме испратил." (5:35-36)

Ламбата изгаснува кога ќе изгори целото масло. Исус го споредил Јована со една ламба бидејќи неговиот живот бил краток. Јован бил роден 6 месеци пред Исуса, но за време на Исусовото јавно свештенствување—кога Јован бил во неговите рани триесети години—неговиот живот завршил од раката на Ирод Антипа.

Но за времето на неговиот краток живот, Јован ги прекорувал грешниците и кршачите на законите, сведочејќи за вистината, исто како ламба која што оддава светлина во темнината (Јован 5:33). Како една ламба којашто го припремала патот за Господа, тој укажувал на гревовите кај луѓето и ги водел кон покајание и кон патот на праведноста.

Како што беше претходно споменато, по пророкот Малахија Израел бил во духовна темница во текот на 400 години, па Јован всушност бил првиот пророк кој што повторно го прогласувал Божјото Слово. Така што неговата популарност била навистина многу голема. Бидејќи Јован станал како една ламба, луѓето уживале да ја гледаат оваа светлина, но Јовановиот повик за праведност бил минлив; бидејќи тој прогласувал за некого кој што ќе дојде после него, за Исуса.

Така што доказите кои што би биле поточни од Јовановото сведоштво би биле всушност делата Божји кои што Исус Самиот ги извршувал. Низ безбројните знаци и чудеса, Исус им покажувал на луѓето дека Бог е со Него.

Писмото Сведочи За Исуса

„И Отецот кој што Ме испрати, Сам посведочи за Мене. Вие не сте го чуле ниту гласот Негов, ниту сте го виделе лицето Негово. Во вас не пребива Неговото Слово, бидејќи не верувате во Оној кој што е од Него испратен. Го прегледувате Писмото мислејќи дека во него ќе најдете живот вечен; кога сведочи за Мене; но не сакате да дојдете кај Мене за да можете да имате живот. Јас не ја добивам славата од луѓето; но знам дека во себе ја немате љубовта Божја. Дојдов во името на Мојот Отец и вие не Ме примивте; ако некој друг дојде во свое име, него ќе го примите." (5:37-43)

Бог сведочи за Исуса низ многу знаци и чудеса, но Фарисеите, Садукеите и учителите на законите не верувале во Него. Поради тоа Исус кажува дека тие 'ниту сте го чуле гласот Негов, ниту сте го виделе лицето Негово'. Тој исто така додава дека сето тоа е поради тоа што тие го немаат Неговото Слово кое што би требало да пребива во нив. Овие луѓе се гордеат поради тоа што мислат дека најповеќе знаат за Божјото Слово, од било кого друг. Зошто Исус би им кажал на ваквите луѓе, „Во вас не пребива Неговото Слово"?

Кога се прима Божјото Слово многу зависи од тоа дали личноста го прима со добро срце или со зло срце. Резултатот е сосема различен. Тие луѓе многу добро знаеле дека Бог ќе им го испрати Месијата, како што и било проречено во Стариот Завет. Наместо да ги примат овие зборови со разбирањето на Божјото срце, тие ги примиле во согласност со нивните сопствени мисли и начини кои што би им донеле лична корист; па кога ставарниот Месија застанал пред нив, тие не можеле да Го препознаат и не Го прифатиле. Гордоста која што ја чувствувале поради нивното познавање на Законот и себичноста изразена во тоа што се труделе да си го задржат своето место во општеството, направиле да не можат да го препознаат Исуса, туку наместо тоа и да го прогонуваат. Поради тоа Исус им кажал дека Божјото Слово не пребива во нив.

Голем број од луѓето мислат дека ако го читаат Божјото Слово кое што е запишано во Библијата и ако ги слушаат проповедите, ќе можат да го примат спасението; но тоа сепак не е вистина. Само тогаш кога ќе го сватиме и разбереме Божјото Слово и кога ќе делуваме во соглсност со него, ќе можеме да се надеваме на целосното спасение (Матеј 7:21). Дури и да знаеме со сигурност каде е нашата дестинација, ако не тргнеме накај неа, ние никогаш нема да ја достигнеме. Слично на тоа, ако знаеме дека сакаме да одиме на Небесата, самото знаење на Божјата волја нема да ни помогне да отидеме таму. Потребно е да ја разбереме Неговата волја и да делуваме во согласност со неа.

Бидејќи овие учители на законот биле заслепени од нивното сопствено зло и не можеле да го препознаат Исуса, затоа Исус јасно им кажувал, „Јас не ја добивам славата од луѓето; но знам дека во себе ја немате љубовта Божја." Исус не се ни обидувал за Своето Слово да ја прими славата од страна на луѓето. Славата на овој свет е залудна; и на крајот е осудена да исчезне.

Бог не ни го дава спасението за ние да ја примиме славата. Тој едноставно ни го нуди спасението бидејќи не сака. Бог сака да ја сподели Својата вистинска љубов со нас, луѓето кои што откако ќе го примат спасението, ќе станат Неговите вистински чеда. Кога една личност ќе го прими спасението и ќе се трансформира преку вистината, тој или таа тогаш ќе му је оддаваат славата на Бога, што за Него претставува голема радост.

Луѓето кои што не го прифатиле Исуса, ја немале ниту љубовта за Бога. Поради фактот дека живееле среде нивната себичност и биле заслепени од неа, иако Исус дошол во името на Бога, тие не можеле да го препознаат.

Ако Му Верувавте На Мојсеја, Ќе Ми Поверувавте И Мене

„Како можете да поверувате, кога едни на други си ја оддавате славата, а не ја барате славата која што е од Едниот Бог? Немојте да мислите дека ќе ве обвинам пред Отецот; оној кој што ќе ве обвини ќе биде Мојсеј, во кој што ја полагате својата надеж. Ако му верувавте на Мојсеја, ќе Ми поверувавте и на Мене, бидејќи тој има запишано за Мене. Но ако не верувате во неговите записи, како ли тогаш ќе им поверувате на Моите зборови?" (5:44-47)

Поради злото кое што го имаме во нашите срца, поради тоа што многу се трудиме да си ги исполниме нашите себични желби, ние не можеме да го сакаме Бога. Во тоа време Јудејците сакале да се здобијат со славата и силата, па затоа не ја барале славата која што би доаѓала од Бога. Затоа Исус им предочил што се наоѓа во нивните срца и што била причината да тие го прогонуваат и да го пожелуваат Неговиот пад.

Па што тогаш би значело тоа што Исус го искажал, „Вашиот обвинител е Мојсеј"? Во тие времиња луѓето вредно читале и верувале во законите, бидејќи луѓето го примале спасението во согласност со нивните дела, со Законот на Мојсеја кој што тогаш бил стандардот. Во судницата, бранителите ги бранат обвинетите, додка пак обвинителот ги обвинува за нивните дела. Кога ќе застанеме пред Бога, тогаш Законот на Мојсеја ќе делува како обвинител кој што превзема правни дејствија против нас.

Во иднина, по доаѓањето на Господа, кога Милениумското Кралство ќе стигне скоро до крајот, ќе се случи Судењето на Големиот Бел Престол. За време на ова судење, Бог ќе биде судијата а Исус ќе биде адвокатот. Околу Бога и Исуса ќе бидат дваесет и четирите старци кои што ќе присуствуваат на судењето во улога на порота, па секоја личност ќе биде судена за тоа колку многу живеела во вистината, а сето тоа базирано на законот на Мојсеја. Една личност нема да се здобие со спасението само поради тоа што верува во Исуса Христа. За неговиот живот ќе се суди низ светлината на Законот.

Законот на Мојсеја бил запишан за Исуса Христа. Затоа Исус ги запрашал учителите на законите за тоа како тие можат да поверуваат во Неговото Слово ако не веруваат во Мојсејовите записи. Ако една личност верува во вистинското значење на Законот, кој што Бог ни го има дадено, тогаш таа исто така би верувала и во Исуса Христа, кој што го исполнува Законот. И ако навистина личноста верува од самиот центар на своето срце, тогаш исто како и Исус Христос, таа личност ќе делува во светлината и во праведноста и ќе оди кон патот на спасението.

Глава 6

Лебот На Животот

1. Знакот На Двете Риби И Петте Векни
   (6:1-15)

2. Исус, Кој Што Одел По Водата И Толпата Која Што Го Следела
   (6:16-40)

3. Јадењето На Телото На Синот Човечки И Пиењето На Неговата Крв За Вечниот Живот
   (6:41-59)

4. Учениците Кои Што Го Напуштиле Исуса
   (6:60-71)

Знакот На Двете Риби И Петте Векни

Галилејското Море всушност технички претставува езеро, но во Библијата се споменува како „море", бидејќи тоа езеро е многу големо и изгледа како поголема површина на вода слична на море, или на океан. Во Стариот Завет се нарекува Езерото Кинерет, бидејќи е обликувано како харфа; а во Новиот Завет се нарекува Езерото Генесарет, понекогаш како Тиверијадско Море. Во времето на Неговото јавно свештенствување Исус пропатувал низ соседството кое што се наоѓало на крајбрежјето на Галилејското Море, за да им каже на луѓето за кралството Божјо и воедно изведувал многу знаци и чудеса каде и да одел.

„По овие нешта отиде Исус на другата страна од

: : Областите Околу Галилејското Море

Галилејското Море, наречено Тиверијадско. Беше следен од голема толпа на луѓе, бидејќи ги видоа знаците Негови што ги изведуваше врз оние што беа болни. Потоа Исус отиде во планиата, каде што седна со Неговите ученици. Наближуваше Пасха, празникот Јудејски." (6:1-4)

Дванаесетте Исусови ученици исто така оделе во парови и го ширеле евангелието, покажувајќи ја Божјата сила низ знаци и чудеса. Тогаш природно е дека зборот за Исуса многу бргу се раширил. За да се одмори малку, Исус и Неговите ученици се качиле на еден брод и тргнале за Витсаида, градот кој што бил лоциран на другата страна од Тиверијадското Море. Гледајќи ги како си заминуваат со бродот, голем број на луѓе од многу разни градови, излегле да ги видат. Всушност луѓето оделе пред нив и ги чекале да дојдат. Гледајќи ја толпата од луѓе која со стравопочит и восхит исчекува да ги види нивните знаци, Исус почувствувал сочувство за нив, бидејќи тие изгледале како стадо овци без пастир. Така Тој ги лекувал болните, но и ги просветлувал луѓето со Своите учења (Погледнет во Матеј 14:13-14; Марко 6:30-34; Лука 9:10-11).

Времето било неколку дена пред Пасхата. Луѓето го слушале Словото Божјо без дури и да почувствуваат како поминува времето. Бидејќи станувало многу доцна, учениците кои што биле со Исуса се загрижиле за тоа што имало голем број на луѓе таму а немало воопшто храна.

Исус Го Искушува Филипа

„Исус ги подигна очите и ја виде големата толпа луѓе како доаѓа, па му кажа на Филипа, 'Каде ли ќе купиме леб за да можеме да им дадеме на луѓето?' Тој тоа го кажа само за да го испита Филипа, бидејќи Тој Самиот знаеше што ќе направи. Филип Му одговори, 'Двесте денарии леб нема да бидат доволни за да секој од нив добие по мало парче.'" (6:5-7)

Било многу доцна попладне, па луѓето цел ден немале ништо јадено. Знаејќи дека ќе бидат гладни, Исус го запрашал Филипа, кажувајќи му „Каде ли ќе купиме леб за да можеме да им дадеме на луѓето?"

Исус знаел што Тој Самиот ќе направи во врска со тоа, но прво сакал да го чуе Филиповиот одговор, за да го испита. Се разбира дека Исус не сакал да го засрами Филипа; Тој едноставно му ја дал можноста на Филипа да и тој самиот изврши опсервација и да се стекне со поголемата вера.

Испитувањата можат да се категоризираат во два типа. Првиот тип е искушението кое што доаѓа од страна на непријателот ѓаволот, ако не живееме во согласност со Божјото Слово (Јаков 1:13-15). А вториот тип е испитувањето кое што Бог ни го дава со намера да не благослови; како што било во случајот со Авраама, кога Бог побарал да си го жртвува својот син единец Исак. Ако ние, низ верата, го победиме испитувањето и тоа биде препознаено од страна на Бога, тогаш ние ќе можеме да ги добиеме и духовните и физичките благослови, исто како што Авраам станал коренот на благословите. Од друга страна, ако сме ставени на испитување поради нашите сопствени грешки, ако се покаеме и ако му се покориме на Божјото Слово, тогаш испитувањата ќе престанат, но ние нема да добиеме некои специјални благослови поради тоа.

За време на сите овие години на моето свештенствување, јас имам искусено голем број на испитувања и страданија. Едно од овие испитувања беше кога трите мои ќерки беа жртви на труењето со јаглерод моноксид, предизвикано од горењето на брикетите; а второто беше кога имав изгубено толку многу крв да бев на работ на смртта. Покрај овие настани, другите испитувања кои што ги имав доживеано во животот беа толку многу тешки, да гледано од човечка гледна точка, тагата и тешкотиите кои што ми ги донесоа, за многу луѓе ќе беа неподносливи. Имаше некои времиња кога за мене ќе беше многу полесно да легнам и да го предадам животот, отколку да поминам низ тоа испитување.

Сепак, јас бев способен да поминам низ сите овие испитувања со помош на верата. Бог допушти да ми се дадат овие испитувања во животот, не поради некои лоши дела што ги имам направено, туку заради мое лично напредување. Сето тоа беше поради тоа што низ овој процес на испитувања, Бог постојано ми додаваше сé повеќе и повеќе од Неговата сила.

По Исусовото ненадејно прашање, Филип почнал да пресметува. Тој пресметувал колку приближно храна би била потребна за да се нахрани секој од присутните, па пребројувајќи ги луѓето, тој кажал:

„Двесте денарии леб нема да бидат доволни за да секој од нив добие по мало парче."

Денаријот бил монетарната валута на Римската Империја. Еден денариј вредел колку една дневница на некој човек, па двесте денарии би биле еднакви на двесте дневници. Да претпоставиме дека една дневница вреди околу пеесетина долари. Тогаш сумата на пари која што им била потребна би изнесувала околу десет илјади долари. Филиповата пресметка изгледала сосем рационална. Сепак, ако тој ја поседувал вистинската вера, тој не би го користел рационалното човечко пресметување. Тој би одговорил, „Верувам дека Ти ќе можеш да се погрижиш за тоа."

Филип сеуште не ја сваќал безграничната сила на Исуса, кај која ништо не е невозможно. Во многу ситуации луѓето се обидуваат да ги решат своите проблеми употребувајќи го човечкото знаење и мудрост; но сепак, човечкиот увид на нештата има ограничувања, па во еден одреден момент тие ќе ги достигнат тие ограничувања. Но ако луѓето ја имаат духовната вера, тогаш ништо не е невозможно (Марко 9:23). Зошто е тоа така? Бидејќи ништо не е невозможно за Бога.

Учениците На Кои Што Им Недостасувала Духовната Вера

„Еден од учениците Негови, Андреј, братот на Симона Петра, Му кажа, 'Тука има едно момче кое што има пет векни јачменов леб и две риби, но што е тоа за толкав број на луѓе?' Исус кажа, 'Нека седнат луѓето долу.' На тоа место имаше доста трева па луѓето седнаа долу, а нивниот број беше околу пет илјади." (6:8-10)

Додека зборувале Исус и Филип, Андреј поминал низ толпата за да види дали некој има нешто храна. Тој проверил кај голем број на луѓе, но единствената храна која што ја нашол била ручекот на тоа младо момче, кој што се состоел од две риби и пет векни на јачменов леб. Дури и додека му го кажувал тоа на Исуса, тој знаел дека количината на храната е недоволна, за да направи некоја разлика во решавањето на проблемот. Секој можел да види дека количината на храната која што ја имале била навистина недоволна.

Учениците имале видено огромен број на знаци и на чуда пратејќи го Исуса за време на Неговото свештенствување, но сепак тие не ја поседувале целосната вера во Него. Голем број на луѓе се исповедаат дека ја имаат верата во Семоќниот Бог, но штом се соочат со некои потешкотии во животот, не успеваат да ја искажат таа вера, па затоа во тие ситуации тие мораат да водат борби. Неговите ученици, влучувајќи го тука и Андреј, ја покажувале верата која што се базирала на знаењето. Тие во себе ја немале духовната вера—верата која што само вистинските верници ја поседуваат, верувајќи од центарот на своето срце и делувајќи во согласност со неа.

Исус им кажал на луѓето да седнат на тревата, во групи од по стотина или педесетина од нив (Марко 6:40). Бидејќи имало доста трева, луѓето лесно нашле место за да седнат во групи. Имало толку многу луѓе да се појавувале како водени бранови на огромното отворено поле. Имало околу пет илјади луѓе, не сметајќи ги тука и жените и децата (Матеј 14:21). Па тоа значи дека во целост таму биле околу дест илјади луѓе или можеби и повеќе. Сите овие луѓе требало да бидат нахранети, а сепак тие имале само пет векни јачменов леб и две риби.

Но за Семоќниот Бог бројот на луѓе не претставува никаков проблем. Било да биле 10,000 или 100,000, тоа не би Му претставувало никаков проблем, бидејќи Тој може да создаде нешто од ништо. Истиот случај е и со болестите. Сериозноста на болеста не може да одреди колку лесно или тешко ќе биде да се прими исцелување за таа болест. Сето тоа навистина зависи од степенот на индивидуалната вера. За Бога, сите болести се потполно исти.

Исус Го Изведува Знакот На Двете Риби и Петте Векни

> „Тогаш Исус ги зема векните и заблагодарувајќи се, им ги раздели на оние кои што седеа; истото го направи и со рибите, давајќи му на секого колку

: : Црквата На Мултиплицирањето На Векните И Рибите Во Табга

што ќе посакаше. Кога се наситија, Тој им кажа на Своите ученици, 'Соберете ги остатоците за да не се загуби ништо.' Па така тие ги собраа и исполнија дванаесет кошници со остатоците од петте векни јачменов леб, кои што им беа останале на луѓето што јадеа." (6:11-13)

Земајќи ги рибите и векните леб кои што му ги подадоа учениците, Тој се заблагодарил и почнал да им ја дели храната на луѓето. Бидејќи луѓето го следеле Исуса во текот на целиот ден, тие сигурно морале да бидат навистина гладни! Целосната количина на храна која што била потребна за да ги задоволи нивните потреби, би била навистина голема. Но што се случило? Секој примил онолку колку што посакал од лебот и од рибата, а храната не се потрошила. Околу 10,000 луѓе јаделе се додека не се наситиле, па сепак им останале дури и некои остатоци од храната. Исус им кажал на Своите ученици да одат и да ги соберат остатоците. На нивно големо изненадување тие наполниле дванаесет кошници со остатоците кои што ги собрале.

Постоела причина поради која Исус им кажал на Своите ученици да ги соберат остатоците. Остатоците на храната биле доказ за знакот кој што Бог им го покажал. Луѓето ја имаат навиката да заборават што се случило во минатото. Дури и по посведочувањето на делата на Божјата сила, со текот на времето луѓето многу лесно забораваат на тоа. Ако овој ден завршел со едноставното јадење на храната, тогаш овој настан би претставувал само едно прекрасно сеќавање во умовите на луѓето, па со текот на времето би бил заборавен. Но затоа сите остатоци од рибата и од лебот биле конкретниот доказ за фактот дека Бог им дал уште еден знак.

Па тогаш какво значење имаат тие дванаесет кошници? Во Библијата секој број има некое значење. Бројот „12" е бројот на светлината и ја означува совршеноста (Јован 11:9). Ако погледнете на дванаесетте племиња Израелеви, дванаесетте ученици на Исуса, и на дванаесетте бисерни порти на Новиот Ерусалим, можете да видите дека Бог го употребува бројот „12" како знак за ветените благослови. Па така кога Писмото ни кажува дека биле дванаесет кошници полни со остатоците на храна, тоа значи дека оние луѓе кои што во целост делуваат во светлината, која што е воедно и вистината, ќе добијат одговори од Бога преку големите благослови кои што ќе ги преплавуваат.

Луѓето Кои Што Сакале Да Го Направат Исуса Крал

„Кога луѓето го видоа овој знак кој што Го беше извел, тие рекоа 'Ова навистина е Пророкот кој што го чекавме да дојде.' Но Исус, согледувајќи дека сакаат со сила да го крунисаат за крал, се повлече Сам во планината." (6:14-15)

Знак претставува нешто кое што се случува со Божјата сила и кое што е над човечките граници на сваќање и делување. Луѓето кои што го виделе овој неверојатен знак, кој што им се случил пред нивните очи, почнале возбудено да зборуваат помеѓу себе. Луѓето почнале хистерично да викаат, „Не само што ги лекува неизлечивите болести, туку исто така може да направи да јадеме колку што сакаме и кога сакаме!" Тие признале, „Ова навистина е Пророкот кој што го чекавме да дојде," и гласовите за прекрасните нешта кои што ги направил почнале насекаде да се слушаат.

Луѓето тогаш веќе долг временски период го очекувале Месијата, за кој што Пророците од Стариот Завет им пророкувале (Повторени Закони 18:15). Како дополнување на сето тоа била и ситуацијата да Израелците биле под Римска окупација. При самото погледнување кон Исуса, луѓето свакале дека Тој е мудар, дека им предава силни пораки и дека изведува знаци и чудеса. Ниедна друга личност не би можела да се спореди со Него во ниту едно поле. Затоа луѓето помислиле дека ако Тој стане нивниот крал, Тој ќе може да ги ослободи од Римската окупација. Така што, по посведочувањето на знакот, наместо да се здобијат со вистинската вера, луѓето почнале да си бараат слава за себе.

Исус знаел дека овие луѓе со сила сакале да го направат крал. Поради тоа Тој им кажал на Своите ученици да земат еден брод и да отидат на другата страна, па распуштајќи ја толпата, Тој отишол во планината за да се моли (Матеј 14:22-23). Исус не го извел знакот со двете риби и петте векни на јачменов леб за да стане крал. Тој ги изведувал знаците единствено за да им го даде доказот на луѓето за зборовите на кои што ги поучувал; за да направи да тие поверуваат во Себеси, во Синот Божји и во Богот кој што го испратил (Јован 4:48; Марко 16:20).

Исус, Кој Што Одел По Водата И Толпата Која Што Го Следела

Галилејското Море е опколено со високи, стрми планини, како што е Голанската Висорамнина и планината Хермон. Тоа е исто така околу 200 метра под морското ниво на Медитеранот. Како резултат на ваквите географски карактеристики времето таму е навистина непредвидиливо. Јаките удари на ветриштата многу често доаѓаат тука и се навистина непредвидливи.

„Кога дојде приквечерината, учениците Негови отидоа до морето, па откако влегоа во коработ, почнаа да пловат по морето, одејќи кон Капернаум. Беше веќе темно а Исус сеуште не беше дојден. Морето почна да се бранува бидејќи почна да дува јак ветер. Но по три, четири милји веслање, тие

го видоа Исуса како оди по водата и му приоѓа на
коработ; па се исплашија. Но Тој им рече, 'Јас сум;
не плашете се.' Тие тогаш сакаа да го примат во
коработ, но коработ веднаш се најде на брегот каде
што беа тргнале." (6:16-21)

Како што се наближувала вечерта, учениците влегле во коработ за да патуваат до Капернаум. Како и вообичаено, ветровите биле навистина многу силни. Како што поминувало времето, ветровите стануале сé посилни и морето стануало сé поопасно, па коработ кој што ги пренесувал учениците почнал да се тресе над брановите како лисјата кои што паѓаат за време на ветровит ден во есента. Темницата била навистина густа, па така учениците не можеле ништо да видат. Кога Исус бил со нив, сето одело многу добро и тие наидувале на гостопримство каде и да оделе. Но во тој момент, тие биле сами без Него, а силните ветришта и бранови почнале да ги удираат од сите страни. Нормално е што тие тогаш многу се исплашиле.

Кога ветровите се смириле малку и тие биле во состојба да ги стават веслата и да веслаат едно 4 метра, тие здогледале една фигура на нешто што наликувало на човек кој што се наоѓал над темните води на морето. Гледајќи ги учениците како се борат со ветриштата, Исус тргнал по водата за да стигне до нив (Матеј 14:25). Во еден момент учениците помислиле дека Тој е некој дух, па почнале да врескаат од страв. Да се види човек кој што чекори по водата е неверојатна глетка! Па за да ги смири преплашените ученици кои што не биле ниту во состојба да си го препознаат својот учител, Исус кажал, „Јас сум; не плашете се."

Ако погледнете во Матеј 14:28, Петар му кажува на Исуса, *„Господи, ако си тоа Ти, заповедај ми да дојдам до Тебе по водата."* Исус на ова му одговорил, „Дојди!" Петар излегол од коработ и почнал да оди по водата. Но наскоро пак ги видел разбранетите води, се исплашил и почнал да пропаѓа во водата. Петар извикал, „Господи, спаси ме!" Исус веднаш го извадил од водата и заедно со него влегол во коработ. Причината поради која учениците на биле во состојба да го препознаат Својот учител и многу се исплашиле, лежи во тоа што тие во таа ситуација ги вклучиле телесните мисли. Една личност која што живее во вистината се здобива со храброста пред Бога, па така стравот не може да навлезе во неа (1 Јован 3:21-22, 4:18). Сето тоа е така бидејќи Бог секогаш ги заштитува и пребива во личностите кои што ги почитуваат Неговите заповеди.

Гледајќи го Исуса како им приоѓа во една таква тешка ситуација, учениците биле преплавени со радост, повеќе од било кога порано. Колку ли е величенствено кога некој нерешлив проблем наеднаш се реши пеку Божјата сила? Кога Исус влегол во коработ, ветрот веднаш запрел. Тогаш оние кои што биле во коработ, Му се поклониле и Му се исповедале, *„Ти си навистина Божјиот Син!"* (Матеј 14:33) И пред некој да узнае нивниот кораб стигнал до брегот кај Капернаум.

Луѓето Кои Што Дошле Во Капернаум За Да Го Сретнат Исуса

„Следниот ден толпата која што стоеше на другата страна од морето виде дека немаше некои други мали бротчиња таму освен едно и дека Исус не влезе со Своите ученици во коработ, туку дека Неговите ученици си отидоа сами. Дојдоа некои други бротчиња од Тиверијада, во близина на местото каде што луѓето јадеа леб откако Господ ја беше дал благодарноста. Па кога толпата виде дека Исус не беше таму, ниту учениците Негови, тие самите влегоа во корабите и дојдоа до Капернаум, барајќи го Исуса. Кога Го најдоа на другата страна на морето, тие Му кажаа, 'Рави, кога дојде тука?'" (6:22-25)

Луѓето кои што го доживеале чудото на двете риби и петте векни јачменов леб, не можеле да го заборават силното чувство што го имале доживеано претходниот ден, па се вратиле на истото место и следниот ден. Тие биле сигурни дека ноќта пред тоа само учениците тргнале за Капернаум, одејќи со едно или две бротчиња кои што се наоѓале на брегот. Па така тие си помислиле, „Бидејќи Исус не отиде со нив, можеби ние сеуште можеме да Го сретнеме некаде тука." Но за жал, таму немало никој.

Бидејќи едното од двете бротчиња сеуште било таму, луѓето биле љубопитни и се прашувале каде би можел да се наоѓа Исус. Едниот кораб кој што беше оставен таму беше сигурен доказ дека Исус одел по водата за да стигне до другата страна. Но луѓето кои што не знаеле што се случило претходната ноќ биле збунети и се прашувале, „Што се случило?"

За среќа, некаде околу тоа време, некои други бротчиња дошле од Тиберијада. Па така луѓето влегле во тие кораби и се упатиле кон Капернаум, со надеж дека таму ќе го најдат Исуса. Кога стигнале таму, Исус веќе бил таму. Едниот од корабите сеуште бил на другата страна, па тие се прашувале како Исус успеал да помине преку морето без да плови со бротчето. Кога го пронашле тие Го запрашале, „Рави, кога дојде тука?"

Исус знаел зошто тие толку ревносно го бараат. Некои од нив го следеле поради тоа што биле заинтригирани од Неговите екстраординарни учења, а некои пак поради тоа што биле вчудоневидени од знаците кои што ги изведувал. Сепак најважната причина поради која што го барале Него, била поради телесните причини. Тие го барале Него за да можат да бидат излекувани или пак да за да си ги наполнат стомаците со храна. Тие не го следеле Исуса поради тоа што би можеле да се здобијат со духовно разбирање, туку намесето тоа, го следеле повеќе заради својата лична и физичка корист. Ако го беа барале заради духовни причини, Исус би бил навистина радосен, но вистината била дека нивните срца биле насочени кон нештата на телесното.

Што Би Требало Да Направиме За Да Ги Извршуваме Делата Божји?

„Исус им одговори и им рече, 'Вистина, вистина ви велам, вие Ме барате не заради тоа што сте виделе знаци, туку затоа што јадевте од векните и се наситивте. Немојте да работите за храната која што се расипува, туку работете за храната која што останува за вечниот живот, која што ќе ви ја даде Синот Човечки, бидејќи на Него беше ставил печат Богот Отецот.' Затоа тие Му кажаа, 'Што би требало да направиме за да ги извршуваме делата Божји?' Исус одговори и им кажа, 'Дело Божјо е тоа, да поверувате во Оној, кого што Тој го има испратено.'" (6:26-29)

Исус им кажал на луѓето кои што го поминале морето и отишле до Капернаум, „Вие Ме барате не заради тоа што сте виделе знаци, туку затоа што јадевте од векните и се наситивте. Немојте да работите за храната која што се расипува, туку работете за храната која што останува за вечниот живот, која што ќе ви ја даде Синот Човечки, бидејќи на Него беше ставил печат Богот Отецот."

На ова место, „храната која што се расипува" се однесува на храната на телесното која што ја консумираме и дигестираме. Со време луѓето се фокусираат толку многу на храната на телесното и на нештата кои што ги исполнуваат нивните кратки физички живот тука на земјата, да тие на крајот завршуваат одејќи кон патот на вечната смрт.

Колку ли бесмислено нешто да се направи! Се разбира дека ова не значи дека ние не би требало да работиме за да ја заработиме храната која што ни е потребна за телото— тоа едноставно значи дека би требало да ставиме акцент на добивањето на духовната храна. Исус им ветил дека ќе им ја даде оваа духовна храна.

Духовната храна е Божјото Слово, кое што е вистината. Исто како што луѓето ја голтаат храната за да можат да го продолжат физичкиот живот, исто така би требале да го земаат и Божјото Слово, или вистината, за да можат да го продолжат духовниот живот. Исус е Оној кој што ја дава таа духовна храна. Тој е Оној на кого што Богот Отецот „го има ставено Својот печат." Да се стави печат значи да се гарантира квалитетот или довербата во некого или во нешто; што значи дека печатот ја симболизира „доверливоста." Па затоа ова Писмо значи дека Бог му ја доверил на Исуса мисијата на спасувањето на човештвото. Исус дошол на овој свет и ги поднел маките и страдањата на крстот, поради тоа што ги земал на Себе нашите гревови.

Бидејќи Исус им кажал на луѓето да не работат за храната која што се расипува, тие се вознемириле. Единствената причина поради која што потоа запрашале, „Што би требале да направиме за да ги извршуваме делата Божји?" не била во тоа што тие ја имале верата во Исуса, туку во тоа што тие биле вчудоневидени од знаците кои што Тој ги изведувал. Познавајќи ги нивните срца, Исус им одговорил, „Дело Божјо е тоа, да поверувате во Оној, кого што Тој го има испратено."

Денеска голем број од Христијаните се исповедаат дека веруваат во Бога. Но сепак, постои голема разлика помеѓу тоа да навистина се верува и во тоа да само се присуствува на службите во црквата. Една личност која што навистина знае и верува во Господа, ќе делува во покорност кон Божјото Слово, радувајќи се и покажувајќи благодарност за тоа. Тие исто така го доживуваат Бога и во нивните секојдневни животи. Оние луѓе кои што само одат на службите во црквата, без да почувствуваат радост, покорност и благодарност, не се разликуваат воопшто од неверниците. Ако се исповедаат кажувајќи дека се Христијани, а сепак паѓаат во очајание, жалење и огорченост кога ќе се соочат со некои испитувања или потешкотии, тогаш тие го повикуваат името на Господа само со нивните усни, без навистина да живеат во вистината.

Верата не значи само вообичаеното присуствување на службите во црквата. Верата значи да се сака Бог и да се дејствува во согласност со Неговото Слово. Тоа е она што значи 'да се извршуваат делата Божји'. Кон оние луѓе кои што прашувале како да ги извршуваат делата Божји, Исус испратил едно просветлување преку давањето на духовниот одговор. Тој им кажува да веруваат во Исуса Христа, Оној кој што бил испратен од Бога, за да станат светите чеда Божји.

„Па Му кажаа, 'Каков знак ќе ни покажеш, за да можеме да видиме и да Ти поверуваме? Какво дело ќе изведеш? Нашите татковци јадеа мана во дивината; како што е и запишано, „Тој им даде леб од небеста за да јадат.'" Исус тогаш им одговори, 'Вистина, вистина ви кажувам, Мојсеј не е Оној кој што ви го даде лебот од небесата, туку тоа беше Мојот Отец, кој што ви го даде вистинскиот леб од небесата. Бидејќи лебот Божји е оној кој што слегува од небесата и му дава живот на овој свет.'" (6:30-33)

Иако Исус им ја дал духовната порака, луѓето сепак сеуште сакале да видат некој знак со своите очи. Тие се прашувале дали Исус може да направи да од небесата слезе леб, или пак можеби Тој би можел да им изведе нешто уште почудоневидувачки од сето тоа. Тие не верувале дека Исус е Синот Божји и помислувале дека Тој е некој кој што поседува невообичаена сила, која што една обична личност не би можела да ја има. Тие мислеле дека Тој е вториот пророк, сличен на Мојсеја, кој што беше направил да од небесата почне да паѓа маната, за време на исходот на Израелците од Египет.

Исус кажува во Матеј 12:39, *„Грешната и прељубничка генерација бара да види чудесен знак!"* Некој кој што е само заинтересиран за задоволувањето на своите потреби не може да поверува дури ниту по искажаните духовни пораки и постојано бара да види некои знаци. Од друга страна пак една личност која што го има доброто срце, може да биде трогната дури и со самото слушање на Словото на вистината и да го прими Исуса Христа, кога некој ќе го сподели евангелието со неа. Тоа е разликата помеѓу една личност која што му припаѓа на телесното и една личност која што му припаѓа на духот.

Знаејќи што се случува во нивните умови, Исус ги поучил кажувајќи им дека Мојсејовата сила не била таа што направила да маната падне од небесата; туку таа била дадена од Бога. За да им покаже на луѓето дека постои духовниот свет—дури и да не можат да го видат со сопствени очи—Тој го нагласува фактот дека маната паднала од небесата и дека тие треба да веруваат во тоа со нивните срца. Па бидејќи тие не можеле да ги сватат нештата кои што се духовни по природа, Исус го споредил тоа со леб. Тој им кажал дека лебот кој што доаѓа од небесата е животот и дека тоа е лебот кој што дава вечен живот.

Јас Сум Лебот На Животот

„Тогаш тие Му рекоа, 'Господи, секогаш давај ни го тој леб.' Исус им кажа, 'Јас сум лебот на животот; оној кој што ќе дојде кај Мене нема да огладни и оној кој што верува во Мене никогаш нема да ожедни. Но Јас ви кажав дека вие Ме видовте но сепак не поверувавте. Сето што Отецот Ми го дава ќе дојде кај Мене и оној кој што ќе дојде кај Мене, Јас нема да го отфрлам.'" (6:34-37)

Иако Исус го искористил лебот за да го илустрира вечниот живот, умовите на луѓето сеуште биле кај лебот кој што го изеле претходниот ден. Не сваќајќи го духовното значење кое што било зад Исусовите Зборови тие инсистирале да Исус им го даде лебот што тие би можеле да го јадат, исто како што тоа го имал направено Мојсеј, давајќи им ја маната на нивните претци. Тогаш Исус одговорил со еден неочекуван одговор, „Јас сум лебот на животот; оној кој што ќе дојде кај Мене нема да огладни и оној кој што верува во Мене никогаш нема да ожедни."

Исус кажува дека Тој е лебот на животот. Кога Писмото кажува да дојдат кај Исуса кој што е лебот на животот, тоа значи да дојдат кај вистината (Јован 14:6). Само кога ќе тежнееме да живееме во вистината, само тогаш ќе можеме да отидеме пред Господа и да ги имаме сите нешта во Него. Бог ќе ги заштити сите оние луѓе кои што ќе дојдат кај Господа и кои што ќе ги стават сите нешта во Неговите раце, молејќи се и живеејќи во вистината, и ќе ги благослови и нивните фамилии, нивните работни места и сите други нешта, духовни и физички. Исто така примајќи ја силата одозгора тие ќе можат да направат некои нешта кои што ќе одат над нивните ограничувања и што е најважно, бидејќи ќе го имаат вечниот живот, нивните духови никогаш повеќе нема да огладнат ниту да ожеднат.

Но ако ја бараме славата, силата и богатството во овој свет, кога нашиот живот ќе дојде до крајот, сите овие нешта ќе избледат како пареа (Јаков 4:14). Како што е запишано во Еклизијаст 1:8, *„Секоја работа бара труд; човекот не може сè да искаже. Окото не може да се насити со гледање, ниту пак увото може да се наслуша,"* иако човекот бара многу нешта, тој секогаш ќе бара сè повеќе и повеќе. Така што личноста која што работи да се здобие со телесните нешта и која што не се потпира на Божјата волја, може само да се здобие со онолку за колку што работела, не знаејќи никогаш што ја очекува во животот. Таа дури не може да знае ниту кога да очекува некои неочекувани опасности и стапици во животот. Како врв на ссто тоа, никогаш нема да може да ја добие вистинската сатисфакција.

Иако Исус ги поучувал луѓето за начинот на кој што никогаш повторно не би ожеднеле ниту огладнеле, луѓето сепак сеуште го барале она што би можеле да го изедат тогаш и во тој час. Луѓето кои што се такви, кои што ги бараат нештата на телесното, во своите срца имаат зло. Поради истата таа причина, дури и кога Исус им ги покажувал прекрасните знаци и чудеса, тие повторно се сомневале и не верувале во Него. Кај нив зборовите влегувале во едното уво а од другото им излегувале. Од друга страна пак, луѓето кои што ги имале добрите срца, кога ги виделе овие знаци и чудеса што Исус ги изведувал и се исповедале, *„Ако овој човек не беше од Бога, Тој не би можел ништо да направи,"* и го препознале како Синот Божји (Јован 9:33). Токму поради тоа Исус кажал, „Сето што Отецот Ми го дава ќе дојде кај Мене и оној кој што ќе дојде кај Мене, Јас нема да го отфрлам." Луѓето кои што се со добрина во срцата, од центарот на срцата се спремни да го примат спасението. Па кога ќе чујат за Божјите дела, тие доаѓале пред Исуса, желни за повеќе знаење. Иако можеби некој во моментот не го познава Бога, ако во себе го има доброто срце, тој еден ден ќе дојде пред Исуса и ќе го прифати како својот Спасител.

Исус никогаш не би отфрлил никого кој што ја има

добрината во своето срце. Па дури и ако се случи да таа личност згреши и да се оддалечи од Бога, ако потоа се покае и се одврати од тој пат, тогаш Бог ќе и прости и нема дури ниту да го памети нејзиниот грев (Евреите 8:12). Ова ја претставува љубовта Божја.

Пред да го сретнам живиот Бог јас исто така размислував, "Не постои Бог. Кога ќе умрам, тоа е тоа." Сепак длабоко во моето срце јас не го негирав во целост животот после смртта и бев исплашен мислејќи си, "А што ако постои пеколот? Што ли ќе се случи ако умрам и ако отидам во пеколот?" Поради тоа се трудев да живеам со добрина во делата. А кога Бог ми ги излекува сите мои болести, јас веднаш го прифатив Господа.

Јас Ја Извршувам Волјата На Оној Кој Што Ме Испрати

> "Бидејќи Јас се симнав од небесата, не за да ја извршам волјата Моја, туку за да ја извршам волјата на Оној кој што Ме испратил. А волјата на Оној кој што Ме испратил е во тоа да од сето што Ми го дал не изгубам ништо, туку да го воскреснам на последниот ден. Бидејќи тоа е волјата на Мојот Отец да секој кој што го гледа Синот и верува во Него има живот вечен, а Јас лично ќе го воскреснам на последниот ден." (6:38-40)

Исус, како Синот Божји, дошол на овој свет во тело. Тој никогаш не возгордеал за време на Своето свештенствување, туку му ја оддавал сета слава само на Бога. За да ги спречи погрешните сваќања кои што би можеле да произлезат кај луѓето кои што Го гледале со нивните физички очи, Исус единствено ја споделувал мислата за Бога и Го правел само она што било Божја волја.

Кога Исус кажал, „Од сето што Ми го дал да не изгубам ништо," Тој мислел дека немал никакво зло во срцето Свое и дека не направил ништо кое што за резултат би го имало тоа да го одврати некого од Бога, туку во својата љубов за грешниците Тој дури и си го дал Својот живот, за да ја плати казната за нивните гревови. Тој не само дека ја покажувал љубовта кон сите луѓе, туку ја покажувал и посебната грижа за секоја душа која што ќе ја сретнел, за да ја одржи на правиот пат и за да се осигура дека таа нема да застрани, давајќи и ја секоја можност за покајание. Така што кога Исус кажал дека Тој треба да 'не изгуби ништо', Тој мислел на тоа да не изгуби ниту една душа, бидејќи секој кој што ќе го прифател Него и ќе ги отфрлел гревовите и злото од своето срце, доаѓајќи во вистината, ќе станел чедо Божјо.

Причината зошто Исус дошол во овој свет била во тоа да сите луѓе можат да го примат вечниот живот, а на последниот ден да можат повторно да оживеат. Па тогаш како е можно да една личност повторно оживее? Кога еден земјоделец го сее семето, семето умира, но од него изртува нов никулец. Во зимата дрвјата изгледаат голи и мртви, но кога ќе дојде пролетта, почнуваат да никнуваат новите пупки и дрвјата пак се враќаат во живот. Исто како што ларвата се претвора во мушичка, или пак исто како што ларвата се трансформира во пеперутка, на последниот ден кога ќе се врати Господ, сите луѓе кои што веруваат во Него ќе се трансформираат во своите воскреснати тела.

Како што е запишано во 1 Коринтјани 15:52, *„Ќе затруби трубата и мртвите ќе воскреснат нераспадливи, а ние ќе се измениме,"* кога ќе се врати Господ, телата на верниците кои што веќе биле умрени, ќе воскреснат и ќе се претворат во нераспадливи, воскреснати тела, па ќе се соединат со своите духови кои што се на Небесата. Во еден миг, верниците кои што сеуште се живи ќе се трансформираат во зрачечки сјајните воскреснати тела, па ќе бидат подигнати во воздухот. Ова се нарекува „Опфатеност".

Во овие духовни тела, верниците ќе учествуваат во Седумгодишниот Свадбен Банкет кој што ќе се одвива во воздухот, па ќе се вратат на земјата за да владеат заедно со Господа во текот на илјада години. По тој период ќе дојде времето на Судењето На Големиот Бел Престол, по кој што вечните места за престој на Небесата на секој од верниците ќе бидат одредени, во зависност од тоа какви награди имаат пожнеано.

Јадењето На Телото На Синот Човечки И Пиењето На Неговата Крв За Вечниот Живот

По падот на Јужната Јудеја и уништувањето на Храмот, Јудејците имале потреба од нова конгрегација и за ново место каде што ќе можат да продолжат со своите животи во верата. Ова е историската позадина на раѓањето на Јудејската синагога. Синагогата била место каде што се одржувале сите видови на состаноци, а исто така претставувала и ресурсен центар за разновиден спектар на различни нешта, како што било на пример едукацијата на децата или предавањата во врска со законите. Токму во синагогата во Капернаум, Исус ги поучувал луѓето дека Тој е лебот на животот, кој што слегол од небесата.

Јудејците Негодуваа Против Исуса

„Поради тоа Јудејците негодуваа против Исуса, затоа што Тој рече, 'Јас сум лебот кој што слезе од небесата.' Тие кажуваа, 'Нели е ова Исус, синот на Јосифа, чии што татко и мајка ги познаваме? Како тогаш Тој сега ни кажува, "Јас слегов од небесата"?' Исус им одговори кажувајќи, Не негодувајте зборувајќи помеѓу себе. Никој не може да дојде кај Мене освен ако Отецот кој што Ме испратил не го повлече; и Јас ќе го воскреснам во последниот ден. 'Запишано е во пророштвата, „И тие ќе бидат поучени од Бога." Секој кој што слушнал и научил од Отецот, ќе дојде кај Мене. Не секој го има видено Отецот, освен Оној кој што е од Бога; Тој го има видено Отецот.'" (6:41-46)

Евреите почнале да негодуваат и да зборуваат помеѓу себе. Тие биле сигурни дека Исус бил роден од родителите Марија и Јосиф. Тие исто така го имале видено како живее со нив. Но штом сега Тој им кажувал дека дошол од небесата, тие не можеле да го разберат сето тоа. Но овие луѓе негодувале поради фактот што гледале на Исуса само со нивните физички очи. Иако Тој веќе им имал покажано дека Бог е со Него, покажувајќи им ги прекрасните знаци и чуда, тие сепак биле заслепени со нивните телесни мисли и не верувале.

Така што Исус им се обратил со еден нежен тон, „Не негодувајте зборувајќи помеѓу себе. Никој не може да дојде кај Мене освен ако Отецот кој што Ме испратил не го повлече." Ова исто така се однесува и за нас денес. Ако Бог не бдее над нашите умови и срца и не ни ги води нашите чекори, тогаш никој не би бил во состојба да дојде кај Исуса. Слушањето на Словото и неговото разбирање е единствено можно преку благодетта од Бога.

Изјавата, „Секој кој што слушнал и научил од Отецот" не значи дека некој лично го сретнал Бога и научил нешто од Него. Тоа значи дека кога некоја личност го слуша Словото или пак го чита, тогаш Бог на таа личност и го дава просветлувањето или разбирањето што и е потребно. Кажано со други зборови, оној кој што го обожува Бога во духот и во вистината и кој што со вера го слуша Словото на Божјите слуги, тој ги прима зборовите како да се дојдени од самиот Бог и ќе биде поведен кон разбирањето. Постојат специјални случаи каде што луѓето всушност и се среќаваат со Бога лице в лице, или пак директно го слушаат Неговиот глас, како што бил случајот со Мојсеј или со Илија; но во највеќе случаи, луѓето се среќаваат со Него додека го студираат и разбираат Неговото Слово, или пак низ некои визии и слично. Всушност дури и да не го видиме Бога со нашите очи, сеуште можеме да го сретнеме и да го доживееме додека ја студираме Библијата, бидејќи Светиот Дух ќе не придвижи кон Него.

Да кажеме на пример дознаваме дека е Божја волја да ги сакаме дури и нашите непријатели, па се обидуваме да му простиме и да го сакаме некого кого што навистина не сме го поднесувале. Тогаш ќе можеме да го отфрлиме гревот наречен 'омраза', да ја добиеме духовната љубов преку силата на Светиот Дух, сé до оној степен до кој што ќе се обидуваме. Кога ќе го направиме тоа, ќе ги понесеме плодовите на љубовта, на Духот и на вистината—всушност тоа е значењето на фразата 'да се дојде' кај Исуса или кај Бога.

По слушањето дека секој кој што научил од Отецот може да дојде кај Исуса, Јудејците можеби не го разбрале ова потполно па запрашале, „Кој го има видено Бога? И што има научено од Него?" Поради тоа Исус додал дека ова всушност не значи дека некој физички го има 'видено' Отецот.

Лебот Кој Што Ќе Ви Го Дадам За Животот На Светот Е Моето Тело

„Вистина, вистина ви велам, оној кој што верува во Мене има живот вечен. Јас сум лебот на животот. Татковците ваши јадеа мана во дивината и умреа. Ова е леб кој што доаѓа од небесата и оној кој што ќе јаде од него, нема да умре. Јас сум живиот леб кој што слезе од небесата; ако некој јаде од овој леб, ќе живее вечно; а лебот кој што ќе го дадам Јас за животот на светот е Моето тело." (6:47-51)

Ако не ја платите цената за нешто, не ќе можете да го добието тоа нешто. Слично на тоа, дури и да го знаете Словото на животот, ако не верувате во него и ако не делувате во согласност со него, нема да можете да го добиете вечниот живот (Јаков 2:22). Некој кој што не го познава Бога ќе мрази, ќе биде огорчен и ќе го живее животот во согласност со своите желби. Од друга страна пак, оној кој што ја има верата, во согласност со Божјото Слово, ќе ја отфрли зависта, љубомората и злото, и ќе се бори да го живее животот во радоста и благодарноста. Ова е така поради тоа што таа личност знае и верува дека може да го добие вечниот живот, само ако живее во согласност со Словото.

Израелците кои што излегле од Египет јаделе од маната која што им била испратена од Бога, но со исклучок на Јошуа и Калеб, сите умреле во пустината. Сето тоа било така бидејќи и покрај фактот дека имале видено безброј знаци и чудеса, кога и да се соочиле со потешкотии, тие биле огорчени и се жалеле, наместо да во тие моменти ја покажат својата вера. Иако ја јаделе маната која што им била пратена од Бога, од небесата, поради фактот дека не делувале во верата, не можеле да се здобијат со вечниот живот.

Но Исус ни кажува дека Тој е лебот на животот и дека секој кој што ќе јаде од телото Негово нема да умре, туку вечно ќе живее. Па како ќе можеме да јадеме од телото на некого кој што живеел пред две илјади години? Ова Писмо не значи дека вие всушност треба навистина да јадете од Исусовото тело.

Исто како што јадеме храна за да ги одржиме нашите физички тела, исто така имаме потреба да јадеме од лебот кој што ни го дава Господ, или всушност Неговото 'тело', за да можеме вечно да живееме. 'Телото' на Господа го симболизира Божјото Слово. Една личност која што го слуша Божјото Слово и која што живее во согласност со него, на крајот ќе воскресне и ќе добие вечен живот; поради тоа Исус се нарекувал Себеси 'лебот на животот'.

Бидејќи Моето Тело Е Вистинската Храна А Мојата Крв Вистинскиот Напиток

„Тогаш Јудејците почнаа да се расправаат помеѓу себе кажувајќи, 'Како може овој да ни го даде телото Свое да го јадеме?' Па Исус им одговори 'Вистина, вистина ви кажувам, ако не јадете од телото на Синот Човечки и ако не пиете од Неговата крв, нема да имате живот во себе. Оној кој што јаде од телото Мое и кој што пие од крвта Моја го има вечниот живот, а Јас ќе го воскреснам во последниот ден. Бидејќи Моето тело е вистинската храна а Мојата крв, вистинскиот напиток.'" (6:52-55)

Кога Исус го нарекол Своето тело како лебот на животот, Јудејците почнале да Му се потсмеваат. Почнале да прават бука, прашувајќи како можат да го јадат Исусовото тело. Ако во своите срца имале макар и малку добрина која што би ги терала да се обидат да ги сватат Исусовите зборови, тие најверојатно би биле просветлени со духовното значење на Неговите зборови. Но тие почнале да негодуваат и да осудуваат, само поради тоа што Неговите зборови не се совпаѓале со нивните мисли и проценки. Поради тоа и се развила расправа во врска со тоа.

Но и без оглед на тоа, Исус продолжил со подучувањето на Неговата духовна порака. Тој им кажал дека мораат да го јадат телото на Синот Човечки и да ја пијат Неговата крв, за да можат во себе да имаат живот. Па тогаш што претставува телото и крвта на Синот Човечки?

Бидејќи Исус се нарекол Себеси со 'Син', телото на Синот Човечки е Исусовото тело. Но ако погледнете во Јован 1:1, таму е кажано, *"На почетокот беше Словото, и Словото беше со Бога, и Словото беше Бог."* И во стихот 14 се кажува, *"И Словото стана тело и живееше помеѓу нас, и ние ја видовме Неговата слава, славата на еднородниот од Отецот, полн со благодет и вистина."*

Тоа значи дека Исус дошол на овој свет во тело, како Божјото Слово. Така што телото на Синот Човечки е всушност Словото Божјо, кое што е самата вистина; и јадењето на телото на Синот Човечки значи да се зема Божјото Слово како една духовна храна. Исус од прва рака ни покажал како да го направиме тоа, со делувањето во вистината—точно согласно со Божјото Слово—а со делувањето во нас, Тој ни го дава Своето тело.

Кога ќе земеме храна, ние мораме да ја протуркаме надолу по хранопроводот со малку течност. Слично на тоа мораме да го земеме телото на Синот Човечки со голтка од вистината, која што е всушност крвта на Синот Човечки. Да се пие 'крвта на Синот Човечки' значи да се зема Словото

Божјо, кое што една личност го земала како духовна храна и да се делува во согласност со него со верата. На пример, ако сме научиле за заповеста, „Моли се", би требало да се молиме, да се издигнеме себеси и да се обидуваме да делуваме во вистината.

Верата не претставува само слушањето на Словото Божјо и станувањето на просветлен преку тоа. Тоа значи да се делува во согласност со него и да се придржуваме кон него. Од Јаков 2:26 можеме да дознаеме дека ако го познаваме Словото Божјо но не делуваме во согласност со него, тогаш ние во себе ја имаме мртвата вера. Мртвата вера не може да ни даде живот. Затоа животот кој што ќе го добиеме преку јадењето на телото и пиењето на крвта на Исуса ќе биде вечен живот. Исус го споредил Своето тело и Својата крв со вистинскиот леб и вистинскиот напиток. Тој го сторил тоа поради фактот дека исто како што ни е неопходно да го јадеме нашиот дневен леб за да си го одржиме животот, исто така имаме потреба да јадеме и од Неговото тело и да пиеме од Неговата крв, за да можеме потоа вечно да живееме.

Но ние не можеме да живееме во согласност со Божјото Слово едноставно само преку човечката сила. Како прво ние самите мораме да ја имаме волјата и да ги направиме напорите да се обидеме да живееме во согласност со Неговото Слово. Потоа мораме низ ревносна молитва да ја примиме Господовата благодет и сила, а на крајот мораме да ја примиме и помошта од Светиот Дух. Кога би можеле да ги отфрлиме гревовите само преку нашата сила, тогаш Исус не би имал причина да биде распнат на крстот и Бог не би имал причина да ни го испраќа Светиот Дух.

Поради тоа што ние самите не сме во состојба да го решиме проблемот со гревот, Исус морал да умре на крстот, за да ја плати казната за нашите гревови, а Бог морал да го испрати Светиот Дух за да ни помогне да живееме во согласност со Неговото Слово.

Оној Кој Што Јаде Од Моето Тело И Кој Што Пие Од Мојата Крв

„'Оној кој што јаде од Моето тело и кој што пие од Мојата крв, пребива во Мене и Јас во него. Како што ме испрати живиот Отец, Јас живеам преку Отецот, така што оној кој што Ме јаде, воедно и ќе живее поради мене. Ова е лебот кој што слезе од небесата; не како што татковците јадеа и умреа; туку оној кој што ќе јаде од овој леб ќе живее засекогаш'. Овие нешта ги изрече Тој во синагогата, кога поучуваше во Капернаум." (6:56-59)

Луѓето мислат дека кога тие веруваат во Исуса, тогаш тие природно се во Исуса и Исус е во нив. Но Библијата не го кажува тоа. Кажано е дека една личност мора да јаде од телото на Синот Човечки и да ја пие Неговата крв. Исус не бил дојден на овој свет по Своја волја. Тој бил испратен од страна на Бога. Но Јудејците имале проблем со самиот факт дека Бог го испратил Него тука. Бидејќи било јасно дека Исус бил испратен тука од страна на Бога, како доказ на сето тоа Тој им кажал, „така да оној којшто ќе Ме јаде, поради Мене исто така и ќе живее."

Во тоа време дури и учениците не можеле да разберат што точно Исус кажувал; сепак, по смртта на Исуса на крстот и Неговото воскресение, тие почнале да разбираат. Зошто тогаш Исус ги искажал овие нешта на таков духовен начин да никој не можел јасно да ги разбере? Тоа било направено поради луѓето кои што требале да дојдат во иднината. Како што е запишано во Јован 14:26, *„Но Помошникот, Светиот Дух, кого што Отецот ќе го испрати во Мое име, Тој ќе ве научи на сите нешта и ќе ви донесе сеќавање на сето што сум ви го кажал,"* Исус ги кажал овие нешта за да можат луѓето од иднината, кои што ќе го примат Светиот Дух, да читаат и да разберат за Неговите зборови и во нив да најдат сила.

Учениците Кои Што Го Напуштиле Исуса

Воглавно луѓето ја имаат таа тенденција да веруваат само во оние нешта кои што ќе можат да ги видат со нивните очи. Кога некој зборува за духовниот свет кој што не може да биде виден со физичките очи, тие дури не се ни обидуваат да поверуваат. Исус знаел дека дури и помеѓу Неговите ученици, има некои кои што, слично на Јудејците, си мрмореле себеси бидејќи не можеле да ги сватат Неговите духовни зборови. Но Исус продолжил да им ги кажува духовните зборови знаејќи дека еден ден тие ќе го видат како умира на крстот, ќе видат како воскреснува и како се воздига на небесата.

Духот Е Тој Кој Што Дава Живот; Телото Не Дава Никаква Корист

„Затоа многу од Неговите ученици, кога го чуја кажаното, одговорија, 'Тешки се овие зборови; кој може да ги слуша?' Но Исус, свесен за тоа дека Неговите ученици негодуваа на ова, им кажа, 'Дали ова ве сопнува? Што ако го видите Синот Човечки како се воздигнува кон местото каде што бил претходно? Духот е тој кој што дава живот; телото не дава никаква корист; зборовите кои што ви ги кажав се дух и живот.'" (6:60-63)

Кога Исус поучувал на местото за собири во Капернаум, имало некои од Неговите ученици кои што си зборувале меѓу себе, кажувајќи дека Неговите учења се тешки за сваќање. Оние учења кои што им биле тешки за сваќање и тешки за разбирање биле тие кога кажал дека Исус бил 'лебот кој што слегол од небесата' и дека луѓето треба да го 'јадат Неговото тело за да можат да живеат'. Ако дури ниту Исусовите ученици не можеле да го разберат, тогаш како ли другите луѓе ќе можеле да го разберат!

Исус знаел дека срцата на учениците се добри. Тој бил тажен бидејќи не можел да ги поучи за некои подлабоки димензии на духовниот свет. Тој единствено ја кажувал вистината, но таа тогаш станала камен на сопнување. Луѓето кои што имаат многу такви камења на сопнување во своите срца, истите ги носат поради тоа што во себе носат многу различни форми на зло. Знаејќи дека учениците негодувале и мрмореле помеѓу себе, Исус ги запрашал, „Дали ова ве сопнува?" Тој сакал да им даде правилен одговор. Тогаш Тој ги запрашал што би направиле тие кога би го виделе како умира, воскреснува и се вознесува на небесата.

Духот е од Бога и 'духот' е непроменлив, добар и вистинит. Духот ни дава живот и на крајот не води кон вечниот живот. На пример, покорувањето, молењето, сакањето, простувањето итн. се знаци дека некој се наоѓа во Духот. Од друга страна пак да се биде во телесното значи да не се биде во вистината, тоа е ситуација која што на крајот води кон смртта. Колебањето да се моли, омразата, судењето, осудата и содржењето на злото во срцето, како нешта спротивни на љубовта и на проштевањето, претставуваат живот во верата кој што е базиран на телесното.

Да се биде во телесното предизвикува недоразбирање кај другите луѓе, па доведува и до развивање на караници. Две личности можат да ги примат истите зборови на корекција или на опомена, но ако едната личност е личност на духот, таа ќе се покори, ќе ги смени своите начини на живот и ќе се покае, додека пак личноста која што му припаѓа на телесното ќе биде многу лута, или пак во своето срце ќе понесе некои други непријатни чувства. Со ваквиот тип на телесна вера, една личност не може да го прими вечниот живот. Ако едноставно го примаме Божјото Слово само со нашите умови, земено како знаење и ако судиме и осудуваме, тогаш ние водиме живот во верата кој што е базиран на телесното.

Оваа вера не ни дава живот; затоа мораме бргу да ја измениме во верата која што е во Духот. Ние мораме да го примиме Божјото Слово не преку знаењето и мислите, туку преку нашите срца и со Светиот Дух. Мораме широко да ги отвориме срцата и со силно „Амин!", да го примиме како една духовна храна. Иако можеби сме ѓакони или старешини на црквите, ако водиме верски живот во телесното, кога ќе не притисне некоја тешкотија, нема да можеме да ја надминеме со вистинската вера.

Од друга страна пак, ако сме во Духот ќе можеме сè да направиме. Нештата кои што изгледаат невозможни за човечкиот ум се сосем возможни во Духот и со верата. Како што Господ ни има кажано, сè може да се направи во согласност со нашата вера. Ако ја поседуваме духовната вера, сето ќе ни се случува во согласност со нашата вера. Поради оваа голема разлика помеѓу тоа да се биде во Духот и да се биде во телесното, Исус го нагласил фактот дека би требало да го отфрлиме телесното, кое што не донесува никаква корист и да се бориме да бидеме во Духот. Сето што Исус ги поучувал Своите ученици до тој момент било само од духовна природа и со живот, така што Тој навистина сакал тие да ги сватат Неговите учења, кои што би им дале живот и би ги повеле кон вечниот живот.

Учениците Си Одат, Неспособни Да Ги Сватат Духовните Пораки

„'Но има некои од вас кои што не веруваат' Исус знаеше уште од самиот почеток кои се тие што не веруваат и кој ќе биде тој што ќе го предаде. Па

Тој им кажа, 'Поради оваа причина ви кажав дека никој не може да дојде кај Мене, освен ако не му биде дозволено од страна на Отецот.' Како резултат на ова, голем број од Неговите ученици се повлекоа и повеќе не чекореа со Него." (6:64-66)

Природно било да Јудејците не можеле да ги разберат Исусовите духовни пораки, но дури и Неговите ученици, кои што долго време биле со Него, не можеле да ги разберат и да поверуваат во Неговите пораки. Тие ги разбрале истите по Неговото воскресение, но во тоа време, тие едноставно не можеле ништо да разберат. Исус знаел дека дури и до самиот крај, Јуда Искариотски нема да поверува. Поради тоа Тој им кажувал за Оној кој што ќе го предаде; но за жал, Јуда го сторил токму тоа. Тој си го продал својот учител и тргнал по патот на смртта.

Луѓето кои што Го следеле во надеж дека ќе видат повеќе знаци слични на оној на двете риби и петте векни јачменов леб исто така не ги разбирале духовните пораки што Тој ги ширел, па дури и тие на крајот го напуштиле Исуса. Затоа Исус им кажал дека никој не може да дојде кај Него освен ако Самиот Бог не му го дозволи тоа. Сето ова важи и денеска. Одвреме навреме гледаме луѓе кои што не можат да живеат во вистината, па на крајот ја напуштаат црквата. Поради фактот дека Словото на Бога кое што се предава од олтарот станува како еден остар меч кој што ги прободува душата и духот, ги раздвојува зглобовите и ги разделува коските и сржта, некои луѓе кои што не се во состојба да го издржат сето тоа ја напуштаат црквата. Сепак ако дознаат дека во Божјото Слово навистина постои вечниот живот и спасението, тие не би го сториле тоа.

Кај Кого Да Појдеме? Ти Ги Имаш Зборовите За Вечниот Живот

„Исус им кажа на дванаесетмината, 'Да не сакате и вие да си отидете?' Симон Петар Му одговори, 'Господи, кај кого да појдеме? Ти ги имаш зборовите за вечниот живот. Ние поверувавме и познавме дека Ти си Светиот од Бога.' Исус им одговори, 'Нели Јас Самиот ве избрав, дванаесетмината, но сепак еден од вас е ѓавол?' А зборуваше за Јуда, синот на Симона Искариот, оти тој, како еден од дванаесетмината ќе Го предаде." (6:67-71)

По Исусовото изведување на знаците и чудесата, голем број на луѓе сакале да станат Негови ученици и почнале да го следат. Но бидејќи тие не можеле да ги сватат Неговите духовни пораки, полека почнале еден по еден, да го напуштаат. Исус се разликувал од сликата за Месијата која што тие си ја имале во главите. Што мислите како ли се чувствувал Исус, гледајќи ги овие луѓе?

Па затоа Исус ги запрашал дванаесетте ученици, „Да не сакате и вие да си одите?" Петар, кој што обично многу сакал да биде инволвиран, направил една изненадувачка исповест кажувајќи, „Господи, кај кого да појдеме? Ти ги имаш зборовите за вечниот живот. Ние поверувавме и познавме дека Ти си Светиот од Бога."

Како еден постар брат, Петар секогаш бил во првите редови. Ако Исус и Неговите ученици оделе некаде, Петар бил тој кој што ги водел другите. Но дури и Петар, кој што се исповедал дека Исус е Светиот од Бога и дека тој лично никогаш не би го напуштил, ноќта кога Исус бил уапсен, тој од Него се одрекол три пати. Петар го немал тоа во срцето, но бидејќи сето тоа се случувало уште пред да го прими Светиот Дух, неговото телесно сеуште било слабо, па тој ја направил таквата реакција пред дури и да биде свесен за неа.

Исус исто така знаел дека меѓу дванаесетте ученици кои што Тој Самиот ги беше избрал, постои еден кој што ќе го предаде заради парична корист. Тука треба да бидеме многу внимателни. Самиот факт дека некоја личност поминала доста време заедно со Исуса, ги слушала Неговите зборови и ги видела Неговите чуда, не значи дека со сигурност се здобила со спасение.

Кога Јуда Искариот станал Исусов ученик, тој најверојатно не ни помислувал дека тој ќе биде оној кој што ќе го предаде заради пари. Тој не ги ставил во акција Зборовите на вистината кои што ги имал научено од Исуса; наместо тоа тој почнал да греши, крадејќи малку по малку од касата. Бидејќи тој им се препуштил на Сатановите искушенија и почнал да греши, Исус кажал, „сепак еден од вас е ѓавол." Ова е причината поради која ние не би требале да застанеме на самото познавање на Божјото Слово; треба да го земеме телото на Синот Човечки, да ја пиеме Неговата крв, да живееме во вистината, па сходно на тоа да чекориме кон вечниот живот.

Глава 7

Учењето На Празникот На Сениците

1. Исус Тајно Оди Во Ерусалим
   (7:1-13)

2. Во Храмот Исус Разоткрива Кој Е Тој
   (7:14-31)

3. Евреите Се Обидуваат Да Го Заробат Исуса
   (7:32-53)

Исус Тајно Оди Во Ерусалим

Базирајќи го Своето свештенствување во Галилеја, Исус свештенствувал воглавно во северните предели на Израел, како што е Капернаум и Витсаида. Во овие области се чувствува силно присуство на луѓето од нееврејските нации; па така тие луѓе во овие делови не го изолирале ниту прогонувале Исуса. Сепак луѓето кои што живееле во јужните делови на регионот на Јудеја, околу Ерусалим, го прогонувале Исуса сè до точката да дури и се обидувале да Го убијат.

Како Што Се Ближувал Празникот На Сениците

„Потоа Исус отиде во Галилеја, не сакајќи да оди во Јудеја, бидејќи Јудејците сакаа да Го убијат. Се приближуваше Јудејскиот празник на правење на сеници." (Јован 7:1-2)

Јудејците имале голема национална гордост бидејќи биле сигурни дека ја исполнуваат секоја Божја заповест. Но бидејќи Исус ги прекорил и укажал на грешките на Фарисеите и на Садукеите, кои што во тоа време биле политички и религиозни водачи, Јудејците немале многу добри чувства за Исуса. Поради фактот дека Исус се нарекувал Себеси – Син Божји, тие мислеле дека Тој врши богохулие. Исус се обидел да ги просветли преку вистинското Слово Божјо. Но сепак, одвреме навреме Тој мудро ги избегнувал.

Се разбира, избегнувањето на некого без да се има некоја соодветна причина не претставува Божја волја. На пример како во случајот на апостолот Павле кој што знаел дека ако отиде во Ерусалим, ќе биде упасен од страна на Јудејците. Но тој сепак отишол таму бидејќи тоа било Божја волја. Придржувајќи се до Божјото Слово, Даниил и неговите пријатели не направиле компромис иако тоа значело дека постои можност да бидат фрлени во лавовското дувло или пак во огнената печка. На истиот начин ако ние знаеме дека нешто е Божја волја, тогаш ние би биле способни да ја спроведеме Неговата волја не плашејќи се ниту од смртта.

Но постојат некои моменти во самото спроведување на Божјата волја, кога ние мораме мудро да избегнуваме некого или некоја ситуација.

Во времето кога Саул се обидувал да го убие Давида, Давид морал да се прави луд пред Акиша, кралот на Гат, само за да се избави од смртта. Сето тоа било заради фактот дека тој не смеел да ризикува и да го изгуби животот пред одреденото за него време од страна на Бога. Исус исто така мудро делувал и избегнувал да влезе во некои конфронтации, за да може да ја проведе Божјата волја и да стигне до одреденото за Него време.

Некаде во тоа време, се приближувал Јудејскиот празник на сениците. Празникот на Сениците исто така е познат како „Сукот", и тоа претставува прослава која што е на крајот од времето на жетвата кога Јудејците поставуват шатори за да му ја оддадат благодарноста на Бога, во сеќавање на исходот кој што нивните претци го направиле излегувајќи од Египет. За време на оваа прослава луѓето му ја оддаваат благодарноста и го одбележуваат настанот кога Бог ги спасил Израелците од оковите на ропството во Египет. Тие исто така се сеќавале како Бог секогаш ги водел и ги заштитувал во дивината. Израелците ја зачувале оваа прослава како света нудејќи волови или овнови како жртви секој ден, во текот на седум дена. Ова е традиција која што се одржала низ многу генерации.

Исусовите Браќа Го Повикуваа

„Тогаш браќата Негови Му кажаа, 'Излези од тука и оди во Јудеја, па и учениците Твои да можат да ги видат делата Твои што Ги изведуваш. Бидејќи никој не прави ништо во тајност ако сака да биде јавно познат. Ако Ги правиш тие нешта, покажи Му се на светот.' Бидејќи ниту браќата Негови не веруваа во Него." (7:3-5)

Кога го прославуваат Празникот на Сениците, луѓето обично одат до Храмот во Ерусалим. Како што се наближувал Празникот на Сениците и не изгледало дека Исус планирал да замине за Ерусалим, Неговите браќа станале безволни. Тие сакале да го видат Исуса како оди во Ерусалим и како ги изведува Своите знаци, па потоа како оди во Јудеја за да добие подршка од луѓето. „Излези од тука и оди во Јудеја, па и учениците Твои да можат да ги видат делата Твои што Ги изведуваш."

Браќата на Исуса го повикувале да оди и да се стекне со публицитет, бидејќи Неговото свештенствување било добро за голем број на луѓе. Тие Го советувале, „Бидејќи никој не прави ништо во тајност ако сака да биде јавно познат." Ова можеби звучи како рационален совет, па дури и како добар совет. Но сепак запишано е, *„Плановите на срцето им припаѓаат на луѓето, но одговорот на јазикот доаѓа од ГОСПОДА"* (Поговорки 16:1), без разлика колку и да е праведна мислата или идејата на некоја личност, ако не е во согласност со Божјата волја, тогаш таа нема ништо заедничко со Бога.

Добар пример за некого кој што го има доживеано ова е Кралот Саул, првиот Израелски крал. Бог му кажал на Саула да уништи сѐ што им припаѓало на Амаликијците, но Саул не ја испочитувал таа заповест. Тој го заробил непријателскиот крал и ги понел со себе најдобрите непријателски говеда и овци. Саул помислил дека би било добро да му се принесат за жртва на Бога овие говеда и овци кои што биле со добар квалитет, па направил според неговите намери. Однадвор можеби и изгледало дека сака да ги земе тие животни за да ги жртвува за Бога, но во неговото срце тој всушност ја имал желбата да на своите луѓе им покаже колку големи дела имал направено и да ја добие пофалбата од нивна страна. Сето тоа довело до тоа да на крајот Бог, поради Сауловото непрестано непочитување, се одрече од него.

Слично на тоа, Исусовите браќа станале нестрпливи, понесени од нивните сопствени мисли кои што ѝ претходеле на Божјата волја, слушајќи го својот брат како го исчекува времето кое што било одредено од Бога. Сето тоа било резултат на недостигот на верата во Исуса. Ако Исусовите браќа во себе го имале барем основното ниво на вера во Исуса, тогаш би знаеле дека Исусовата волја е во тоа да ја исполнува Божјата волја во сѐ, така што тие тогаш би знаеле дека не би требало да се изразуваат на тој начин. Наместо да го коментираат она што го имаат видено, тие тогаш би се обиделе да го сватат духовното значење на она што Исус го имал направено.

Кога доволно би му верувале на Исуса да би можеле беспоговорно да му се покорите на сето она што Тој го кажувал, без поставување на никакви прашања, тогаш вие би можеле да почнете да гледате на работите со разбирање. На свадбата во Кана, Девицата Марија им кажала на слугите да прават онака како што ќе им наложи Исус, бидејќи таа знаела кој е Тој. Ова докажува дека Марија со сигурност ги имала поучено децата за тоа кој е Исус. Но сепак, тие не верувале во Него. Тие почнале да веруваат во Него, откако го виделе како воскреснува и се вознесува на Небесата.

Исус Одговара, Знаејќи Кога Ќе Биде Неговото Време

„А на тоа Исус им одговори, 'Уште не е дојдено Моето време, но за вас било кое време е поволно. Светот не може да ве мрази, но Мене ме мрази бидејќи сведочев за него, дека делата негови се зли. Вие отидете на овој празник; Јас нема да одам на овој празник бидејќи Моето време сеуште не е во целост дојдено.' Откако им ги кажа овие нешта, Тој остана во Галилеја." (7:6-9)

Кога Неговите браќа почнале да го тераат да отиде и да се направи јавно познат, Исус им одговорил, „Моето време сеуште не е во целост дојдено." На прв поглед, Неговиот одговор можеби изгледал навистина случаен. Но сепак постои одредена причина поради која Тој им одговорил

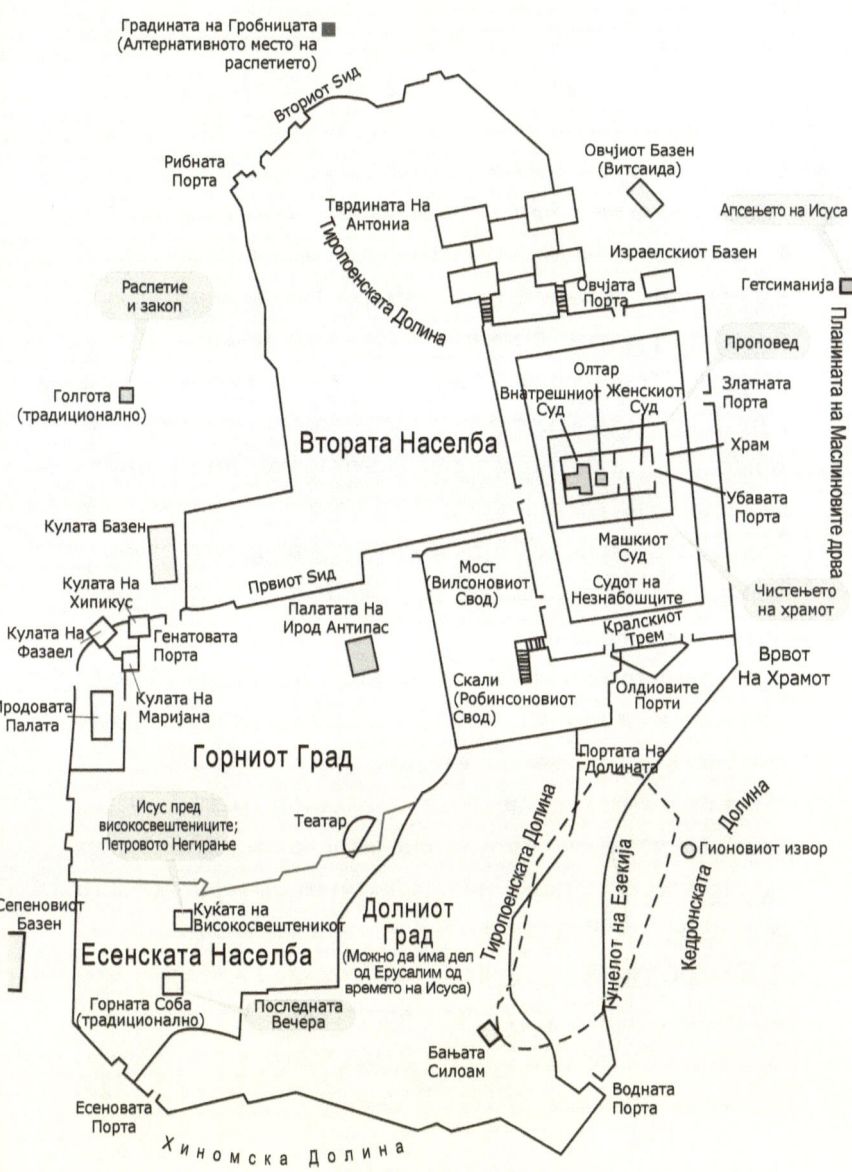

:: Ерусалим Во Времето На Новиот Завет

на овој начин. Како што е запишано во Еклизијаст 3:1, *„Постои одредено време за сé. И одредено е времето за секој настан кој што ќе се случи под небесата,"* Постои еден одреден час во времето кога Исус требало да се покаже, да биде фатен и да ја исполни Божјата волја. Ако Неговите браќа ја имале верата, Исус тогаш најверојатно би им објаснил сé во детали, но бидејќи тие ја немале верата, Тој се воздржал од објаснувањата со многу детали.

Иако Исус извршил само добри дела за спасение на луѓето кои што чекореле кон вечната смрт, светот сепак покажувал само омраза кон Него. Иако Тој ги ширел зборовите на светлината и зборовите на добрината, во светот кој што бил под авторитетот на непријателот ѓаволот, кој што ја имал контролата над темнината, се разбира дека Тој не бил добредојден.

Дури и уште повеќе, откако Исус почнал да укажува на злото и да поучува на патот на добрината, злите луѓе почувствувале прободување во срцата. Не само дека нивните зли дела тогаш биле изложени на јасната дневна светлина; туку тие исто така не биле во состојба да му ја искажуваат славата на Бога, на начинот на кој што тоа го правел Исус. Не е за чудење тогаш дека луѓето станале љубоморни и дури и почнале да го мразат. Исус знаел дека сеуште не дошол часот да им се претстави на луѓето. Поради тоа Тој им кажал на Своите браќа да отидат до храмот, додека Тој самиот останал во Галилеја.

Исус Тајно Оди Во Ерусалим

„Но кога Неговите браќа отидоа на празникот, Тој Самиот исто така отиде, но не јавно, туку во тајност. Јудејците го бараа на празникот кажувајќи, 'Каде е Тој?' Имаше големо негодување помеѓу луѓето во толпата што се однесувше на Него; некои кажуваа, 'Тој е добар човек'; други пак велеа, 'Не, напротив, Тој ги заблудува луѓето.' Но никој не зборуваше јавно за Него, бидејќи се плашеа од Јудејците." (7:10-13)

Откако Неговите браќе отишле до храмот, Исус тајно отишол во Ерусалим. Тој точно знаел кога да оди и кога да застане, па со секој чекор што го имал направено, Тој само отишол таму каде што Бог го имал водено. Како што се наголемувал бројот на луѓето на Празникот, Јудејците почнале да го бараат. Тие знаеле дека Тој ќе биде таму. Имало различни разговори во врска со Него. Некои кажувале дека е добар, но други пак збореле дека тој го измамува народот.

Поради фактот дека Исус изведувал некои нешта што биле човечки невозможни, имало еден број на луѓе што биле навистина љубопитни во врска со Него. Но исто така имало и голем број на луѓе кои што му претставувале пречка. Луѓето кои што во себе ги имале добрите срца знаеле дека Исус правел нешта коишто се добри и коректни. Сепак плашејќи се од тоа што Исус не бил признат од Јудејското друштво, тие не сакале јавно да зборуваат за Него.

Во Храмот Исус Разоткрива Кој Е Тој

Прилагодувајќи се на секоја ситуација Исус поучувал за евангелието на многу различни начини. Понекогаш Тој поучувал на планините, понекогаш на полињата а понекогаш стоел на брод кој што лебдел на водата, додека луѓето стоеле на плажата. Понекогаш ги посетувал луѓето дома, а понекогаш го ширел Божјото Слово во храмот. Постоеле часови кога Тој ги разоткривал Своите учења на само еден број избрани ученици и тоа го правел во тајност.

Моето Учење Е На Оној Кој Што Ме Испратил

„Но на половина од празникот Исус се искачи до храмот и почна да поучува. Јудејците беа вчудоневидени и кажуваа, 'Како ли овој човек станал учен а да никогаш не се образувал? Исус им одговори, Моето учење не е Мое, туку на Оној кој што Ме испратил. Ако некој сака да ја извршува Неговата волја, тој ќе знае за учењето, дали тоа зборува Бог или Јас Самиот од Себе. Оној кој што зборува од себе ја бара својата лична слава; но Оној кој што зборува барајќи ја славата на Оној кој што го испратил, Тој е вистината и во Него нема неправда.'" (7:14-18)

Кога поминале околу половина од седумте дена на Празникот на Сениците, Исус се искачил до храмот и почнал да ги поучува луѓето кои што биле таму. Поради фактот што Исус со таква леснотија поучувал за Словото Божјо и Библијата, Јудејците биле навистина вчудоневидени. Тие се чуделе како Исус во Неговите учења зборувал со повеќе сила отколку рабините, кои што всушност биле експерти во полето на Законот. И иако Тој никогаш немал добиено соодветно поучување во областа на Законот, Тој ги употребувал со толку голема леснотија зборовите од Библијата да можел со прецизност да ја објасни Божјата волја. Затоа и не било ниту чудно што луѓето биле навистина вчудоневидени!

Стоејќи пред луѓето кои што биле вчудоневидени од Неговите учења, Исус му ја оддавал сета слава на Бога. Иако како Син Божји Тој во себе ја немал понизноста на еден слуга, Тој сепак се исповедал дека сите Негови учења доаѓаат од Бога. Тој исто така изјавил дека кога луѓето веруваат во Неговите учења и делуваат во согласност со нив, тие тогаш ќе знаат дали Неговите учења доаѓаат од Бога или не. Кажувајќи го сето тоа, Тој не оставил простор за расправии.

Иако зборовите се искажуваат преку усните на еден човек, ако Бог ја земе контролата над делувањата тогаш ќе можат да се случат некои прекрасни нешта како резултат на тие зборови. Дури и на секојдневна база, ако ги примаме зборовите на еден слуга на Бога кај кого навистина пребива Бог, ако веруваме во тие зборови и им се покоруваме како да се вистинските Божји зборови, тогаш некои навистина прекрасни нешта може да ни се случат. Во согласност со Евреите 4:12 знаеме дека Божјото Слово е живо и активно. Затоа секој кој што верува и им се покорува на Неговите зборови, ќе може да ја искуси Неговата сила. Поради фактот дека Бог ги слуша зборовите на Своите верни слуги, низ нивните молитви можат да се излекуваат болести, да им се донесе мир на семејствата, неверниците да поверуваат во евангелието и многу други благослови кои што ќе дојдат од Отецот.

Луѓето кои што сакаат да се здобијат со својата лична слава ќе направат сѐ што е во нивната моќ за да ги презентираат своите добри дела и за нив да добијат комплименти. Заслепени од својот личен интерес тие со леснотија можат да стапнат врз другите луѓе и да ги осудат, па затоа и делуваат низ неправдата. Поради сето тоа, нивните финални резултати не можат да бидат многу добри. На пример, Хитлер кој што бил ноторен воен злосторник од Втората Светска Војна, направил да луѓето му салутираат со, „Хајл Хитлер!" што значело „Да живее Хитлер!" На крајот и Хитлер и Германија завршиле во рушевини.

Спротивно на сето тоа, една личност која што е испратена од Бога и која што ја бара Божјата слава, ќе може да им донесе благодет на многу луѓе и ќе може да спаси голем број на души. Апостолот Павле го посветил целиот свој живот кон добивањето на славата за Бога. Изведувајќи величествени чуда, тој му ја оддавал славата на Бога и како апостолот на Незнабошците, тој повел голем број на души кон Христа. Тој ги имал посветено целото свое срце и волја на каузата на Исуса. Поради тоа тој можел храбро да изјави, *„Угледајте се на мене, како јас се угледав на Христа"* (1 Коринтјаните 11:1). Тој не го искажал ова за да си придаде важност; само им укажувал на луѓето да го имитираат животот на Христа, како што и тој самиот го имал направено.

Исус исто така само сакал да му ја оддаде славата на Бога. Тој никогаш не се обидел да се воздигне Себеси, или пак да добие некоја Своја лична корист. Затоа кога Ги изведувал чудата на двете риби и на петте векни леб, Тој погледнал кон Небесата благословувајќи ја храната (Марко 6:41). Кога го подигнал Лазара од мртвите, Тој прво кажал една молитва со која што му ја оддавал славата на Бога. Тој всушност станал алатката преку која што можело на светот да му се покаже живиот Бог и Неговата волја. Бог ја добивал славата со секој збор кој што бил изговорен преку усните на Исуса.

Зошто Сакате Да Ме Убиете?

„'Зарем Мојсеј не ви даде Закон, но сепак ниеден од вас не го спроведува тој Закон? Зошто сакате да Ме убиете?' Толпата Му одговори, 'Обземен ли си со демон?! Кој сака да Те убие?' Исус им одговори, 'Едно дело извршив и сите се зачудивте.'" (7:19-21)

Во законот кој што Мојсеј го примил кај планината Синај за време на Исходот, има заповеди меѓу кои што се и, „Почитувај ги својот татко и мајка, не убивај, не врши прељуба и не сведочи лажно." Сржта на значењето на овие закони е во тоа да се разберат сите луѓе, да им се прости и да се сакаат низ милоста и сочувството.

Сепак, Јудејците во тоа време биле зафатени со употребата на законите на оној начин на кој што тие ги согледувале и го сметале за доследен, наоѓајќи во нив причина за осуда на некого, па сé и до точката на критикувањето на Исуса за Неговите добри дела. Кога Исус излекувал еден човек кој што бил инвалид во текот на 38 години, тие се обиделе да Го убијат, поради тоа што делото го сторил за време на Сабатот. Ако се случи некој чудесен знак и ако низ тоа се доаѓа до глорификација на Бога, тогаш луѓето би требало да бидат радосни поради тој настан. Но наместо тоа тие се обиделе да го убијат Исуса, кажувајќи дека Тој го прекршил Сабатот.

Гледајќи ги нивните зли срца, Исус им одговорил, „Но сепак ниеден од вас не го спроведува тој Закон? Зошто сакате да Ме убиете?" Тој ги поучувал дека иако Бог им го дал Законот за да прават добри дела, тие тој ист закон го користеле за да убијат некого. Една личност која што коректно го спроведува законот, никогаш не би направила такво нешто.

Евреите не можеле да го сватат духовното значење на Исусовите зборови и затоа Го обвиниле дека е обземен од страна на демон. Јудејците мислеле дека Исус е налудничав помислувајќи дека е гонет и ставен во улога на жртва. Иако тие никогаш отворено не се обиделе да Го убијат, во своите срца тие веќе ја имале желбата да Го убијат (Јован 5:18). Оваа конверзација отворено го претставува злото кое што го имале во нивните срца. Не знаејќи зошто Исус го кажал она што го кажал, тие едноставно го обвиниле дека е обземен од страна на демонот, следејќи си го своето сопствено расудување.

Јудејците не можеле да разберат зошто Исус го излекувал болниот за време на Сабатот, па го осудиле и помислиле дека е чудак. Потсетувајќи ги дека тие самите дозволуваат обрежување за време на Сабатот, Исус им дал една важна лекција.

Ако човек се обрезува во Сабатот

„Поради оваа причина Мојсеј ви го даде обрезанието (не поради тоа што е од Мојсеја, туку од татковците), и во Сабатот вие го обрежувате човекот. Ако човекот се обрезува во Сабатот за да не се наруши Законот Мојсеев, на Мене ли Ми се лутите поради тоа што цел човек направив здрав во Сабатот? Не судете според надворешноста туку судете со праведен суд." (7:22-24)

Обрежувањето е ритуал на Израелците во кој што на машко дете му се отстранува горниот дел од кожичката на пенисот, кога е на 8 дневна возраст по раѓањето. Ова практика започнала во времето на Авраама, таткото на верата (Битие 17:10-14). По правењето на Својот завет со Авраама, Бог му кажал да си ја обреже целата своја фамилија, како знак на примањето на тој завет. Ако некој не го примил обрежувањето, тогаш тој станувал отфрлен од Божјите луѓе и не можел да го прими ветениот благослов.

Дури и Мојсеј, кој што ја понел големата задача на Исходот, бил скоро убиен од страна на Бога поради тоа што се немал обрежано. Бидејќи тој бил водачот кој што бил одговорен за една така важна мисија како што била мисијата на изведувањето на Израелците надвор од Египет, Мојсеј морал да биде уште посовршен и поцелосен од било кој друг. Бог строго го предупредил Мојсеја за важноста на обрежувањето. Јудејците го земале Мојсеевото искуство за една важна лекција и затоа ја запаметиле важноста на обрежувањето. Поради тоа, во Јудејското општество во Исусово време, дури и 2,000 години по Аврамовиот завет, изведувањето на обрежувањето било дозволено без некои резерви, дури и на Сабатот.

Па затоа Исус им кажал на оние Јудејци кои што ги суделе и осудувале Неговите делувања, „Ако човекот се обрежува во Сабатот за да не се наруши Законот

Мојсеев, на Мене ли Ми се лутите поради тоа што цел човек направив здрав во Сабатот?" Исус не го кажал тоа затоа што не ја разбирал Јудејската чувствителност кон Неговото исцелување на болниот за време на Сабатот, ниту пак поради чувството на фрустрацијата кон нив. Споменувањето на обрежувањето било употребено само како илустрација бидејќи Тој сакал да ги поучи на она што е правично. Кажувајќи им дека љубовта и сочувството мораат да бидат над законите, Тој ги поучил, „Не судете според надворешноста туку судете со праведен суд."

Во 1 Самуил 16:7, кога Самуил се обидел да изврши миропомазание на Јисајовиот првороден син, Елиав, Бог му кажал, „*ГОСПОД не гледа на работите на кои што гледа човекот. Човекот гледа на надворешниот изглед, а ГОСПОД гледа во срцето.*" Исус кој што многу добро го познавал Божјото срце, исто така гледа во центарот на човечкот срце, а не на неговата надворешност (Јаков 2:1-4). Поради тоа Тој се обидувал да ги поучи Јудејците, кои што суделе и осудувале според законите, да почнат да судат врз основа на вистината и на правдата.

Луѓето Кои Што Судат Врз Основа На Изгледот

„Некои од луѓето од Ерусалим рекоа, 'Не е ли Овој човекот што го бараат да го убијат?' Ете јавно говори а никој не Му вели ништо. Да не се увериле и началниците дека Тој е Христос? Како и да е, знаеме од каде е дојден овој човек; но кога Христос ќе дојде, никој нема да знае од каде е дојден." (7:25-27)

Кога Исус ја запрашал толпата, „Зошто сакате да Ме убиете?" Јудејците сватиле дека нивните внатрешни скриени мотиви им биле разоткриени, па така тие почнале да го обвинуваат Исуса дека е обземен од страна на демон и на Него гледале како на налудничав човек кој што е во делириум. Потоа се појавиле некои луѓе и ја посведочиле оваа вистина. Тие дошле и кажале дека началниците се обидуваат да го убијат Исуса. На тој начин, вистинитоста на Исусовите зборови била потврдена преку трета страна.

Поради тоа што Бог е Бог на правдата, кога ќе одиме по патот на праведноста, Тој тогаш прави да вистината секогаш преовладува (Псалм 37:6; Амос 5:24). Затоа еден созреан Христијанин никогаш не се расправа, ниту влегува во караници, па дури и да биде лажно обвинет или пак да биде третиран на неправеден начин. Сето ова се должи на фактот што сите нешта ќе бидат разоткриени, кога за тоа ќе дојде часот.

Луѓето кои што посведочиле за веродостојноста на Исусовите зборови не биле многу поразлични од луѓето кои што се обидувале да го заробат. Тие почнале да се запрашуваат зошто обвинетиот сеуште не бил однесен во притвор. Исто како што светот изгледа син ако погледнете на него низ сини очила за сонце, исто така и овие луѓе го гледале Исуса преку едни негативни емоции и мисли, па така тие можеле само да ги видат причините за Негова осуда.

Слично на ова, ако го слушате Словото Божјо со добро и вистинито срце, тогаш ќе бидете инспирирани и повлечени кон покајание и промени. Сепак ако ги измешате вашите сопствени емоции и мисли кажувајќи, „Веројатно беше вака, или веројатно беше така," тогаш вие на крајот ќе дојдете во една ситуација кога ќе можете да извршите некој тежок грев на судење или осуда.

Толпата исто така запрашала, „Дали началниците знаат дека оваа личност е Христос?" Па додале, „Како и да е, знаеме од каде е дојден овој човек." Она на што мислеле било тоа дека тие знаеле дека Исус бил Јосифовиот син, што значи дека Тој не е Бог и дека Тој не може да биде Божјиот Син. Според нивната логика и расудување никој не би требало да знае од каде ќе дојде Месијата.

Но дали е вистина дека никој не би можел да знае од каде би дошол Месијата? Библијата го нема запишано точниот датум и време на раѓањето на Исуса или на Месијата. Во тоа време не било лесно ниту за учителите на законот ниту за Садукеите да го предвидат времето на раѓањето на Месијата, бидејќи тие имале на располагање само неколку стиха кои што се однесувале на Неговото раѓање (Даниил 9:25; Малахија 3:1). Поради тоа помеѓу нив постоеле најразлични мислења за времето на раѓањето на Месијата. Тие мислеле дека Месијата ќе биде некоја натприродна и окултна личност која што наеднаш ќе се појави. Постоеле голем број на пророштва кои што зборувале за Месијата иако не го спомнувале точниот датум на Неговото раѓање.

Михеј 5:2 ни кажува, *„И ти Витлееме Ефратов, иако*

си најмал меѓу илјадниците Јудејци, од тебе ќе ни излезе Оној, Кој што треба да владее во Израелот а чие што потекло е од одамна, од деновите на вечноста." Исто како што е цитирано во пророштвото Исус бил роден во Витлеем, во фамилијата на Јуда.

Фактот дека Месијата ќе биде роден во Витлеем бил познат дури и помеѓу сите Јудејци, кои што живееле во времето на Исуса. Ако погледнеме во Матеј 2:1-6, можеме да видиме дека е кажано дека по слушањето на трите мудреци кои што кажале дека бил роден кралот, кралот Херод сакал да го убие, исплашен за својата кралска позиција. Така тој ги собрал сите началници и книжници и ги запрашал, „Каде би требало да се роди Христос?" Потоа употребувајќи го пророштвото запишано во книгата на Михеј, тие му одговориле дека Тој би требало да се роди во Витлеем, во земјата Јудејска.

Повторени Закони 18:18 зборува за тоа како Исус ќе биде сметан за пророк а Исаија 9:1 пророкува дека Исусовото јавно свештенствување ќе почне во Галилеја. Постојат многу други пророштва во Библијата, како што е Исаија 53, каде што пророштвата за Исуса можат да се најдат. Но и без пророштвата можеле да дешифрираат кој би можел да биде вистинскиот Месија, со гледањето на моќните дела Божји кои што ги изведувал и со слушањето на зборовите кои што излегувале од Неговите усни.

Самотниот и побожен Симон, Ана (жената која што го поминала целиот свој живот молејќи се во храмот и чекајќи го Месијата), добрите пастири кои што ги одгледувале овците и трите мудреци, сите тие го препознале Месијата (Лука 2; Матеј 2:1-11). Било да биле водени од страна на Светиот Дух или да биле известени од страна на ангелите, овие луѓе отишле кај бебето Исус и го обожувле, оддавајќи му слава на Бога. Па затоа луѓето кои што се исповедале дека никој нема да знае од каде ќе дојде Месијата, всушност признавале дека не се луѓе на Бога. Месијата бил токму пред нивните очи, а тие сепак не биле во состојба да го препознаат.

Сам Од Себе Не Дојдов

„Тогаш Исус извика во храмот, поучувајќи и зборувајќи, 'Вие Ме познавате и знаете од каде сум; Сам од Себе не дојдов, но Оној кој што Ме испрати е вистински, Кого што не го познавате. Јас пак Го знам, бидејќи сум од Него и Тој Ме испрати.' Тогаш тие сакаа да го фатат; но никој не положи рака на Него, бидејќи Неговиот час сеуште не беше дојден. И мнозина од толпата веруваа во Него; и велеа, 'Кога ќе дојде Христос, зарем ќе направи повеќе чудеса од тие што Овој човек ги направи?'" (7:28-31)

Јудејците го знаеле Исусовото место на раѓање и ситуацијата во Неговото семејство, но тоа бил само физичкиот аспект на Исуса. Така што Исус прво ги признал нивните зборови, а потоа им кажал дека Тој дошол од Бога. Тој најпрво им кажал, „Вие Ме познавте и знаете од каде сум." Тука зборот 'знаете' има две значења. Една личност која што ги разбира Исусовите зборови во духот и која што верува дека Тој е вистинскиот Христос, знае дека Тој дошол на овој свет како Божјиот Син и како Спасителот. Од друга страна пак една личност која што буквално ги разбира Неговите зборови и во телесното, знае дека Исус е синот на Јосифа, столарот. Па кога Исус им кажал дека Го 'знаат' Исуса, Тој мислел на буквалното значење на зборот.

Исус кажал дека Тој Сам од Себе не дошол, туку дека е испратен од Него. Потоа додал дека Оној кој што го испратил е вистинит. Кога Исус кажал дека не дошол Сам од Себе, тоа значело дека Тој дошол и бил испратен од страна на Бога Отецот. По Божјо провидение, Исус кој што бил со Бога уште од почетокот, дошол на овој свет за да го спаси човештвото, чија што смрт заради гревовите била неизбежна.

Исус исто така рекол, „Оној кој што Ме испрати е вистински." Кога се кажува вистински се мисли на духот, на животот и на она што е вечно—нешто што никогаш не пропаѓа ниту се изменува. И силата на вистинскиот Бог, кој што е самата вистина, била со Него, така да многу знаци и чудеса се случиле преку Исуса.

Исус кажал дека Тој го познава Оној кого што тие не го познале. Голем број на луѓе имаат интерактивен однос со претседателот користејќи ги раличните форми на медиуми, па потоа дури можат и да кажат, „Го познавам претседателот." Сепак, сето тоа не значи дека Тој навистина ги познава сите нив. Претседателот исто така мора да каже дека ја познава таа личност, за да таа може да каже дека навистина го познава него. Истото важи и за познавањето на Бога. Ако некој кажува дека го познава Бога, тогаш тој мора да има некој однос со Бога. Да се има однос со Бога значи да се живее во светлината или да се живее во согласност со Божјото Слово (1 Јован 1:7). Но Јудејците го немале овој вид на однос со Бога. Тие го немале видено ликот на Бога. Понатаму тие биле луѓе на телесното, па затоа единствено можеле да гледаат преку нивните физички очи. Ова е причината зошто Исус им кажал дека не го познаваат Бога. Потоа Тој им објаснил дека Тој го познава Бога поради тоа што Тој е од Бога, и дека Тој дошол на овој свет заради Божјата волја.

Потоа луѓето во храмот кои што го слушале ова почнале да покажуваат измешани реакции. Некои луѓе кажале дека Исус вршел богохулие кон Бога и се обиделе да го фатат. За среќа, Неговото време сеуште не било дојдено, па тие не можеле ништо да му направат. Наспроти нив имало голем број на луѓе кои што на Него гледале низ позитивна светлина. Тој не кажал само, „Јас сум вистината, па верувајте во Мене." Тој ги наведувал луѓето да поверуваат со тоа што изведувал разновидни знаци и чудеса, за да им докаже дека Бог е со Него.

Почнувајќи со излекувањето на човекот кој што 38 години бил хендикепиран, Исус излекувал голем број на луѓе кои што биле болни од различни видови на болести. Тој ги лекувал слепите и глувите и пак ги направил целосни. Ја претворил водата во вино, нахранил преку пет илјади души употребувајќи само две риби и пет векни јачменов леб, а исто така и одел по водата. Голем број на луѓе имале чуено за овие знаци или и самите биле сведоци на нив. Поради тоа тие прашале, „Кога ќе дојде Христос, зарем ќе направи повеќе чудеса од тие што овој човек ги направи?" Иако можеби не биле директни сведоци на случувањата, за некои луѓе со добри срца било доволно само да чујат за нив и да потврдат дека сето тоа е вистината.

Евреите Се Обидуваат Да Го Заробат Исуса

По гледањето на величествените знаци кои што ги изведувал Исус луѓето го славеле Бога, кажувајќи дека еден голем пророк се појавил меѓу нив и дека Бог дошол да ги спаси Своите луѓе (Лука 7:16). Сепак не сите размислувале на овој начин. Имало некои Јудејци кои што сакале да го фатат Исуса.

Првосвештениците И Фарисеите

„И чуја Фарисеите дека толпата така зборува за Него, па првосвештениците и Фарисеите испратија свои слуги да го фатат. Затоа Исус им рече, 'Уште малку време ќе бидам со вас, потоа ќе одам кај Оној кој што Ме испрати. Ќе Ме барате но нема да Ме најдете; и каде што ќе бидам Јас, вие нема да можете да дојдете.' Јудејците тогаш си рекоа помеѓу себе, Каде ли ќе оди Овој, па да не можеме да Го најдеме? Да не сака да оди меѓу раселените помеѓу Елините и да ги поучува и Елините? Што ли можат да значат тие зборови, 'Ќе Ме барате но нема да Ме најдете; и каде што ќе бидам Јас, вие нема да можете да дојдете?" (7:32-36)

Првосвештениците и Фарисеите го забележале големиот интерес кој што го покажувале луѓето кон Исуса и сите разговори кои што се одвивале во врска со Него. Како главен на свештениците, Високиот Свештеник, еднаш годишно е одговорен за Светилиштето на Светите, одвоено како најсветото место, за да може да ја изврши жртвата во име на луѓето. Па како религиозен водач, тој го има правото и да ја спроведува и политичката моќ, исто така. Тие луѓе со позицијата на свештеници, не можеле повеќе само немо да го набљудуваат Исуса како се објавува за Оној кој што е испратен од страна на Бога. Конечно тие направиле план заедно со Фарисеите, да го фатат Исуса и ја испратиле својата гарда по Него.

Во оваа така сериозна ситуација, Исус храбро им кажал на луѓето Тој наскоро ќе се врати кај Својот Отец Бог. Тој им објаснил на луѓето дека Тој нема повеќе да биде тука на земјата и дека во од Бога одреденото време, Тој ќе го земе крстот, ќе воскресне и потоа ќе седне на десната страна од Бога. Но не сваќајќи го духовното значење на Исусовите зборови,

Јудејците, заедно со Фарисеите и писарите, му се потсмевале.

Фарисеите биле оние кои што биле од најголемите Јудејски делови кои што се случиле помеѓу првиот век П.Х. и првиот век А. Д. Фарисеите верувале во постоењето на ангелите, во воскресението на мртвите и затоа се бореле да се остане кон стриктното придржување кон законите на Јудаизмот, сé до последната одредба. Сепак Исус ги прекорил овие луѓе кажувајќи им, *„Тешко вам книжници и Фарисеи, хипокрити..."* (Матеј 23:13). Тој го направил тоа поради тоа што исто како и белоизмиените надгробни плочи, тие однадвор изгледале свети но одвнатре, во нивните срца биле исполнети со зло.

Книжниците се оние луѓе кои што ги толкувале и поучувале за законите. Од времето кога Јудејците се вратиле од ропството во Вавилон, тие почнале со едно енергично движење за да ја сочуваат светоста на законите кои што ќе бидат вградени во рамките на државата Јудеја. Па од тогаш па наваму, учителите кои што можеле да ги протолкуваат законите и да ги поучуваат луѓето за тоа како да се придржуваат кон нив, станале важни личности. Но бидејќи овие учители се фалеле во врска со нивните позиции и авторитет, базирајќи ја причината земена од традицијата на старите—која што дошла преку усменото предание на законите—тие не можеле веќе да го избегнуваат конфликтот кој што го имале со Исуса, кој што само ја толкувал Библијата, во согласност со Божјата волја. Како врв на сето тоа, Исусовите моќни зборови ги ставале во ризик нивниот авторитет и сила.

Овие Јудејци не можеле да го разберат Исуса и продолжувале со начинот на вградувањето на своите телесни мисли во толкувањето на Исусовите зборови. Тие се прашувале, „Ако Тој кажува дека ние нема да бидеме во можност да Го најдеме, дури и да се обидуваме да го направиме тоа, дали тоа значи дека Тој има намера да го напушти ова место и да замине за Грција?" Исус никогаш не изјавил дека планира да оди во Грција и дури никогаш н немал такви планови, но луѓето правеле разни видови на погрешни претпоставки.

Но зошто овие луѓе, кои што би требало да го знаат Божјото Слово, за кое што дури и држеле предавања, имале толку многу потешкотии во разбирањето на Исусовите зборови? Бидејќи тие му припаѓале на телесното, тие ја вградувале нивната световна мудрост и знаење во сѐ што ќе чуеле. тие исто така сметале дека нивните сопствени знаења, мисли и искуства се подобри од тие на другите луѓе. Поради тоа тие не можеле да го сретнат Бога, кој што е дух (Римјаните 8:5-8). Поради тоа што тие биле врзани кон мислите на телесното, кои што му се непријателски на Бога, затоа тие и не можеле да препознаат кој всушност бил Исус.

Исусовото Ветување За Светиот Дух

„Во последниот голем ден на празникот, Исус застана и извикна, 'Ако некој е жеден, нека дојде кај Мене за да се напие'. 'Оној кој што верува во Мене', како што кажува Писмото, 'од неговото внатрешно битие ќе потечат реки на живата вода.' Но Тој го зборуваше ова за Духот, кој што оние кои што веруваат во Него требаше да го добијат; бидејќи Духот сеуште не им беше даден, бидејќи Исус сеуште не беше прославен." (7:37-39)

За човекот кој што оди низ пустината каде што сонцето жешко грее, голтка студена вода е многу поскапоцена од вреќа полна со злато. Но ова е повеќе од обичната жед на телесното. Кај сите човечки суштества постои еден друг вид на жед: духовната жед. За овој вид на жед зборува Исус.

Духовна жед исто така има два вида. Едната е онаа која што ја чувствува една зла личност. Злата личност постојано бара само зло. Ваквите личности никогаш немаат мир во нивните животи. Израелскиот прв крал, кралот Саул, бил многу скромна личност пред да стане крал. Но по неговото крунисување, тој станал горделив и инаетлив, и не го почитувал Бога. Тој секогаш бил вознемирен и загрижен да не го изгуби престолот поради Давида, кого што Бог го препознал како „Оној кој што е според Моето срце." Како резултат на сето тоа Саул го поминал целиот свој живот обидувајќи се да го убие Давида. Така да преку своето зло срце тој си нанесол потешкотии на самиот себе и поради сето тоа страдал од горечко страдање и вознемиреност во своето срце.

Типот на жед кој што го чувствува една добра личност е во целост спротивна на ова. Една осамена личност има силна желба да сретне и запознае личност која што ќе му биде вистински пријател, со која што ќе може да изгради еден непроменлив однос и со кого ќе може да си ги сподели дури и најдлабоките тајни, мисли и чувства. Родителите и децата, сопрузите и сопругите, сите сакаат да имаат однос на верност помеѓу нив. Секој во себе, во своето внатрешно битие ја носи жедта за љубовта, верноста, вистината, радоста и другарувањето.

По празнувањето на Празникот на Сениците во Ерусалим, Исус им кажал на луѓето кои што го чувствувале ваквиот тип на жед, „Ако некој е жеден, нека дојде кај Мене за да се напие." Потоа Исус им кажал дека реките на жива вода ќе потечат од нивното внатрешно битие. Тука живите води го означуваат Светиот Дух кој што ќе го добијат верниците во Христа. Оние луѓе кои што ќе го прифатат Исуса и кои што ќе го примат Светиот Дух, тогаш нивната жед за праведноста ќе им биде заситена а жедта на нивната душа ќе им биде изгасена. Поради тоа Писмото кажува, „Од внатрешното битие ќе потечат реките на живата вода."

Исус Станува Центарот На Контроверзиите

„Некои од луѓето кога ќе ги чујеа овие зборови, кажуваа, 'Навистина Овој човек е Пророк.' Други пак зборуваа, 'Овој е Христос.' Додека некои луѓе велеа, 'Христос нема да дојде од Галилеја, нели? Нели Писмото кажа дека Христос треба да дојде од потомците на Давида, од Витлеем, селото каде што бил Давид?' И така настана расправија помеѓу народот во врска со Него. Некои сакаа да го фатат, но никој не положи рака на Него." (7:40-44)

Сите луѓе имале различни мислења во врска со Исуса. Некои зборувале дека Тој е „пророк", други пак велеле дека Тој бил „Христос", но сепак некои се сомневале, „Како може Христос да дојде од Галилеја?"

Зошто биле различни мислите на луѓето? Тоа се должело на фактот зошто некои го виделе Исуса од духовно гледиште а некои го гледале низ прозорецот на својата сопствена умствена рамка. Луѓето кои што го виделе Него со своите духовни очи го прифатиле Исуса како Христос, но оние луѓе кои што го виделе Него низ базата на своето сопствено знаење, не можеле да го видат Исуса онака како што требало. На крајот тие почнале да се сомневаат. Поради тоа тие поставувале прашање кое што било базирано на нивното историско знаење или заднина, „Христос нема да дојде од Галилеја, нели?"

Како најсеверен регион на Израел, Галилеја често била подложна на инвазиите од страна на многуте странски нации. Поради тоа во Галилеја се чувствувало силното присуство на незнабожечките култури. Затоа Исаија во 9:1, ја нарекува, „Галилеја на Незнабошците", а во Јован 7:52, Фарисеите кажале, „*Гледајте и видете дека ниеден пророк не може да излезе од Галилеја.*" Во согласност со рамката на нивното знаење и логика, тие верувале дека нема никаква шанса да од таму дојде Христос, кој што ќе го спаси Израелот. Бидејќи тие го споредувале Исуса со ликот на Месијата кои што тие самите си го имале создадено во своите умови, базиран на нивното знаење, затоа тие не можеле да ја сватат вистината.

Во тоа време Израелците биле под окупацијата на Римјаните, па затоа и сонувале за Месијата кој што ќе ја има политичката и воената моќ и кој што ќе може да ги спаси од Римјаните. Исус не ги исполнувал овие очекувања. Во нивните очи Тој не бил ништо друго освен син на еден сиромашен столар. Поради тоа тие никако не можеле да го видат како кралот кој што ќе го спаси Израелот.

Па базирано на Писмото, „Христос ќе дојде од Витлеем", тие не го препознале Исуса. Всушност тие го искористиле пророштвото кое што било запишано во Библијата во врска со Месијата, за да можат да го негираат Исуса.

Да, пророштвото кажува, Исус бил роден во Витлеем и потоа израснал во Назарет. Но луѓето единствено го познавале како Назареецот. Поради тоа што тие гледале преку нивните однапред одредени мисли, тие не биле во состојба да ја видат вистината. Како резултат на овие различни гледишта, израснала контроверзноста во врска со Него. Некои од луѓето се обиделе да најдат причина за да го фатат Исуса; сепак, бидејќи сеуште не било од Бога одреденото време, никој не можел да положи рака на Него.

Зошто Не Го Доведовте?

„Слугите тогаш дојдоа кај првосвештениците и Фарисеите и овие им кажаа, 'Зошто не Го доведовте?' Слугите одговорија, 'Никогаш ниеден човек нема вака зборувано како овој човек.' Фарисеите им одговорија, 'Да не ве прелага и вас? Никој од началниците ниту Фарисеите не поверувал во Него, нели? Но овие луѓе кои што не го познаваат Законот се проклети.'" (7:45-49)

Слугите кои што биле испратени од страна на првосвештениците и Фарисеите ги слушнале Исусовите зборови и забележале дека Тој не е како другите луѓе. Тие ги почувствувале силата и авторитетот во Неговите зборови. Исус кој што бил совршен во сé, направил да тие иако им било заповедано од нивните господари да го фатат, се вратиле без Него. Првосвештениците и Фарисеите ги запрашале своите слуги кои што дошле со празни раце, „Зошто не Го доведовте?"

На изненадување на своите фрустрирани господари, слугите им дале еден неочекуван одговор, „Никогаш ниеден човек нема вака зборувано како овој човек." Околу Исуса секогаш имало толпа луѓе, па на слугите не им било лесно да го фатат. Тие можеле да го искористат овој изговор или можеби некој друг кој што би изгледал вистинит, но тие им одговориле на своите господари искажувајќи голема храброст. Ова ни покажува дека слугите биле длабоко трогнати од Исусовите зборови.

По слушањето на извештајот од слугите, Фарисеите строго ги прекориле извикувајќи им, „Да не ве прелага и вас?" Потоа запрашале дали некои од началниците или Фарисеите, кои што биле во толпата поверувале во Него.

Она што тука мораме да го сватиме е дека овие луѓе биле полни со гордост во врска со нивниот статус и можеле да се сметаат себеси за поинакви од необразованите, обични луѓе. Тие помислиле дека ако некои од началниците или Фарисеите поверувале во Исуса, тогаш тоа значело дека тие биле прелажани и дека не ги знаат законите.

Поради тоа Фарисеите не се воздржувале од осудата кон оние луѓе кои што го следеле Исуса и ги нарекувале „проклети". Тие ги суделе користејќи ги зборовите од Повторените Закони 27:26, *„Проклет нека е оној кој што нема да ги исполни сите наредби од овој закон и кој што нема да постапи според нив! И целиот народ нека каже, 'Амин.'"* Истите тие луѓе кои што се гордееле со познавањето на законите всушност го искривувале Божјото Слово.

Фарисеите биле вредни и истрајни луѓе. Тие не само дека ги поделиле законите на неколку мали секции, со цел да можат поточно да им се покоруваат, туку исто така и вредно работеле на меморирањето и истражувањето на старите толкувања на законите, кои што усно се пренесувале. Затоа тие биле склони кон тоа да ги осудуваат оние луѓе кои што имале различни гледишта од нивните, да ги нарекуваат глупави, па дури и да ги проколнуваат.

Но кои биле луѓето кои што навистина биле проколнати? Тоа биле еднострано насочените и надмени Фарисеи, кои што оделе кон патот на смртта, одбивајќи да поверуваат во Исуса. По убиството на Исуса тие ја примиле на себе и на своите генерации клетвата на плаќањето на цената за Исусовата крв. Во годината господова 70 по падот на Ерусалим, Јудејците биле избркани од својата татковина и биле раштркани низ целиот свет. И долго веме потоа, тие постојано биле прогонувани и угнетувани од страна на другите нации.

Во Римјаните 12:14, се кажува, *„Благословувајте ги оние кои што ве прогонуваат; благословувајте ги, не ги колнете."* Една личност која што има добро срце кое што е исполнето со вистината, никогаш не би повредила некого со своите зборови, ниту пак јавно би ги покажала неговите недостатоци. Таквата личност нема зли мисли ниту пак може да биде задоволна со неправдата. Наместо тоа, од усните на таквата личност би излегувале само добри и убави зборови. Исус ја имал силата и авторитетот да Му суди на светот; но сепак Тој никогаш никого не проколнал, како што тоа го правеле Фарисеите.

Никодим Го Брани Исуса

„Никодим (кој што порано имаше одено кај Исуса, а кој што беше еден од нив) им кажа, 'Нашиот закон не му суди на некого ако прво не го сослуша, за да дознае што прави, нели?' Тие му одговорија, 'Да не си и ти од Галилеја? Испитај и види дека ниеден пророк не може да излезе од Галилеја.' И секој си отиде во својот дом." (7:50-53)

Кога Фарисеите продолжиле со колнењето на оние кои

што верувале во Исуса, Никодим веќе не можел да седи настрана и им ги предочил нивните неправедни зборови, полни со предрасуди. Никодим им го поставил прашањето, „Нашиот закон не му суди на некого ако прво не го сослуша, за да дознае што прави, нели?" Тука Никодим дискретно ги просветлил Фарисеите, кои што се базирале на своите искривени гледишта и кои што непрестано се расправале, а сето тоа со намера да си ги задржат своите позиции. Иако и самиот бил Фарисеј, Никодим бил различен од нив. Тој се обидувал да му се покори на Божјиот Закон преку своето добро срце.

Другиот дел од Фарисеите, кои што помислиле дека Никодим бил на нивна страна, се шокирале од она што Никодим им го кажал и за момент дури и биле изненадени. Тие се обиделе да најдат некој силен демант со кој што би можеле да им парираат на неговите зборови, но бидејќи аргументот кој што им го дал Никодим бил толку јасен и оштар, тие не можеле да најдат некоја доволно силна реплика. Единственото нешто што можеле да го кажат било, „Да не си и ти од Галилеја? Испитај и види дека ниеден пророк не може да излезе од Галилеја." Ова бил многу слаб одговор кон неговите зборови, со којшто се обиделе да го омаловажат Исуса, нарекувајќи го Галилеец.

Навистина е тешко да се поверува дека не знаеле дека Исус не бил роден во Галилеја. Сепак бидејќи не можеле да најдат некое друго логично и убедливо побивање на аргументот даден од страна на Никодима, па затоа тоа било единственото нешто кое што можеле да го дадат како одговор. Со искажаното тие ја прекинале расправијата во врска со Исуса и си пошле дома. Конспирацијата на оние кои што сакале да го фатат Исуса пропаднала. Пред добрата личност на вистината, сите невистини—лаги, измами и слично—излегуваат на виделина. Мудроста која што доаѓа од добрината е од Бога; па затоа темнината тогаш не може да направи ништо друго освен да избега.

Глава 8

Вистината Ќе Ве Ослободи

1. Исус Ѝ Проштева На Жената Која Што Извршила Прељуба
(8:1-11)

2. Исусовата Порака До Евреите
(8:12-30)

3. Ослободувањето Во Вистината
(8:31-47)

4. Евреите Се Обидуваат Да Го Каменуваат Исуса
(8:48-59)

Исус Й Проштева На Жената Која Што Извршила Прељуба

Еден ден Петар го прашал Исуса, *„Господи, колку често да му го простувам гревот на братот мој, кога ќе згреши против мене? До седум пати ли?"* (Матеј 18:21). Петар мислел дека простувајќи му на некого седум пати, било израз на големо сочуство. Но Исус му одговорил со одговор кој што одел над Петровата имагинација. Тој му рекол, *„Не ти велам до седум, туку до седумдесет пати по седум"* (с. 22).

Тука Исус не ни кажува да му простуваме некому 490 пати. Бројот седум претставува еден совршен, целосен број. Па простувањето некому седумдесет пати по седум всушност ја означува целосната прошка, или простувањето безброј пати. На истиот начин, Исус не само што правел добри дела и им давал живот на луѓето; но Тој исто така им простувал на грешниците и им помагал на оние чии што гревови биле простени, да ја почуствуваат длабоката љубов на Бога.

Садукеите И Фарисеите Кои Што Ја Фатиле Прељубницата

„А Исус отиде во Елеонската Гора. Рано утрото Тој дојде во храмот а при Него дојдоа луѓето; и Тој седна и ги поучуваше. Книжниците и Фарисеите доведоа кај Него една жена која што беше фатена во прељуба, и откако ја седнаа на средина од судницата, му кажаа, 'Учителе, оваа жена беше фатена во прељуба, во самиот чин. Сега Законот на Мојсеја ни заповеда да ги каменуваме таквите; што велиш Ти?'" (Јован 8:1-5)

Откако ја завршил Неговата порака на Празникот на Сениците, Исус отишол до Елеонската Гора. Елеонската Гора која што се наоѓа во источниот дел на Ерусалим, го добила своето име поради невообичаениот број на маслинови дрвја таму. Кога човек ќе се искачи на врвот од планината, тој може со само еден брз поглед да го види целиот град Ерусалим. На ова место Исус ја предал Својата проповед во врска со евангелието на Небесата, а исто така е и местото каде што Тој извикал пророкувајќи за настаните кои што требале да се случат. Тоа претставува едно многу значајно место, земајќи го во обзир фактот дека Неговите

: : : Планината на Маслините, лоцирана во источниот дел на Ерусалим

стапки биле вградени во него.

Елеонската Гора исто така претставува едно многу вредно место во историјата на Израелот. Захарија 14:1-5 споменува дека Месијата ќе застане на неа, а Пророкот Езекил исто така кажува дека во една визија видел дека славата на ГОСПОДА ќе биде на тоа место. На чекор од Елеонската Гора се наоѓа Гетсиманија, каде што Исус многу често одел за да се помоли. Тоа било местото каде што Исус толку многу ревносно се молел што Неговата пот Му станала како капки крв, во ноќта пред Неговото фаќање за да биде распнат.

По молитвата на Елеонската Гора таа ноќ, Исус утрото се вратил во храмот. Додека ги поучувал луѓето таму, избувнала една голема конфузија. Садукеите и Фарисеите се истуркале низ толпата и пред Него довеле една жена. Ставајќи ја во центарот на вниманието, тие како неплански Му кажале, „Учителе, оваа жена беше фатена во прељуба, во самиот чин."

Според Законот на Мојсеја, било да се работи за човек или за жена, личноста која што извршила прељуба, требало да се убие со каменување (Левит 20:10). Садукеите и Фарисеите прашале дали да го спроведат овој закон во случајот со жената. Жената се тресела од срам и од страв од смртта, додека нејзините гревови биле јавно изложени. Но на Садукеите и Фарисеите не им било грижа за нејзиниот живот. Употребувајќи го Законот тие немале потреба од изговор за да го искушаат Исуса.

Оној Кој Што Е Без Грев, Нека Биде Првиот Кој Што ќе Фрли Камен

> „Тие го кажаа ова, искушувајќи Го, за да имаат основ за да Го обвинат. Но Исус се спушти долу и почна да пишува по земјата со Својот прст. Тие беа настојчиви во испрашувањето па затоа Исус се исправи и им рече, 'Оној кој што е без грев, нека биде првиот кој што ќе фрли камен кон неа.' Потоа пак се спушти и почна да пишува по земјата." (8:6-8)

Во реалноста, Садукеите и Фарисеите биле во состојба на криза, гледајќи колку многу луѓе почнувале да го следат

Исуса. Споредени со нивните учења, Исусовите учења биле со неспоредливо поголема сила. Како врв на сето тоа, Исус дури и ги прекорувал, па водачите се нашле во неугодна ситуација. Како резултат на целата таа ситуација, нивните антагонистички чувства кон Исуса сѐ повеќе и повеќе растеле, и тие сакале на било кој начин да најдат причина за да го фатат Исуса. Фаќајќи ја оваа жена прељубничка, тие конечно нашле причина и погодна можност за да Го стават Исуса на искушение.

Наместо да се фокусираат на самиот грев на прељубата извршен од таа жена, тие се фокусирале на обидот да изнајдат некоја грешка во Исусовата реакција. Тие мислеле дека знаат каква би можела да биде Неговата реакција. Тие знаеле дека во согласност со Неговите вообичаени учења, Тој би требало да им каже да не ја каменуваат. Ако да речеме, тогаш Исус кажал, „Сакај, проштевај," што тогаш би се случило? Тогаш Тој би звучел како да зборува против Законот на Мојсеја, а со тоа би им ја дал добрата причина да покренат обвинение против Него. Одењето против Законот се сметало за смртен грев и за непријателство кон Божјото Слово. Затоа ова била одлична прилика преку која би можеле да најдат основа за обвинение против Него, засновано на Законот.

Ако случајно Исус, спротивно на нивните очекувања кажел, „Каменувајте ја," што би било во согласност со Законот, тоа исто така би можело да им послужи како причина за обвинение против Него, бидејќи би било во спротивност со сето она што вообичаено го поучувал и што било засновано на љубовта и на проштевањето. Садукеите и Фарисеите го прашале Исуса што би требало да направат, знаејќи дека оваа ситуација би требало да донесе еден вид на дилема, каде што Исус не би знаел што да одговори. Па затоа и си помислиле дека го фатиле Исуса во стапица.

Кон луѓето кои што инсистирале на одговор, Исус ништо не одговорил. Наместо тоа, Тој се спуштил до земјата и почнал нешто да пишува по неа со Својот прст. За момент настанала тишина. По некое време, Тој се подигнал и погледнал околу во толпата, кажувајќи, „Оној кој што е без грев, нека биде првиот кој што ќе фрли камен кон неа" Потоа пак се спуштил кон земјата и почнал да пишува по неа со Својот прст. Што мислите дека тогаш се случило?

Луѓето Кои Што Добиле Грижа На Совест

„А тие, кога го слушнаа сето тоа, бидејќи ги гризеше совеста, еден по еден почнаа да се разидуваат, почнувајќи од најстарите па се до последните, а останаа само Исус и жената, која што стоеше во центарот на судницата." (8:9)

Луѓето кои што биле собрани на тоа место, полека почнале да се разидуваат. Садукеите и Фарисеите кои што пред некој момент се чувствувале победнички, но и луѓето кои што биле таму само поради љубопитноста, сите тие тивко се разотишле, како да се почувствувале засрамени. Што тоа Исус го пишувал на земјата што би предизвикало да кај луѓето се јави таква грижа на совест? Она што Тој го пишувал, ги покажувало нивните гревови.

Исус го знаел дека дури и најмалиот грев што го имале извршено луѓето. Бидејќи Тој можел да ги види гревовите на сите луѓе кои што биле таму присутни, Тој почнал да ги запишува на земјата, еден по еден. Причината поради која што Тој ги запишал гревовите на земјата и не ги искажал наглас, била во тоа што потоа тие би морале да бидат вклучени во Библијата.

Бог ни заповеда да не ги мериме, судиме или осудуваме другите луѓе, па ако Исус ги посочел гревовите на секоја личност присутна на тој настан, покажувајќи го секој детал од нив, сето тоа ќе морало да биде запишано во Библијата и што тогаш би се случило? Нели таквата постапка би можела да биде земена како обвинение и доказ против Исуса, обвинувајќи го за судење и осуда? Поради тоа Исус не се повикал, ниту јавно ги изложил нивните гревови, но Тој ги запишал на земјата, за да остане доказ за нив.

Па така луѓето кои што ги посочувале делата на жената и кои што повикувале на казната за нејзините гревови, наеднаш сватиле дека и самите се грешници кои што исто така би требало да бидат каменувани. Чуствувајќи се засрамено, тие тивко почнале да се разидуваат, за да на крајот останат сами Исус и жената.

Исус Й Дава Шанса На Жената Да Се Покае

„Исправајќи се Исус и кажа, 'Жено, каде се луѓето кои што те обвинуваа? Никој ли не те осуди?' Таа

рече, 'Никој, Господи.' Па Исус ѝ кажа, 'Ниту Јас не те осудувам. Оди си и немој повеќе да грешиш.'" (8:10-11)

Откако луѓето кои што ја осудувале и обвинувале прељубницата, се почувствувале засрамено и се разотишле, оставајќи ги сами, Исус ѝ кажал, „Ниту Јас не те осудувам. Оди си и немој повеќе да грешиш." За жената која што се тресела од срамот и стравот, Исусовите зборови веројатно биле нешто налик на зрак од сонцето. Кога Исус тука кажува дека не ја осудува, значи дека ѝ проштева. Тогаш зошто Исус ѝ проштева и не ја осудува со согласност со Законот? Тоа е така, бидејќи Бог е Бог на правдата и на љубовта.

Во согласност со Законот, жената требало да умре за да може да ја исплати цената за своите гревови, но проштевајќи ѝ, Исус ѝ дал уште една шанса да се покае и да се одврати од грешните патишта. Божјата намера во испраќањето на Својот Единороден Син Исус на овој свет, не била во тоа да ги осуди грешниците и да ги убие, туку да им ја даде шансата да се покаат и да се здобијат со вечниот живот (Јован 3:17, 12:47).

Па проштевајќи ѝ ги гревовите на жената, Исус во исто време го ставил акцентот на важноста од вистинското покајание, каде што една личност засекогаш го напушта животот во злото. Ако влеземе во навиката да ги повторуваме гревовите иако знаеме дека тоа се гревови, па потоа да се покајуваме за нив со намера после покајанието пак да продолжиме со нив, тоа не претставува вистинско покајание. Без разлика каков и да е грев да сме извршиле, многу е важно да се одвратиме од него и да почнеме да живееме во согласност со Божјото Слово, колку што е можно побргу.

Исусовата Порака До Евреите

Првосвештениците и Фарисеите се прашувале како да најдат некоја вина за Исуса; па затоа тие постојано Го прашувале некои прашања, со намера да Го натераат да згреши и да падне во стапицата. Прашувајќи го што да направат со жената која што извршила прељуба и дали е праведно или не да му се плаќа данок на Цезарот, се некои добри примери за ваквите прашања. Тие дури и се здружиле во заговор, обидувајќи се да го фатат Исуса (Матеј 22:15).

Но Исус секојпат им давал неочекувани и мудри одговори и ги избегнувал нивните стапици, и во тој процес дури и ги просветлувал со вистината. Без разлика во која и да бил ситуација, како Синот Божји, кој што е Светлината, Исус го исполнувал Законот со љубов и делувал единствено во согласност со Божјата волја.

Јас Сум Светлината На Светот

„Потоа Исус пак им се обрати кажувајќи им, 'Јас сум Светлината на светот; оној кој што Ме следи нема да чекори во темнината, туку ќе има Светлина во животот.' Фарисеите тогаш Му рекоа, 'Ти Сам за Себе сведочиш; Твоето сведоштво не е вистинито.'" (8:12-13)

Светлината ја има силата да ја истера темнината. Кога некаде има светлина, тогаш нема простор за темнината. Светлината ја контролира, ја освојува темнината и владее над неа. Во 1 Јован 1:5 е запишано, *„Бог е Светлина."* Поради тоа Исус, кој што е едно со Бога, е исто така Светлина. А причината поради која Исус се нарекол Себеси „Светлината на светот" лежела во тоа што светот се наоѓал среде темнината. Само Исус ја имал силата да ја истера темнината и Тој Самиот е Светлината. Па тогаш зошто светот е среде темнината? Во 1 Јован 2:15-16 се кажува, *„Не сакајте го светот ниту нештата на светот. Ако некој го сака светот, тогаш љубовта на Отецот не е во него. Бидејќи сето што се наоѓа во светот, похотата на телесното и желбата на очите и гордоста на животот не е од Отецот, туку е од овој свет."*

„Похотата на телесното" ја означува грешната природа која што оди во спротивност на Божјата волја и која што предизвикува да луѓето грешат. На пример, мрзливоста, прељубата, развратот, омразата, љубомората, зависта, алчноста, озборувањето итн., сите тие се желбите на срцето кое што предизвикува да луѓето извршат гревови. Ако оваа похота на телесното не се отфрли, еден ден може да предизвика вознемиреност кај личноста, која што ќе води кон извршувањето на гревовите во делување. На пример, ако некоја личност во себе ја има алчноста и ако таа види некој предмет кој што навистина ѝ се допаѓа, тогаш многу лесно може да се случи да таа личност залута од патот, да се обиде да го добие тоа, па дури и да тоа значи нејзино задолжување или пак крадење на предметот.

„Похотата на очите" претставува атрибут за една од грешните природи што предизвикуваат да луѓето посакуваат некои нешта, додека срцето се поттикнува кон тоа преку гледањето на нештото со очите, или пак слушајќи нешто со ушите. Одвреме навреме можеме да чуеме некои новости за некои личности кои што извршиле криминални дела откако ќе виделе нешто слично на филмовите. По гледањето на филмовите, желбата да се имитираат таквите дела, или таканаречената „похота на очите", станала вознемирана, предизвикувајќи извршување на криминалното дело.

„Фалбациската гордост на животот" е грешната природа која што предизвикува да луѓето сакаат да се фалат себеси, додека воедно ги бараат сите можни задоволства од овој свет. Во повеќето случаеви луѓето сакаат да се фалат истакнувајќи ги своите фамилијарни имиња, едукациското ниво или пак своите способности. Но ваквите видови на желби доаѓаат од владетелот на темниот свет, од непријателот ѓаволот. Поради овој факт луѓето кои што ја следат похотата на телесното и ги бараат задоволствата од овој свет, еден ден ќе го примат Божјиот суд и ќе се соочат со вечната смрт.

Од друга страна пак, светлината е спротивна на темнината. Таа ги претставува животот и вистината, претставувајќи го Божјото Слово. Онака како што светлината ја осветлува темнината, иако можеби некогаш сме живееле среде невистината, Божјото Слово ќе не просветли во врска со гревот, праведноста и судот, тогаш ќе можеме да чекориме кон патот на вистината, животот и праведноста. Поради тоа Исус кажал, „Оној кој што ќе Ме следи Мене, нема да чекори во темнината, туку ќе ја има Светлината на животот." Она што Тој го мислел кажувајќи го ова е дека луѓето кои што ќе ја напуштат темнината и кои што ќе живеат во Светлината, во согласност со Словото Божјо, со Исусовите учења, ќе можат да го примат вечниот живот.

Светлината исто така ја означува и аромата на Христа. Кога една личност ќе ја напушти темнината и ќе почне да живее во Светлината, потоа таа ќе може да ги поведе и другите луѓе кон Светлината и кон вистината (Матеј 5:14-15). Исто како што пеперутките ја намирисуваат аромата на цвеќињата и се собираат околу нив, исто така и луѓето кои што сакаат и кои што ја бараат вистината, ќе се соберат околу Светлината.

Кога Исус кажал дека Тој е Светлината на светот, Фарисеите го осудиле, кажувајќи дека Неговото сведоштво не било валидно, земајќи го во предвид фактот дека Тој Самиот за Себе сведочел. Во Израел, во тоа време, сведоштвото играло многу важна улога во текот на правните процедури. Ако случајно некој сведок бил фатен да дава лажно сведоштво, тогаш тој сведок морал да ја прими казната наместо обвинетиот. Тоа покажува колку многу била потребна улогата на сведокот и колкава била неговата одговорност. Сведокот морал да има еден објективен став помеѓу обвинетиот и обвинителот, па во голем број на случаи судот ги признавал само сведоците од некоја трета страна, неповрзни ниту со едниот ниту со другиот. Сето тоа било направено на тој начин за да се извлечат само фер и веродостојни сведоштва кои што би биле лишени од било какви пристрасности.

Ова е главната причина поради која Фарисеите го осудиле Исусовото сведоштво. Сепак, во почетокот на Исусовото јавно свештенствување, постоел голем број на луѓе кои што го познавале Исуса. Се разбира, Јован Крстител го припремил патот за Господа, но не долго потоа, тој бил обезглавен од страна на кралот Херод. Исто така сето ова се случувало пред доаѓањето на Светиот Дух, па така не постоела ниту една личност која што би можела да биде поведена од страна на Светиот Дух, да го шири Словото за Исуса. Токму поради тоа Исус покажал дека Тој е Синот Божји, ширејќи го евангелието на Небесата.

Јас Никому Не Судам

„Исус им одговори и им рече, 'Макар што сведочам Сам за Себе, Моето сведоштво е вистинито, бидејќи знам од каде сум дошол и на каде одам; а вие не знаете од каде сум дошол, ниту на каде одам. Вие судите според телесното; Јас никому не судам. Но и да судам, Мојот суд е вистинит; бидејќи Јас не сум сам во него, туку тука е и Отецот кој што Ме испрати.'" (8:14-16)

Голем број на луѓе обично не го прават она за што претходно кажале дека ќе го прават. Па кога некој ќе каже, „Јас сум таква личност," другите луѓе не му веруваат, земајќи го во предвид тоа што претпоставуваат дека и таа личност е иста како и тие самите. За да ја тестираат валидноста на некоја личност, луѓето обично гледаат на достигнувањата кои што таа личност ги има направено или пак на остатоците од нејзините минати дела.

Но Исус секогаш ја зборувал вистината. Тој никогаш не додавал ниту одземал од она што всушност го имал видено. Тој им кажал на луѓето дека дошол од Бога и им го покажал патот до спасението. Тој не само дека ги употребувал Своите зборови за да го постигне тоа, туку употребувал и знаци и изведувал чуда, кои што биле невозможни за човечката сила, а преку тоа и ја потврдил валидноста на Своите зборови. Каде и да отишол, се покажувале доказите за Неговата вистинитост. Кога им проштевал на грешниците, нивните болести или слабости се повлекувале, а животите на сите оние кои што го сретнале во целост се измениле. Исус знаел од каде дошол и на каде оди. Тој го знаел почетокот и крајот, изворот, процесот и завршетокот на сѐ.

Што да кажеме во врска со Фарисеите? Тие не знаеле од каде дошол Исус, ниту зошто бил дојден. Како дополнение на сето тоа, обидувајќи се да ги сватат Неговите духовни пораки, тие ја употребиле световната логика и знаење, така што тие никако не можеле да го разберат. Па затоа тие самите станале судии и почнале да му судат и да го осудуваат Исуса.

Исус точно им кажал во што е нивниот проблем. Тој им кажал дека тие изготвуваат суд врз основа на телесното. Судењето базирано на телесното значи дека судот за нечиј карактер или вредност се базираат на надворешниот изглед или услови. Тоа значи дека заклучокот којшто ќе се донесе за карактерот на некоја личност ќе биде базиран на физичкиот изглед на таа личност, на нејзиниот имот, позицијата во друштвото или пак на она што другите луѓе го кажуваат за неа.

Затоа по едноставното гледање на надворешните делувања на жената која што била фатена во чинот на прељубата, Фарисеите дошле до заклучокот дека во согласност со Законот, таа требало да биде каменувана. Тие не се загрижиле за тешкотиите низ кои што можеби жената поминувала, или пак на околностите или ситуациите во кои што можеби се наоѓала. Тие го сметале Законот за повреден од луѓето и го сметале судењето за многу поврдно од проштевањето и љубовта. Слично на ова, луѓето на телесното на сѐ гледаат базирано на некоја своја логика и мисли, па поради тоа многу лесно донесуваат погрешни судови и дури и извршуваат зло.

Наспроти тоа, сите Исусови судови биле вистинити. Тој е Словото кое што станало тело. Тој е самата вистина. Затоа Тој не можел да биде или да зборува ништо друго освен вистината. Исусовиот суд бил вистинит бидејќи како што Тој кажал, „Бидејќи Јас не сум сам во него, туку тука е и Отецот кој што Ме испрати," Бог бил со Него. Исус го кажал ова бидејќи иако ја имал силата да суди, врвниот судија над сѐ можел да биде Бог и само Бог.

Исус дошол на овој свет не за да биде судија, туку за да ги земе на Себе сите гревови на човештвото и да ја прими казната на смртта, наместо луѓето. Бидејќи Тој морал да го земе крстот за да ги прими на Себе сите клетви кои што грешниците требале да ги примат, Тој не кажал, „Јас оригинално сум едно со Бога, па сходно на тоа и Мојот суд е вистинит." Ако кажел, „Јас сум Бог, па Мојот суд е исправен," тогаш што би се случило? Исус знаел како би реагирале Јудејците; затоа, за да спречи да паднат во неразбирање или пак да паднат во искушение, Тој зборувал со мудрост во изразувањето.

Ако Ме Знаевте Мене, Ќе Го Знаевте И Мојот Отец

„'Дури и во вашиот закон е запишано дека сведоштвото на двајца луѓе е вистинито. Јас сум

Оној кој што сведочи за Мене, а и Отецот кој што Ме испрати, исто така сведочи за Мене.' Па тие Му кажаа, 'Каде е Твојот Отец?' Исус одговори, 'Вие не né познавате ниту Мене ниту Мојот Отец; ако Ме знаевте, ќе го знаевте и Мојот Отец, исто така.' Овие зборови Тој ги изрече во ризницата, кога поучуваше во храмот; и никој не го фати, бидејќи Неговиот час сеуште не беше дојден." (8:17-20)

За да се изврши фер и објективно судење кое што би било во согласност со Законот, морале да бидат присутни два или повеќе сведока на случајот (Повторени Закони 17:6, 19:15). Затоа Исус Самиот сведочел, покажувајќи знаци и чудеса, дека Тој е Синот Божји; а бидејќи Бог бил Неговиот втор сведок, Тој посведочил дека во согласност со Законот, Неговото сведоштво било валидно.

Како Бог делувал како Исусов сведок? Ако погледнете во Матеј, глава 3, има една сцена каде што Исус излегувал од водата откако бил крстен. Во тоа време, еден глас кој што доаѓал од небесата кажал, *„Ова е мојот возљубен Син, од кого сум навистина задоволен"* (с. 17). А за време на Исусовото јавно свештенствување, Бог манифестирал голем број на чуда, кои што единствено Тој би можел да ги изврши, за да докаже дека Исус е Неговиот Син и дека сето она што Исус го кажува било вистинито.

Но не разбирајќи ги Исусовите зборови, Фарисеите прашале, „Каде е Твојот Отец?" Кога Исус им зборувал за „Отецот кој што Ме испрати," Фарисеите помислиле дека Исус им зборувал за Својот физички татко. Тие не го знаеле духовното значење кое што се криело зад Исусовите зборови, и не можеле да сватат зошто Исус му се обраќал на Бога како на Неговиот 'Отец'.

Од тој момент па натаму, првосвештениците и Фарисеите постојано се обидувале да го уапсат Исуса. Но иако Исус ги поучувал луѓето и се појавувал на некои јавни места, како што на пример бил храмот, сепак никој не се осмелувал да го уапси. Сето тоа било така поради тоа што Неговото време сеуште не било дојдено, кога требало да го прими страдањето на крстот. Бидејки сите нешта се под контролата и авторитетот на Бога, никој не можел да го уапси Исуса, сé додека Бог не му го дозволил тоа.

Пророштвото За Исусовата Смрт На Крстот, Неговото Воскресение И Вознесение

„Тогаш Тој пак им кажа, 'Јас си одам, и ќе Ме барате, и во својот грев ќе умрете; таму каде што одам, вие не можете да дојдете.' Така Јудејците кажуваа, 'Да не мисли овој да се убие Себеси, штом вели, "Каде одам вие не можете да дојдете"?'" (8:21-22)

По сведочењето дека Тој е Синот Божји, Исус им кажал нешто што имало поголема духовна длабочина. Тој им кажал за Својата смрт на крстот, за Своето Воскресение и за Своето Вознесение. „Јас си одам, и ќе Ме барате, и во својот грев ќе умрете."

„Вие" на ова место се однесува на Јудејците кои што биле против Него. Тие искрено го барале Месијата, но иако Месијата застанал пред нив, тие не успеале да Го препознаат! Наместо тоа тие го исмевале иако Тој навистина бил Месијата, мислејќи си дека Исус бил само син на еден сиромашен столар и пријател на слабите и на грешниците.

Затоа Исус кажал, „Јас си одам, и ќе Ме барате, и во својот грев ќе умрете," Тој почувствувал тага за нив [Јудејците], бидејќи тие чекореле по патот на смртта. Кога Исус им кажал дека ќе умрат поради гревовите, Тој им дозволил да дознаат дека тие не се само духовно неписмени; туку и дека нивните срца биле исполнети со зависта и злобата, па поради тоа што го негирале Христа, тие морале да умрат во болка и очајание.

Исус исто така им кажал, „Таму каде што одам, вие не можете да дојдете," зборувајќи им за Своето вознесение кое што ќе се случи по смртта на крстот. Но Јудејците не успеале да го разберат сето тоа, па затоа помислиле дека Тој планира да си го одземе Сопствениот живот. Фактот дека Исус, кој што всушност за нив бил само син на еден сиромашен столар, ќе се вознесе на небесата, било нешто што ја надминувало нивната имагинација. На истиот тој начин, некоја личност која што му припаѓа на телесното, единствено што може да направи во таква ситуација е да измислува разни нови нагаѓања за нештата.

Јас Сум Оној За Кого Што Ви Кажував Уште Од Почетокот

„И им кажуваше, 'Вие сте од долу, а Јас сум од горе; вие сте од овој свет, а Јас не сум од овој свет. Затоа ви реков дека ако не поверувате дека Јас сум Тој, ќе умрете во гревовите свои.' Па тие Го прашаа, 'Кој си Ти?' Исус им одговри, 'Јас сум Оној за кого што ви кажував уште од почетокот?'" (8:23-25)

Кога Исус го употребил зборот „долу", Тој мислел на земјата и „Вие сте од долу", значи дека тие [Јудејците] биле родени на овој свет од телата на родителите; и ги имале научено нештата на телесното, кои што потоа ги имале складирано како еден вид на знаење. Поради тоа тие не можеле да разберат, ниту да поверуваат во нештата за кои што Исус зборувал, а се однесувале на четвртата димензија, на духовниот свет. За разлика од нив, Исус бил роден одозгора. Тој бил зачнат од страна на Светиот Дух низ Божјата сила и од времето на Неговото раѓање, сето што се случувало било направено во Духот. Во Јован 7:15, Јудејците прашале, *„Како овој човек станал учен, иако никогаш не бил образуван?"* Наместо учењата на луѓето, Исус секогаш само делувал во вистината и во Божјото Слово, што покажува дека Тој не бил од овој свет.

Кога Исус кажал, „Ако не поверувате дека Јас сум Тој, ќе умрете во гревови," Јудејците го запрашале, „Кој си Ти?" На ова прашање, Исус возвратил, „Јас сум Оној за кого што ви кажував уште од почетокот?" Тој тука се обидел да ги

Вистината Ќе Ве Ослободи | 269

потсети за тоа што цело време им го кажувал—дека Тој е Месијата, за кого што во Стариот Завет биле запишани пророштва. Оној кого што Јудејците веќе долго веме го исчекувале.

Па ајде сега да погледнеме на тоа како Стариот Завет пророкувал во врска со Месијата и да испитаме како Новиот Завет бил исполнување на пророштвото кое што било кажано за Него.

Ако погледнете во книгата Битие 3:15, таму се кажува, *„И ќе ставам непријателство помеѓу тебе и жената, и помеѓу твоето и нејзиното семе; Тој ќе ти ја крши главата а ти ќе го каснуваш на петицата."* Ова е она што Господ ѝ го кажал на змијата, која што ја искушала Ева да скине и да проба од плодот на дрвото за познавањето на доброто и на злото. На ова место, змијата го претставува непријателот ѓаволот и Сатаната, а жената го претставува Израелот. Тука е запишано пророштвото каде што се споменува дека Месијата ќе биде роден во Израелот и дека ќе ја однесе победата над непријателот Ѓаволот. Еве како точно сé се имало случено (Галатјаните 4:4-5). Исус Христос, по женската линија бил роден во нацијата на Израелот. Тој ја скршил силата на смртта, која што била под авторитетот на непријателот ѓаволот и на Сатаната, па затоа воскреснал од мртвите и сходно на тоа, Тој го извршил целосниот план на Бога во врска со спасението.

Исто така, како што е пишано во Исаија 7:14, *„Затоа Господ Самиот ќе ви даде знак: Ете, жена девица ќе носи дете, син,"* Исус бил роден од Девицата Марија. Како врв на целата таа работа, како што е и запишано во Јеремија

31:15, Кралот Херод ја пролеал крвта на многу невини деца, во времето кога Исус се родил (Матеј 2:16).

Фактот дека Исус извел голем број на знаци за да ја покаже Божјата сила бил запишан во Исаија 35:5-6. Јуда Искариот подоцна ќе го продаде Исуса за триесет сребреници, а тоа е запишано како пророштво во Захарија 11:12. И Исусовото воскресение и вознесение се проречени во некои други делови од Библијата, исто така (Псалми 16:10, 68:18).

Затоа историјата потврдила дека сите пророштва во врска со Исуса, се имаат случено токму онака како што биле наведени. Со самото читање на неколку од стиховите од Библијата, ни се овозможува да поверуваме во тоа дека Исус е Спасителот, кој што бил дојден за да го спаси човештвото. Како Месија, Исус знаел што сé се наоѓа во најдлабокото делче на срцата на Јудејците. Поради тоа Тој бил во можност да им суди со вистината. Но сепак, Тој не ги проколнал. Наместо тоа, Исус се обидел да ги наведе да тргнат по патот на вистината, употребувајќи ја сета Своја моќ и сила.

Оној Кој Што Ме Испрати Е Со Мене

„'Имам многу нешта за кои што би требало да ви зборувам и да ве осудувам, но Оној кој што Ме испрати е вистината; и она што од Него го имам чуено, му го предавам на светот.' Но тие не разбраа дека Тој им зборуваше за Отецот. Па Исус им кажа,

'Кога ќе го издигнете Синот Човечки, тогаш ќе дознаете дека Јас сум Тој, и дека ништо не правам Сам од Себе, туку ви ги кажувам овие нешта онака како што Мојот Отец Ме има научено. Оној кој што ме испрати е со Мене; Тој никогаш Ме нема оставено Сам, оти секогаш го извршувам она што Му е Нему угодно.' Кога ги кажуваше овие работи, голем број на луѓе поверуваа во Него." (8:26-30)

„Оној кој што Ме испрати," се однесува на Бога, а „она што од Него го имам чуено," се однесува на вистината. Јудејците не сватиле дека личноста за која што зборувал Исус била Богот Отецот. За да може да ја сподели вистината онолку колку што можел повеќе и да спаси што повеќе души, понекогаш Исус го проповедал евангелието за Небесата, без дури и да јаде или спие. Тој секогаш правел сѐ за да му угоди на Бога; па затоа Бог никогаш и не го напуштил.

Она што најповеќе Му угодувало на Бога во врска со Исуса било тоа што Тој се покорил Себеси и во целост ѝ се потчинил на Божјата волја. Ова исто така била и причината зошто толку голем број на луѓе поверувале и почнале да го следат Исуса, освен Фарисеите и Садукеите кои што биле зли во срцата.

Ослободувањето Во Вистината

Вистината која што е според светот се менувала во зависност со околностите и времињата. Едно време луѓето мислеле дека теоријата за Геоцентричност, или дека сите небески тела се вртат околу земјата, е вистинита. Но со развитокот на науката, Хелиоцентричната Теорија станала новата вистина. Но постои една вистина која што никогаш не се менува и таа вистина е Словото Божјо. Оваа вистина значи да се учи и да се знае Божјото Слово; но таа исто така значи и разбирање на Божјата волја, отфрлање на злото и делување во вистината.

Слободата На Вистината: Познавањето На Вистината Ќе Ве Ослободи

„Тогаш Исус им говореше на Јудејците кои што беа поверувале во Него, 'Ако останете при Словото Мое, ќе бидете Моите вистински ученици; и ќе ја познаете вистината, а вистината ќе ве ослободи.'" (8:31-32)

Јудејците мислеле дека сé додека му се покоруваат на Законот, ќе можат да бидат препознаени како Божји луѓе и дека со тоа ќе го примат спасението. Но тие не ги отфрлиле злата кои што ги имале во срцата. Па Исус им кажал, „Ако останете при Словото Мое, ќе бидете Моите вистински ученици," дозволувајќи им да го дознаат што претставува вистинското спасение. Спасението е возможно само тогаш кога ќе веруваме во Исуса Христа. Со верувањето во Исуса Христа нам ни се проштеваат сите гревови, а ако делуваме во согласност со вистината тогаш стануваме вистинските ученици на Господа и затоа ќе можеме да одиме на Небесата.

„Останете при Словото Мое," значи да се сака, да се моли, да се отфрли зависта, љубомората, омразата итн., во согласност со Словото, а воедно значи и да се придржуваме на заповедите. Само ако пребиваме во Исуса, барајќи ја вистината и делувајќи во Светлината, само тогаш можеме да станеме вистинските Исусови ученици и ќе можеме да кажеме дека навистина ја „познаваме вистината". Ставајќи го Божјото Слово пред своите врати и порти, заврзувајќи го Неговото Слово на своите зглобови за да можат да медитираат и да му се покоруваат дење и ноќе, Јудејците почнале да се фалат дека ја познаваат вистината. Но тие му се покорувале на Законот без всушност навистина да ја разберат Божјата волја.

Физичкото покорување на Божјите закони без вистинското разбирање на Божјата добра и совршена волја, која што се содржела во тие закони, е нешто слично на фрлањето на зрното и јадењето на лушпата. На пример, поради тоа што Јудејците не ја знаеле Божјата волја според која на луѓето им бил даден денот на Сабатот, тие го осудиле Исуса кој што изведувал некои дела во време на Сабатот. Тие не им се покорувале на законите со радост, туку го правеле тоа поради чувството на должност или поради стравот дека ќе бидат казнети ако не ги исполнуваат тие закони. Нивниот животен стил бил врзан со традициите и старите обичаи коишто им биле предадени од страна на нивните претци. Колку ли морал да биде тажен Исус кога го дознал сето тоа! Затоа и им кажал, „Ќе ја познаете вистината и вистината ќе ве ослободи."

Ниту еден човек не може да ги запамети сите закони и да провери дали го води животот според нив, секогаш кога нешто ќе направи. Луѓето обично само природно живеат покорувајќи му се на законот. Ова може да биде така само ако тој исти закон не нé зароби и ако го живееме животот во слободата. Истото важи и за нашите духовни животи. Кога во нашите срца има невистина, тогаш ние продолжуваме со животот робувајќи му на гревот. Онолку колку што во срцата имаме зло, толку многу одиме против Божјото Слово, па затоа мораме секојдневно да се обрезуваме внатре во себеси. Колку тешко може да биде да се постави прашање дали нешто е грев или не, пред да се направи некој потег во животот? Но ако ја отфрлиме невистината од нашите срца и се исполниме со вистината, тогаш дури и да не го испитуваме секој закон во детали, ние нема да се доведеме во опасност да бидеме осудени.

Исто како и оној кој што сѐ повеќе им се придржува на законите не може да биде спречен од законите, исто така и ние ако им се придржуваме на Божјите Слова, тогаш вистината ќе не ослободи. Ако во себе ја немаме омразата, зависта, љубомората или неслогата, ако не се препнуваме во било која ситуација и сме во мир со секого што ќе го сретнеме, тогаш во нашите животи ќе владее вистинскиот мир и ние ќе можеме да бидеме радосни и среќни. На ова се мисли кога се спомнува да се ослободиме преку познавањето на вистината.

Секој Што Греши Роб Му Е На Гревот

„Тие му одговорија, Ние сме семе Авраамово и никогаш никому не сме робувале; зошто тогаш Ти ни кажуваш, 'Ќе се ослободите'? Исус тогаш им рече, 'Вистина, вистина ви велам, секој кој што греши, роб му е на гревот. Робот не останува во куќата засекогаш; синот го прави тоа. Па ако Синот ве ослободи, навистина ќе бидете слободни.'" (8:33-36)

Исус кажувал дека радоста и среќата што ја има еден човек кој што живее во вистината е „слобода", во духовна смисла. Но Јудејците ова го сватиле буквално и помислиле дека Тој им зборува за станувањето нечиј роб па потоа за ослободувањето од ропството. Затоа тие бргу одговориле дека како Авраамови потомци тие никогаш не биле поробени.

На ова Исус им одговорил со следните зборови, „Секој што греши, роб му е на гревот," и ги известил дека се грешници. Но зошто му стануваме робови на гревот? Постои еден духовен поредок кој што кажува, *„вие сте му робови на оној на когу што му се покорувате"* (Римјани 6:16). Ако му се покоруваме на непријателот ѓаволот и на Сатаната, кој што е надзорникот на гревот, со извршувањето на гревот ние стануваме робови на ѓаволот и на Сатаната, а со тоа робови и на гревот.

Робовите мораат да му се потчинат на својот господар. Дури и да биле купувани или продавани како да се животни, тие не можат да се опираат. И поради обвиненијата кои што ќе бидат од страна на непријателот ѓаволот и на Сатаната, робовите на гревот ќе доживуваат многу проблеми, болести и други тешкотии, кои што ќе им се вовлекуваат во животите. Потоа на крајот, поради тоа што платата за гревот е смртта, тие ќе завршат во Пеколот, каде што огнот никогаш не се гасне.

Од друга страна пак, синот на господарот ги ужива сите добра заедно со својот татко, а подоцна го прима и своето наследство. Кога ќе се ослободиме од ропството на гревот и ќе станеме Божји чеда, тогаш не само дека ќе го живееме слободниот живот во љубовта на Богот Отецот, кој што сака да ни ги даде сите добри нешта, туку на крајот ќе ги добиеме и Небесата, како наше наследство.

Сé до овој момент, Исус директно не откривал Кој всушност е Тој. Тој знаел дека ако им каже на луѓето дека дошол на овој свет како Божјиот Син, секогаш ќе се најде некој кој што ќе падне во искушение и ќе го обвини; па затоа Тој немал причина да го потикне овој вид на наследство. Но во овој дел од текстот, Тој едноставно им кажал на сите дека е Оној кој што ќе ги ослободи и дека е Божјиот Син. Зошто го сторил тоа? Тој го сторил тоа бидејќи поголемиот број на луѓе кои што во тој момент ги слушале Неговите проповеди станале верници.

Исус умрел на крстот за да може да го спаси човештвото од гревот. Победувајќи ја силата на смртта, Тој воскреснал. Запишано е во Римјаните 8:1-2, дека поради тоа што Исус не ослободил од законите на гревот и на смртта, сé додека сме во Христа Исуса, не можеме да бидеме обвинети и да ја имаме вистинската слобода.

Ако Сте Авраамови Чеда

„'Знам дека сте Авраамови потомци; но сакате да Ме убиете бидејќи Словото Мое не може да се смести во вас. Јас го кажувам она што сум го видел кај Мојот Отец; а и вие го правите она што сте го виделе кај својот отец.' Тие Му одговорија и Му рекоа, 'Авраам е нашиот отец.' Исус им рече,

'Ако бевте чеда Авраамови ќе ги вршевте делата Авраамови. А вие сакате да Ме убиете Мене, човекот кој што ви ја кажа вистината, која што ја слушнав од Бога; Авраам не правеше така." (8:37-40)

Во тоа време Јудејците биле многу горди поради фактот дека му биле потомци на Авраама. Тие исто така не го сакале многу Исуса. Ако тогаш Исус им кажал, „Вие ја немате вредноста за да бидете Авраамови потомци," тогаш тие би станале уште повеќе разлутени. Затоа Исус прво го признал нивниот став кажувајќи им, „Знам дека сте Авраамови потомци," па продолжил поучувајќи ги, кажувајќи, „Но сакате да Ме убиете бидејќи Словото Мое не може да се смести во вас," Исус се обидел да им помогне да се одвратат од нивните грешни патишта.

Наместо да настапи директно, Исус употребил еден индиректен начин на обраќање за да им ги посочи нивните грешки; и додека го правел тоа, Тој им дозволил да дознаат дека сите Негови зборови доаѓаат од Бога (Јован 5:19-20, 12:49). Потоа им кажал дека ги прават нештата кои што доаѓаат од непријателот ѓаволот и од Сатаната. Но сепак тие му одвратиле, „Авраам е нашиот отец."

Јудејците изгледале дека се чисти и свети однадвор, за да изгледаат праведни пред луѓето, но длабоко во нивните срца биле исполнети со фалбациството, безаконието, алчноста и развратот. Авраам покажал целосна покорност кон Божјото Слово и ја следел секоја Божја насока—сè до состојбата кога бил наречен пријателот на Бога. Тој бил толку многу добар да на својот внук Лот му дозволил прв да избира која земја би сакал да ја земе. Кога Содом и Гомора биле на работ на уништувањето, Тој го замолил Бога за милост; посредувајќи за луѓето кои што таму живееле. Тој бил вистинскиот човек на верата, кој што бил спремен да си го жртвува дури и својот син единец Исак, кого што го зачнал кога бил на возраст од сто години.

Ако Јудејците биле толку многу горди бидејќи имале таков предок, тогаш тие би требало да се обидат да ги следат неговите постапки. Тие го нарекувале Авраама нивни 'отец', но сепак се обидувале да го убијат Исуса, кој што им ја кажувал вистината што ја имал чуено од Богот Отецот. Исус се обидувал да им го прикаже овој нивен контрадикторен лик.

Ако Бог Беше Вашиот Отец

„'Вие ги вршите делата на вашиот татко.' Тие му рекоа, 'Не сме родени од блудство; имаме само еден Отец: Бога.' Исус тогаш им рече, Ако Бог беше вашиот Отец, тогаш вие би Ме сакале и Мене, бидејќи Јас сум излегол и доаѓам од Бога. Бидејќи не доаѓам Сам од Себе, туку Тој Ме испрати." (8:41-42)

Тука зборот 'татко' буквално значи родител, но духовно значи ѓавол. Господарот на човекот кој што паднал во гревот е непријателот ѓаволот. 1 Јован 3:8 кажува, *„Оној кој што го практикува гревот е од ѓаволот; бидејќи ѓаволот* згрешил во почетокот. *Синот Божји се појавил поради оваа намера: да ги уништи делата на ѓаволот.*" 'Делата на ѓаволот' се однесува на сите различни видови на зло кои што доаѓаат како резултат на гревот. Божјите луѓе се радуваат кога ќе видат нешто што е праведно и радосно го следат тоа. Сепак Јудејците се обидувале да го убијат Исуса, па поради тоа Тој им кажал дека тие ги извршуваат делата на ѓаволот.

Јудејците се бранеле себеси кажувајќи, „Не сме родени од блудство; имаме само еден Отец: Бога." Што мислеле Јудејците кога кажале „блудство"? Тоа значело поклонување на други богови и обожувањето на лажните идоли. Кога ќе погледнеме во Стариот Завет можеме да видиме дека каде и да се споменува предупредување во врска со обожувањето на лажните идоли, зборовите како што е „блудство" или „проституција" се употребени како објаснение (Судии 2:17; Езекил 23:30). Поради тоа што Јудејците биле уверени дека живеат во согласност со стриктното придржување кон законите, за разлика од нивните предци кои што му се спротиставувале на Бога, тие храбро го нарекувале Бога со нивниот „Отец".

Потоа Исус ги поучувал на нештата кои што требале да ги знаат за да можат навистина да го наречат Бога – нивниот „Отец". Исус им кажал, „Ако Бог беше вашиот Отец, тогаш вие би Ме сакале и Мене." Што милите зошто Исус го кажал ова? Тоа било поради фактот дека Бог бил Тој кој што го испратил Исуса. Луѓето кои што навистина го сакаат Бога, не им се покоруваат на законите само поради формалноста, туку поради вистинската желба да му се покорат на Бога од центарот на своите срца. Поради тоа што во своите срца ја имале добрината, ваквите луѓе го препознале Исуса кој што дошол како Христос (Лука 2:25-38). Јудејците им се покорувале на законите но бидејќи тие го правеле тоа само заради формалноста и го немале исфрлено злото од своите срца, иако Исус стоел точно пред нивните очи, тие не можеле да го препознаат.

Зошто Не Ги Разбирате Моите Зборови?

„Зошто не ги разбирате Моите зборови? Затоа што не можете да ги слушате Моите поуки. Вие сте од вашиот татко – ѓаволот, и вие сакате да ги исполнувате желбите на својот татко. Тој беше убиец уште од почетокот и не стои во вистината, бидејќи во него нема вистина. Кога и да каже лага, зборува од својата сопствена природа, бидејќи тој е лажго и татко на лагата." (8:43-44)

Јудејците биле толку многу навлезени во своите сопствени теории и мислења да дури и не се ни обидувале да ги чујат Исусовите зборови. Иако ја виделе Божјата сила која што делувала низ Исуса, тие сепак не го препознале, иако Исус им кажал дека е Христос, тие не Му поверувале. Ако тие немале некоја корист од тоа, тие на сакале ништо да препознаат, ниту да прифатат иако тоа било вистина. Ако во себе ја имале себичната желба за нешто што би им користело, тие тогаш правеле сé што е во нивната моќ за да го добијат тоа, не гледајќи што би можело да им се случи на другите луѓе. Исус ги поучил дека сето тоа се должело на себичната желба која што доаѓала од ѓаволот.

Зборовите „убиец уште од почетокот" и „лажго" јасно ни укажуваат на карактеристиките на непријателот ѓаволот и на Сатаната. Непријателот ѓаволот и Сатаната ја поттикнале змијата да употреби вешти лаги за да ја заведе Ева, водејќи ја кон непочитувањето на Божјото Слово. Сатаната му ја вдишал похотата на телесното, похотата на очите и фалбациската гордост на овој живот во човекот. Сатаната исто така ја запалил љубомората кај Каина, која што на крајот завршила со убиството на неговиот помлад брат. Од тој момент па наваму, Сатаната постојано ги искушува луѓето, правејќи ги сѐ повеќе извалкани со гревот. Јудејците за себе имале мислење дека се јаки во верата во Бога, а од друга страна помислиле дека Исус е лажго, кога им кажувал дека е Божјиот Син. Поради ова Исус ги употребил зборовите на вистината за да им го прикаже нивното внатрешно срце. Тој им помогнал да го согледаат фактот дека поради тоа што биле исполнети со лагите и со себичните желби, кои што предизвикувале да ги бараат нештата кои што би им ја донеле личната корист, тие му припаѓале на ѓаволот.

Кој Од Вас Ме Обвинува За Грев?

„Но затоа што ја зборувам вистината, вие не Ми верувате. Кој од вас Ме обвинува за грев? Ако ја зборувам вистината, зошто тогаш не Ми верувате? Оној кој што е од Бога ги слуша зборовите Божји; поради оваа причина вие не ги слушате, затоа што не сте од Бога." (8:45-47)

Една личност на вистината може да ја препознае искреноста на некоја друга личност и да и поверува. Причината поради која што Јудејците не му верувале на Исуса иако Тој ја кажувал вистината, била во тоа што тие самите во себе не биле вистинити. Кога и да имале прилика за тоа, првосвештениците, свештениците и Фарисеите му поставувале некои итри прашања, со намера потоа да Го обвинат. Но секогаш се наоѓале себеси во фрустрирачката ситуација каде што не можеле да најдат добар одговор на Исусовите зборови на вистината. Исус ги прашал, „Ако ја зборувам вистината, зошто тогаш не Ми верувате?"

Една Божја личност верува во Божјото Слово и делува во добрината. 1 Јован 4:7 ни кажува, *„Бидејќи љубовта е од Бога."* Покрај љубовта, карактеристиките како што се добрината, правдата, вистината, верата итн., сите се од Бога исто така. Бог секогаш е во светлината. Тој исто така е добар и праведен. Кога луѓето кои што се од Бога ќе дојдат пред Него, тие се изменуваат. Но љубовта, добрината и правдината не можеле да се најдат кај Јудејците. Фактот дека тие не верувале во Исуса, кој што ја зборувал вистината, докажува дека тие не биле од Бога.

Евреите Се Обидуваат Да Го Каменуваат Исуса

Една форма на јавно погубување кое што Јудејците го употребувале во тоа време, било каменувањето. Во согласност со Законот, постоеле седумнаесет криминални дела за кои што било предвидено каменувањето; некои од нив биле сквернавењето, обожувањето идоли, непочитувањето на Сабатот, волшебништвото, прељубата итн. Не разбирајќи ги Исусовите зборови, тие помислиле дека Тој е виновен за сквернавење. Па затоа и си помислиле дека смеат да го каменуваат поради тоа што така било запишано во Законот.

Јас Во Себе Немам Демон

„Јудејците Му одговорија и Му рекоа, 'Не зборуваме ли право кога кажуваме дека Ти си Самарјанин и дека во Тебе имаш демон?' Исус им кажа, 'Јас во Себе немам демон; туку Му ја оддавам честа на Мојот Отец, а вие Ме обесчестувате. Но Јас не ја барам Мојата слава; постои Еден кој што ја бара и кој што ќе суди.'" (8:48-50)

Кога Исус јасно и едноставно им ја предочил духовната состојба на Јудејците, тие почнале да се виткаат од бес. Поради тоа тие луто му возвратиле на Исуса, употребувајќи злобни зборови. „Не зборуваме ли право кога кажуваме дека Ти си Самарјанин и дека во Тебе имаш демон?"

Во тоа време, во Јудејското општество, да се нарече некој „Самарјанин" било навистина нешто што го руши угледот на таа личност. Луѓето обично кога ќе навлезат во караници и расправии, ако навистина станат многу тешки, тие тогаш употребуваат некои погрдни имиња, кои што обично се однесуваат на лоши нешта. Некои луѓе кажуваат, „Ти си пес!" или „Ти си подлец!" Ситуацијата кога Јудејците го нарекле Исуса „Самарјанин", била иста таква.

Како врв на сето тоа, тие го обвиниле Исуса дека во Себе „има демон". Ова покажува дека злото што било во нивните срца го достигнало својот максимум. Но слушајќи ги нивните злобни коментари Исус само одговорил, „Јас во Себе немам демон; туку Му ја оддавам честа на Мојот Отец, а вие Ме обесчестувате." Тој ги поучувал дека сето што го имал направено, го направил со срцето кое што му ја оддава честа на Отецот, а не дека ја бара славата за Себе.

Ако било потребно, во некои случаи Исус покажувал дека Тој всушност е Божјиот Син, а имало и случки кога проштевал гревови. Гледајќи го сето тоа, Јудејците погрешно помислиле дека Тој е некој кој што ја бара Својата Сопствена слава. Поради тоа Тој им кажал, „Но Јас не ја барам Мојата слава." Па кога кажал, „Постои Еден кој што ја бара и кој што ќе суди," што значело дека Исус ја барал само Божјата слава, а Бог исто така го глорификувал Исусуа.

Кој Сметаш Дека Си Ти?

„'Вистина, вистина ви велам, ако некој го запази Словото Мое, никогаш нема да ја види смртта.' Јудејците тогаш Му кажаа, 'Сега знаеме дека во Себе имаш демон. Авраам умре, исто и пророците; а сепак Ти ни кажуваш, "Ако некој го запази Словото Мое, никогаш нема да ја вкуси смртта." Да не си Ти поголем од нашиот татко Авраам, кој што умре? Пророците исто така умреа; кој сметаш дека си Ти?'" (8:51-53)

Одржувањето на Исусовото Слово влијае на тоа дали ќе ги одржиме нашите духови во живот или не. Ако веруваме во Исуса, кој што е воскресението и животот, ако живееме според Неговото Слово, тогаш ние ќе го примаме вечниот живот и вечно ќе живееме во Небесата (Јован 11:25-26). Токму поради тоа Исус кажал, „Ако некој го запази Словото Мое, никогаш нема да ја вкуси смртта."

Јудејците немале идеја што тоа би можело да значи. Уште еднаш тие го спореиле Исуса со Авраама, па потоа го обвиниле дека во себе има демон. Тие кажале, „Ти ни кажуваш, 'Ако некој го запази Словото Мое, никогаш нема да ја вкуси смртта.' Да не си Ти поголем од нашиот татко Авраам, кој што умре? Пророците исто така умреа; кој сметаш дека си Ти?" Да, навистина тие Јудејци беа потомци на Авраама, но Бог не ги признавал. Бог не признава некого на основа на неговата крвна линија или од едноставното почитување на законите. Тој ги признава оние луѓе кои што всушност живеат во праведноста со вистинската вера (Римјаните 4:13, 16).

Мојот Отец Е Оној Кој Што Ме Прославува

„Исус одговори, 'Ако Самиот се прославувам, тогаш Мојата слава не значи ништо; Мојот Отец е Оној кој што ме прославува, за кого што кажувате, „Тој е нашиот Бог"; но не Го познавате, а Јас пак Го знам; и ако кажам дека не Го познавам, ќе бидам лажго како вас, но Јас Го знам и го запазувам Словото Негово.'" (8:54-55)

Оние луѓе кои што во јавноста се фалат себеси, имаат

тешкотии да ја заработат довербата на луѓето околу нив. Луѓето тогаш често си мислат дека таквите личности или претеруваат или дека лажат за сето она што го зборуваат. Поради тоа Исус исто така кажал, „Ако Самиот се прославувам, тогаш Мојата слава не значи ништо," и Тој открил дека Бог е Оној кој што Него Го велича и слави. Но кога го кажал тоа, Тој не го нарекол Бога со „Бог", туку со „Мојот Отец", „За кого што кажувате, 'Тој е нашиот Бог'".

Во тоа време, Јудејците биле многу бесни на Исуса и Го сметале Него за Некого кој што немал никаква врска со Бога; и инсистирале дека Тој бил опседнат со демон. Тие почувствувале криза и биле спремни директно да Му се заканат.

Ако Исус во таа ситуација почувствувал дека е исплашен и ако се повлекол, кажувајќи, „Не Го познавам Бога," тогаш Тој Самиот би станал лажго, станувајќи ист како нив. Но немало шанси дека Исус—кој што е Самиот Бог— да не го познавал Бога. Како конечна потврда за тоа дека Неговото Слово е вистинито, Тој им кажал, „Јас го знам и го запазувам Словото Негово." Исус тогаш им објаснил дека сака јасно да им покаже „до самата поента" на значењето.

Јудејците Се Обиделе Да Го Каменуваат Исуса

„'Вашиот отец Авраам би се израдувал да го види Мојот ден, и го виде и се зарадува.' Тогаш Јудејците Му рекоа, 'Уште немаш ни пеесет години, и си го видел ли Авраама?' Исус им кажа, 'Вистина,

вистина ви велам, Јас постојам уште пред да се роди Авраам.' Тогаш зедоа камења за да ги фрлат на Него, но Исус се скри и излезе од храмот." (8:56-59)

Бидејќи Јудејците зборувале за Авраама, Исус се обидел да најде врска со нив зборувајќи за Авраама исто така. Во Битие 22:18, Бог направил завет со Авраама кажувајќи му, *„Преку твоето семе ќе бидат благословени сите нации на земјата.“* Но наследници на Авраама не се оние кои што доаѓаат од неговата крвна линија или низ законот, туку оние кои што живеат во правдината на верата (Римјаните 4:13). Па за да го исполни сето тоа, Исус морал да го заврши планот за спасението.

Авраам, кој што имал длабоки разговои со Бога, знаел дека заветот кој што го примил од Бога, ќе биде исполнет многу подоцна по крајот на неговиот живот, низ Исуса Христа. Па се разбира дека тој се радувал и копнеел за доаѓањето на Исуса! Но сепак, за Јудејците, кои што немале никакво знаење за духовниот свет, сето тоа звучело неверојатно! Па затоа и го запрашале Исуса, како е можно да една личност која што нема ниту педесет години, го познава Авраама кој што живеел пред 2000 години.

Исус на тоа им одговорил, „Вистина, вистина ви велам, Јас постојам уште пред да се роди Авраам." Тука е вистината. Иако Исус бил роден во тело две илјади години по Авраама, во духот Тој постоел многу порано. Сето тоа е така бидејќи Исус бил заедно со Бога уште од самиот почеток на времето. Така Исус им ја кажувал вистината онаква каква што е, но Јудејците не можеле повеќе да го задржуваат својот бес и почнале да собираат камења, со намера да го каменуваат Исуса. Тие станале многу изнервирани и се обиделе да го убијат Исуса бидејќи не ги сватиле Неговите духовни зборови. Но бидејќи сеуште не дошол Неговиот час, Тој го напуштил храмот и ги избегнал овие луѓе кои што биле исполнети со злоба.

Глава 9

Исус Го Излекува Слепиот Човек

1. Оди, Измиј Се Во Базенот Во Силоам
   (9:1-12)

2. Слепиот Човек Кој Што Бил Излекуван И Фарисеите
   (9:13-34)

3. Да Се Биде Духовно Слеп
   (9:35-41)

Оди, Измиј Се Во Базенот Во Силоам

Во Библијата можеме да прочитаме за некои луѓе чии што животи се измениле за 180 степени, откако го сретнале Исуса. Освен дванаесетте апостоли, таму била и една жена која што страдала од хеморагија во текот на дванаесет години, а исто така таму бил и еден слеп просјак, Бартимеј. Друг човек кој што исто така се изменил бил и еден слепец кој што бил слеп уште од самото раѓање.

Причината За Болеста

„Кога одеше по патот, виде еден слеп човек кој што беше слеп уште од самото негово раѓање. Неговите ученици Го прашаа, 'Рави, кој има згрешено, овој човек или неговите родители, па затоа се родил слеп?'" (Јован 9:1-2)

Еден ден Исус одел по патот и сретнал еден слеп човек. Тој слеп човек биле слеп уште од самото негово раѓање. Бидејќи бил од сиромашна фамилија, слепецот ги поминувал деновите просејќи како просјак. Гледајќи го слепиот човек, Неговите ученици станале љубопитни и Го прашале Исуса, „Рави, кој има згрешено, овој човек или неговите родители?" Секој пат кога Исус ќе излекувал некој сакат или опседнат со демон, Тој им споменувал нешто во врска со гревот. Кога го видел човекот кај базенот од Витезда, кој што бил сакат веќе 38 години, Тој му кажал да не греши повеќе. Кога го излекувал парализираниот, Тој му кажал, *„Простени ти се гревовите"* (Марко 2:5). Од Марко глава 2 знаеме дека Исус прво го решавал проблемот со гревот. Па преку овие настани, Неговите ученици сватиле дека болестите, слабостите или попреченостите доаѓаат како резултат на гревот.

'Болеста' според Библијата, е една абнормалност во телото што го прави болно, обично предизвикана од страна на отров, или од некој вирус. 'Слабостите' и 'попреченостите' се јавуваат тогаш кога телото не е во можност да ги спроведува нормалните активности, поради проблемот со некој орган од телото, кој што е парализиран или неспособен да си ја извршува функцијата, поради грешката направена од страна на некои други луѓе, било од неговите родители или од некого друг во некоја несреќа.

Овие типови на попречености се категоризирани или како вродени попречености или како стекнати попречености. Во Повторени Закони, глава 28, се запишани неколкуте видови на клетви кои што можат да паднат врз некоја личност ако таа не го почитува Божјото Слово и ако не ги следи Неговите Заповеди и одредби. Сето тоа се случува поради тоа што кога личноста ќе згреши, непријателот ѓаволот и Сатаната донесуваат обвиненија против таквата личност, кои што се резултат на нејзиниот грев.

Следните стихови ни ја даваат целокупната дефиниција за гревот, согласно со Библијата: *„сето што не доаѓа од верата е грев"* (Римјаните 14:23); *„оној кој што знае кои се правите работи и не ги прави, за него тоа е грев"* (Јаков 4:17); и *„Оти не доброто, кое што го сакам, туку злото кое што не го сакам, го извршувам. А штом го вршам она што не го сакам, не го извршувам јас, туку гревот кој што живее во мене"* (Римјаните 7:19-20). Гревовите вклучуваат *„дела на телесното"* (Галатјаните 5:19-21) и *„нешта на телесното"* (Римјаните 8:5-6).

Дали тогаш болестите секогаш се предизвикани од страна на гревот? Не секогаш. Како што учениците прашувале, постојат многу случаи каде што болеста е предизвикана поради гревот кој што оди против Бога, но исто така постојат и некои исклучоци во сето тоа.

Постојат некои случаи каде што една личност се разболува по јадењето на некој вид на храна, или од преголемото напрегање на телото без претпазливост или самоконтрола. Болестите исто така можат да настанат и како резултат на анксиозност, ментален стрес или опседнатоста со демони, поради потчинувањето кон Сатаната. Постојат исто така и некои ретки случаи каде што се оплодуваат спремата или јајце клетката кои што се дефектни.

Но најголемиот број на вродени попречувања се случуваат поради тоа што личноста сама или пак можеби нејзините родители, или претци, извршиле идолопоклонение или некои други тешки гревови. Сепак, случајот со слепиот човек бил еден многу редок случај. Слепилото кај него не било предизвикано поради некој грев, туку заради тоа да преку него се открие славата на Бога.

Зошто Тој Бил Слеп Уште Од Раѓањето?

„Исус им одговори, 'Ниту тој, ниту родителите негови имаат згрешено; туку сето тоа беше за да се јават делата Божји врз него.“ (9:3)

На прашањето од страна на Неговите ученици, Исус им одговорил, „тоа беше за да се јават делата Божји врз него." Ако буквално го сватиме овој одговор, звучи како да Бог намерно направил да тој човек биде слеп уште од раѓањето. Но тоа не било така. Дали Бог кој што е полн со љубов и кој што го жртвувал Својот Единороден Син за да ги спаси грешниците, намерно би направил да некој биде роден слеп? Нема шанси за такво нешто! Па што Исус сакал тука да каже?

Во Лука, глава 4, има една сцена каде што на Исуса

му била дадена Книгата на Исаија, која што ја отворил и Го прочитал пророштвото на Пророкот Исаија. Ова пророштво индиректно зборува за Исусовата мисија поради којашто ќе дојде на земјата и за тоа какви дела ќе исполнува тука. Како што Исаијовото пророштво веќе има кажано, Исус ги оживувал мртвите, ги лекувал болните, им ги отворал очите на слепите и правел да немите проговорат.

Кога го започнал Своето јавно свештенствување Исус го читал Писмото: *„Духот Господов е врз Мене, затоа што Ме помаза да им го проповедам евангелието на сиромашните. Тој Ме испрати да им го објавам ослободувањето на заточените и прогледувањето на слепите, да ги ослободам обесправените, да ја објавам благопријатната година на Господа"* (Лука 4:18-19).

Слепиот човек исто така бил избран за да се покаже славата на Бога. Но тој не бил избран без причина. Овој човек дошол на свет како резултат на оплодувањето на дефектната сперма и јајце клетка. Сето тоа не се случило поради некој грев. Но поради својот хендикеп, тој поминал многу денови во немир и превирање и со тоа го заработил Божјото сочувство. Неговото исповедање и дела по излекувањето ни покажуваат зошто токму тој бил избран за оваа случка (Јован 9:17, 27).

> „Ние мораме да ги извршуваме делата Негови, на Оној кој што ме испрати, додека сеуште е ден; доаѓа ноќта кога никој нема да може да работи. Додека сум во светот, Јас сум Светлината на светот." (9:4-5)

Во Библијата постојат многу ситуации каде што се употребува ноќта и денот. 1 Солунјаните 5:5 кажува, *„Бидејќи сите вие сте синови на светлината и на денот. Ние не сме синови на ноќта ниту на темнината."* Римјаните 13:13 кажува, *„Да се однесуваме правилно како во денот, не во срамно гоштевање и пијанство, ни во сескуален промискуитет и блудство, ниту во препирка и завист."* Па согласно со Библијата, денот го симболизира сето она што е дел на вистината а ноќта ја симболизира темнината и сето она што е во невистината.

Денот е симобличното претставување на нормалното време за работа. Во нашето време кога имаме големо напредување во индустријата и технологијата, сепак постојат голем број на луѓе кои што работат во доцните ноќни смени. Но во времето на Исуса, најголемиот број на луѓе работеле само во текот на денот. Така што 'денот' се однесува на времето за работа, или на времето да се одработи Божјата работа. А „делата на Оној кој што Ме испрати", се однесува на духовната работа на оддавањето на славата на Бога и водењето на големиот број на луѓе кон верувањето во Бога.

Така да Исус го излекувал слепиот човек, оддавајќи му ја славата на Бога и помагајќи им на голем број на луѓе да поверуваат во Бога. Исто како што нашето делување завршува кога заоѓа сонцето и приквечерината паѓа на земјата, исто така Исус не поучил дека ќе дојде крајот на времето кога ќе можеме да ги извршуваме духовните дела за Бога. На ова место, фазата последните денови се однесува на Исусовото второ доаѓање.

Исус кажал, „Додека сум во светот, Јас сум Светлината на светот." Тој го искажал ова поради тоа што Тој дошол на овој свет за да ја осветли темнината (Лука 2:32; Јован 1:4). Исто како што светлината ја брка темнината, исто така и луѓето кои што го препознаваат Исуса сваќаат дека се грешници и се менуваат во себе. Исус го ширел евангелието за Небесата, или Словото за вистината и изведувал голем број на знаци и на чудеса (Матеј 4:23-24). За болните Тој станал Светлината на излекувањето, за оние кои што страдале Тој станал Светлината на мирот, а за целиот свет Тој станал Свелината на вистината, осветлувајќи го патот кон Небесата.

Исус Плукнал На Земјата, Направил Кал Со Плунката И Со Неа Ги Намачкал Очите На Слепиот

„Кога го изрече ова, Тој плукна на земјата, направи кал од плунката и со неа ги намачка очите на слепиот, кажувајќи му, 'Оди, измиј се во бањата Силоам' (што значи, Пратен) Така тој отиде, се изми и се врати прогледан." (9:6-7)

Поучувајќи ги Своите ученици на вистината, потоа Тој почнал да со процесот на лекувањето на слепиот човек. Тој плукнал на земјата и со плунката направил кал, со којашто му ги намачкал очите на слепиот човек. Постојат некои луѓе кои што помислуваат дека Исус употребил световен начин со кој што го излекувал овој човек. Тие помислуваат дека калта којашто ја направил била некој вид на лекувачки материјал. Исус кој што го вратил во живот мртвиот човек само преку една Негова заповед, зошто би имал потреба за некакво помошно средство во процесот на излекувањето? Самата кал во себе не содржела нешто што би можело да го излекува слепиот! Единствената причина што Исус ја употребил Својата плунка била во тоа, што едноставно сакал да направи кал.

Но при лекувањето на слепиот во Витсаида, Исус всушност плукнал директно во неговите очи (Марко 8:22-26). Сето ова во себе има едно духовно значење. Луѓето често мислат дека плунката е нешто нечисто. Ако некој ги исплука, тогаш тие го сваќаат тоа како нешто многу навредливо. Причината поради која Исус плукнал на тој начин била во тоа да му помогне на тој човек да свати дека неговата слабост доаѓа како резултат на валканоста предизвикана од страна на гревовите и од клетвите.

Зошто тогаш Исус направил кал со помош на Својата плунка за да го излекува слепиот кој што бил слеп уште од раѓање? Сето тоа било поради неговата вера. Некои луѓе едноставно можат да бидат охрабрени само преку зборовите за да се здобијат со поголема вера, но некои пак имаат потреба да добијат некои видливи визуелни докази, за да се здобијат со поголемата вера.

Бидејќи овој слеп човек никогаш не можел да види некој од знаците на Исуса, за него било навистина тешко да се здобие со верата. Знаејќи го сето тоа, Исус сакал да го охрабри во здобивањето на поглемата вера и да му помогне да и се покори на неа. Иако не можел да гледа, ако

: : Бањата Силоам, чии што води се собираат од Гихоновиот Извор

почувствувал нешто на своите очи, тој можел да помисли, „Ох, можеби ова конечно ќе ми помогне да прогледам," и да оддаде поголема вера.

Случајот со слепиот човек Бариматеј кој што се случил кај Ерихон, бил малку поинаков (Марко 10:46-52). Тој едноставно бил излекуван од страна на Исусовите зборови. Случајот бил таков поради тоа што неговото срце не било слично со никого. Иако луѓето околу него го прекорувале и му кажувале да биде тивок, тој искрено извикал дури и погласно, „*Исусе, Сине Давидов, смилуј се на мене!*"

(с. 47). Отфрлајќи ја својата наметка, којашто била единственото нешто што го поседувал, тој ја ставил својата вера во акција и му пришол на Исуса. Како резултат на сето тоа, иако Исус не ставил кал на неговите очи, неговите очи наеднаш му се отвориле, откако Исус ги кажал зборовите, *„Оди; твојата вера те излекува"* (с. 52).

Споредено со случајот на Бариматеја, овој слеп човек во себе ја имал само малата вера. Поради тоа Исус му ја ставил калта на очите, за да му ја всади поголемата вера во него, па потоа му кажал, „Оди, измиј се во бањата Силоам." Кога слепиот се покорил и отишол до бањата Силоам и се измил таму, се случило прекресното вчудоневидувачко нешто! Пред неговите очи сето станало сјајно и тој бил во состојба да ја види светлината и прекрасниот свет околу него! За него тоа бил еден волшебен момент и тој се почувствувал како да е повторно роден. Тој го живеел животот во темнината, без било каква надеж, но штом го сретнал Исуса, неговиот живот целосно се превртел!

Ако одолговлекувал со одењето во бањата Силоам, или ако помислил дека би му било мачно да оди до таму, па се измиел некаде на друго место, тој најверојатно не би бил излекуван. Ете колку е важно да се почитува и да се стави покорноста во дело (Јаков 2:22). Ако водат духовно го симболизира Божјото Слово, тогаш „делувањето на одењето и миењето" ја симболизира верата. Поради тоа што преку верата отишол и се измил со Словото, тој си ги отворил своите очи и бил во состојба да прогледа.

Исповеста На Слепиот Човек

„Соседите и оние кои што претходно го беа виделе како проси, кажуваа, 'Зарем не е овој, оној кој што седеше и просеше?' Едни велеа, 'Тој е,' други пак кажуваа, 'Не, само личи на него.' Тој пак постојано кажуваше, 'Јас сум тој.' Па го прашуваа, 'Како ти се отворија очите?' Тој одговори, 'Човекот кој што се нарекува Исус, направи кал и ми ги намачка очите, па ми рече, "Оди во бањата Силоам и измиј се"; така јас отидов, се измив и прогледав.' Тие му кажаа, 'Каде е Тој?' Тој рече, 'Не знам."' (9:8-12)

Кога слепиот човек бил излекуван по среќавањето на Исуса, луѓето околу него почнале во вчудоневидување да зборуваат. Колку ли чудесно морало сето тоа да му изгледа на еден човек кој што целиот свој живот го поминал во темнината, просејќи за да преживее, повторно да се здобие со својот вид и надежата во животот?! Сепак не сите околу него покажале исти реакции.

Луѓето кои што кажале „Не, тој не е оној кој што беше слеп," биле луѓе кои што ги имале затворените умови. Во согласност со нивните сопствени рамки на умот, не постоел никаков начин да слепиот може да прогледа. Од друга страна пак, оние кои што кажале, „Тој е," биле оние кои што биле со добри срца, кои што познале дека слепиот навистина бил излекуван. Можеме да препознаеме колку многу добрина една личност има во срцето, само по неколкуте изречени збора од нејзина страна. Слепиот човек бил збунет слушајќи ги различните реакции на луѓето. На оние кои што не му верувале, тој им зборувал, „Јас сум тој," и гордо се покажувал.

Дури и денеска, кога ќе се покаже Божјата сила, постојат некои луѓе кои што покажуваат неверување и се обидуваат да дознаат дали сето тоа било вистина. Оние кои што имаат двоумење се обидуваат да пронајдат каде е заблудата во сето тоа. Затоа и тогаш луѓето почнале да се собираат околу него и да прашуваат, „Како ти се отворија очите?"

Тие чисто се распрашувале за методот којшто бил употребен за неговото излекување. Се обидувале да најдат каде е грешката во целата таа ситуација, бидејќи во нивните умови си мислеле, „Нема шанса слеп човек да прогледа!" Па така природно, човекот кој што бил излекуван се почуствувал како да направил нешто лошо и почнал да се плаши. Во такви ситуации обично луѓето лажат за да избегнат да влезат во конфронтации со другите и да избегнат некои негативни искуства кои што би можеле да произлезт од сето тоа. Сепак тој човек во себе го имал вистинитото срце и искрено објаснил како точно бил излекуван. Тој кажал, „Човекот кој што се нарекува Исус, направи кал и ми ги намачка очите, па ми рече, 'Оди во бањата Силоам и измиј се'; па јас отидов, се измив и прогледав."

Но реакциите на луѓето не биле сите позитивни. Наместо да се радуваат на оваа случка, тие почнале да го прашуваат каде е сега Исус. А денот кога Исус го излекувал слепиот бил денот на Сабатот (Јован 9:14). Јудејците сметале дека прогледувањето на слепиот било чин на работа, па затоа Исус го имал прекршено законот за Сабатот, кога не смеело да се работи. Тогаш човекот сватил што се случува и помислувајќи дека Исус може да има проблеми поради него, тој бргу им кажал на луѓето дека не знае каде Тој се наоѓа.

Слепиот Човек Кој Што Бил Излекуван И Фарисеите

Фарисеите го сметале Законот на Мојсеја за многу скапоцен; што оделе до таму да се обидувале да го запаметат секој негов збор. Сепак, тие останале да пребиваат само во формалноста на Законот и бидејќи Исус го излекувал болниот во време на Сабатот, тие го сметале за грешник. Гледајќи на ова од нивна перспектива, тогаш да, Тој го прекршил законот на Сабатот, но Тој изведувал само добри дела, дела кои што ги враќале душите во живот. Сето тоа било резултат на Исусовото сваќање на длабочината на Божјото срце, кое што и ни го дало Законот.

Расправата На Фарисеите

„Го одведоа кај Фарисеите човекот кој што пред тоа беше слеп. А беше Сабат кога Исус направи кал и му ги отвори очите. Фарисите уште еднаш го прашаа како прогледал, а тој им одговори, 'Ми стави кал на очите, се измив и прогледав.' Некои од Фарисеите рекоа, 'Овој човек не е од Бога, штом не го држи Сабатот.' Но други пак велеа, 'Како може некој грешен човек да изведува такви знаци?' Па се стори раздор помеѓу нив." (9:13-16)

Луѓето кои што имале непријателски чувства кон Исуса, го одвеле исцелениот човек кај Фарисеите. Тие го имале доказот дека Исус го прекршил законот на Сабатот, но тие самите не можеле да Го испитаат, ниту за нешто да Го обвинат. За такво нешто им бил потребен некој кој што имал поголем авторитет и сила. Кога Фарисеите уште еднаш го прашале човекот како прогледал, тој уште еднаш им го објаснил целиот процес низ кој што бил исцелен. Кога луѓето по втор пат би се соочиле со некои прашања како што се овие, тие тогаш би се потресле и би го измениле исказот, или пак би дале помалку детали во врска со случајот. Но сепак тој човек не ја изменил вистината. Сето тоа на крајот предизвикало големи караници помеѓу Фарисеите, околу тоа дали 'Овој човек не е од Бога, штом не го држи Сабатот'.

Причината поради која го осудиле Исуса лежела во тоа што во согласност со формалноста и процедурите кои што биле запишани во Законот, Тој всушност го прекршил законот за Сабатот. Кога Фарисеите зборувале во врска со Законот, тие всушност зборувале за Петокнижието на Мојсеја и за традицијата на старите, кои што се пренесувале од генерација на генерација, преку усно соопштување. Токму поради тоа Исус ги прекорил дека се 'хипокрити' и 'белоизмиени гробници' (Матеј 2:37). Но од друга страна имало луѓе кои што ги негирале аргументите на другите присутни.

„Како може некој грешен човек да изведува такви знаци?" прашале тие. Тие биле членови на Фарисеите, неколку од нив кои што ја имале добрината во своите срца, кои што се расправале и прашувале како може еден грешен човек да изведе такви знаци. Да, според нивните стандарди, Исус го прекршил законот на Сабатот, но тие морале да го препознаат тоа што Тој го направил како нешто што било навистина невозможно да се изведе преку човечки способности.

Јудејците Ги Прашуваат Родителите На Излекуваниот Човек

„Па уште еднаш му рекоа на слепиот човек, Што ќе кажеш за Него, за Тој што ти ги отвори очите? А тој кажа, 'Тој е пророк.' Јудејците тогаш не веруваа дека човекот бил слеп па прогледал, па ги повикаа неговите родители и ги прашаа, 'Дали е ова вашиот син, за кого што велите дека бил роден слеп? Тогаш како е можно да прогледа?'" (9:17-19)

Како што продолжувала расправијата за тоа што било право а што не, некој го прашал човекот кој што бил излекуван, кажувајќи му, „Што ќе кажеш ти за Него?"

Сите очи биле во него вперени. Во зависност од неговиот одговор, бесот на Фарисеите можел или да се зголеми или да се смири. Но тој без колебање одговорил:

„Тој е пророк."

Тој верувал дека ако тој човек не бил дојден од Бога, Тој нема да можел да му ги излекува очите. Во реалноста Исус не дошол на овој свет како пророк, туку како Месија, или Христос, но за него, кој што сеуште не ја знаел вистината, било најпогодно да употреби некој израз кој што ќе ја изразува најголемата почит и респект.

Но токму поради ваквиот негов одговор, негативните емоции кај Фарисеите кои што ги чувствувале за Исуса, станале дури уште поголеми и подлабоки. Иако го чуле јасниот одговор од страна на исцелениот човек, Јудејците сепак не сакале да го прифатат. Конечно на крајот ги повикале и родителите на тој човек, за да ги прашаат, „Дали е ова вашиот син, за кого што велите дека бил роден слеп? Тогаш како е можно да прогледа?" Неговите родители, кои што набрзина биле доведени пред Фарисеите, не знаеле што да прават. Се исплашиле дека може нешто да им се случи и затоа станале многу нервозни.

„Тој Е Возрасен, Прашајте Го Него."

„Неговите родители им одговорија, 'Знаеме дека ова е нашиот син и дека беше роден слеп; но како сега гледа, не знаеме; или кој му ги отворил очите, не знаеме. Прашајте го; тој е возрасен, може за себе да зборува.' Неговите родители го кажаа ова плашејќи се од Јудејците; бидејќи Јудејците веќе се беа согласиле да биде исклучен од синагогата секој кој што ќе Го признае Него за Христа. Поради оваа причина неговите родители кажаа, 'Тој е возрасен; прашајте го него.'" (9:20-23)

Родителите потврдиле дека нивниот син бил роден слеп. Но поради стравот од Јудејците, тие не можеле ништо повеќе да кажат, па избегнале да одговорат на прашањата, префрлајќи ја одговорноста на својот син. „Но како сега гледа, не знаеме; или кој му ги отворил очите, не знаеме. Прашајте го; тој е возрасен, може за себе да зборува."

Постоела причина зошто родителите го одбегнувале одговорот на прашањата. Јудејците одлучиле дека секој кој што ќе го признае Исуса како Христа, ќе биде избркан од синагогата. Да се биде „избркан од синагогата" значи да се исечат врските на некоја личност со синагогата и да таа биде избркана поради извршувањето на некои недела.

Во зависност од серозноста на неделата, постоеле три видови на казни кои што една личност можела да ги добие.

Првата била таа да личноста биде остро прекорена од страна на личност со голем религиозен авторитет, и да се лиши од сите религиозни права во текот на 7-30 дена.

Вториот тип е кога една личност ќе биде исклучена од сите социјални дружења во текот на минимум 30 дена. Ако не се постигне резултат со оваа казна, тогаш се применувал третиот вид на казна.

Третиот вид на казна бил да личноста биде во целост и за навек изземена од сите видови на религиозни привилегии. Ако некоја личност ја добие оваа казна, тогаш таа ќе биде бојкотирана и презрена од сите луѓе; а нејзината куќа, работа па дури и самиот живот, можат да се најдат во опасност.

Па 'да се биде истеран од синагогата' значело да се изгуби сѐ. Па така родителите на човекот кој што бил исцелен, биле обземени од стравот дека можат да ја примат ваквата казна. Поради стравот кој што им го наметнале Јудејците, заплашувајќи ги, тие се откажале од одговарањето на прашањата.

Како родители на син кој што уште од самото раѓање бил слеп, како мислите дека тие се чувствувале тогаш? Тие најверојатно ги поминувале деновите во тага за својот син. Па кога виделе дека прогледал, тие би требало да му бидат благодарни на Исуса до крајот на нивните животи! Но штом сватиле дека се надвиснала опасноста над нивните животи, тие ја избегнале вистината на еден кукавички начин. Иако нивниот син се наоѓал во една ситуација каде што и самиот можел да настрада, тие сепак ја префрлиле одговорноста на него. Ваква е телесната љубов; прво се бара својата лична корист.

„Да Не Сакате Можеби И Вие Да Му Станете Ученици?"

„Тогаш повторно го повикаа човекот кој што порано беше слеп и му рекоа, 'Оддај му ја славата на Бога; знаеме дека Тој човек е грешник.' Тој тогаш им одговори, 'Дали е грешник, не знам; едно само знам, дека бев слеп а сега гледам.' Па затоа му кажаа, 'Што ти направи? Како ти ги отвори очите?' Им одговори, 'Веќе ви кажав но не ме слушнавте; зошто сакате пак да чуете? Да не сакате можеби и вие да му станете ученици?'" (9:24-27)

Кога родителите на исцелениот човек не сакале да им дадат одговор, Фарисеите пак го повикале излекуваниот човек и му кажале да му ја оддаде славата на Бога. Бидејќи тоа биле луѓе кои што од генерација во генерација го обожувале Бога, се разбира дека тие во секоја можна прилика му ја оддавале славата на Бога. Зошто тогаш Фарисеите, на еден таков бесрамен начин, побарале од човекот кој што порано бил слеп да „му ја оддаде славата на Бога"? Нив всушност тука не им било толку многу битно да се изврши тоа за Бога. Тие биле загрижени да човекот не продолжи да го слави Исуса, кого што го мразеле, а со тоа би предизвикал да дури поголем број на луѓе почнат да го следат Исуса.

Фарисеите му кажале на човекот да му ја оддаде славата на Бога, бидејќи тие мислеле дека Исус бил грешник. Сепак, сето ова било во спротивност со причината. Како можел еден грешник да му ги отвори очите на слеп човек, а со тоа да му ја оддава славата на Бога? Без разлика како се гледа на сето тоа, тоа било грешно. Од гледна точка на исцелениот човек овие луѓе му кажувале дека оној човек кој што го излекувал и му дал нова надеж и нов живот, бил грешник! Па затоа тој индиректно се обидел да им каже дека Исус бил човек на Бога. „Дали е грешник, не знам; едно само знам, дека бев слеп а сега гледам."

Наместо директно да им се спротистави кажувајќи им, „Не, не е," човекот само посочил на вистината, која што била многу јасен аргумент во целата ситуација. Тој не се исплашил од прогонот или од нивните закани. Тој во себе го имал вистинитото срце, па затоа и не ја заборавил милоста која што ја примил. Поради тоа иако тој не побарал од Исуса да дојде и да го излекува, Исус Самиот дошол кај него и го исцелил.

Кога Фарисеите не го примиле одговорот кој што го очекувале, наместо да ги отфрлат своите грешни мотиви, тие продолжиле со обидите да изнајдат начин да го обвинат Исуса дека е грешник. Па затоа одново го прашале, „Што ти направи? Како ти ги отвори очите?"

Овие прашања не биле прашања кои што биле поставени

заради вистината. Овие прашања произлегле од злите намери на Фарисеите. Поради тоа што тие не сакале да поверуваат ништо што било во врска со Исуса, тие сакале само да најдат што повеќе причини за да можат да му се спротистават. Но човекот кој што бил исцелен од слепилото не го избегнал одговарањето на нивните прашања. „Веќе ви кажав но не ме слушнавте; зошто сакате пак да чуете? Да не сакате можеби и вие да му станете ученици?"

Човекот се прашувал, „Сѐ им кажав. Сето тоа би им било доста за да можат да разберат. Се прашувам зошто пак ме прашуваат?" Тој не можел да свати какви им биле намерите, па затоа и си помислил дека тие можеби сакаат исто така да станат Исусови ученици. Бидејќи во себе го имал доброто срце тој нивните зли прашања ги согледувал на еден позитивен начин.

> „Тие го укорија и му рекоа, 'Ти си Негов ученик, а ние сме ученици на Мојсеја. Ние знаеме дека Бог зборувал со Мојсеја, но Овој човек не знаеме од каде е.' Човекот им одговори и им рече, 'Па тоа и е за чудење, што вие не знаете од каде е, а сепак Тој мене ми ги отвори очите.'" (9:28-30)

Добрите зборови на исцелениот човек уште повеќе ги налутиле Фарисеите. Тие го подигнале гласот, кажувајќи, „Ти си Негов ученик, а ние сме ученици на Мојсеја. Ние знаме дека Бог зборувал со Мојсеја, но Овој човек не знаеме од каде е."

Надворешно изгледало дека Фарисеите го проучувале

Законот на Мојсеја, па затоа и можеле да се расправаат дека биле Мојсеови ученици. Сепак, тие не им се покорувале на законите со нивните срца. Ако тие навистина биле ученици на Мојсеја, тогаш тие би требало да го препознаат Исуса и да му ја оддадат славата на Бога. Со кажувањето дека имаат врска со Мојсеја, кој што го примил Законот директно од Бога, сакале да докажат дека нивните зборови се праведни. Ова наликува на некоја личност која што се фали споменувајќи го името на некој свој предок, кој што бил познат, а лаже кога зборува за себе.

Човекот кој што претходно бил слеп не бил многу образуван, и немал никаков свој имот; но знаел дека она што Фарисеите го кажувале, немало никаква смисла. Она што уште повеќе го збунило било тоа што тие луѓе кои што го поседувале знаењето кое што било неспоредливо со неговото, и кои што биле во позицијата да ги поучуваат другите луѓе, сепак не можеле да го препознаат Исуса. Затоа тој, не можејќи да се начуди кажал, „Па тоа и е за чудење, што вие не знаете од каде е, а сепак Тој мене ми ги отвори очите."

Иако во себе немал многу големо знаење и никој го немал поучено, бидејќи бил добар човек на вистината, тој знаел дека сето тоа било вистина. Иако тој самиот не бил некој експерт во познавањето на законите или на традицијата на старите, тој духовно можел да почувствува каков всушност човек бил Исус, и сватил кој всушност Тој бил. Иако тој само го искусил Бога, не знајќи многу за Неговото дело, причината поради која што се здобил со духовното просветлување на еден така брз начин била во тоа што неговото срце било толку многу чисто.

Дури и денеска, исто како и Фарисеите, ние можеме да натрупуваме големо знаење во врска со нашата вера и духовност, па дури и однадвор да изгледаме и многу свети, но постојат некои случаи каде што она што го знаеме може многу лесно да ни стане наша мисловна рамка, или со други зборови она што во целост ќе не зароби. Дури и во самата Христијанска заедница, поради тоа што некои доктрини и деноминации стануваат мисловни рамки, луѓето почнуваат да се расправаат, „Ова е право, или ова е погрешно," па се создаваат некои поделби, а има и случаи каде што луѓето едни со други се проколнуваат. На пример, Библијата ни кажува, „Извикувајте ја молитвата". Но кога луѓето од некоја црква гласно се молат и ја извикуваат молитвата, некои други кажуваат, „Тоа е некоја чудна црква." Па кога ќе се случат некои исцелителни дејствија, некои луѓе кажуваат, „Таа црква е навлезена во мистицизмот." Во основа, тие луѓе и судат на Божјата работа, донесувајќи ја осудата базирана на правилата и одредбите создадени од страна на човекот.

Непоколебливото Срце На Слепиот Човек Кој Што Бил Излекуван

„'Знаеме дека Бог не ги слуша грешниците; па ако некој се плаши од Бога и ја извршува Неговата волја, тогаш Тој ќе го чуе. Уште од почетокот на времето не се чуло дека некој му ги отворил очите на човек кој што бил роден слеп. Ако тој човек не беше од Бога, немаше да може ништо да стори.' Тие му одговорија, 'Сиот си во гревови роден, па зар ти нас ќе не учиш?' И го избркаа надвор." (9:31-34)

Замислете си ја сцената каде што порано слепиот човек излекуван од страна на Исуса, бил опколен од многуте зли луѓе и бил од нив испрашуван. Човекот сигурно се тресел од страв. Секој збор што тие му го кажувале бил полн со прекор, па дури мора и да изгледал како закана. Сите оние кои што стоеле пред него биле родени од елитни фамилии, почитувани во општеството, луѓе со репутација и од висока класа. Од друга страна стоел тој, обичниот просјак кој што го заработувал лебот просејќи на улицата. Но тој не се исплашил од нивните закани и од нивното страшно присуство. Тој ја искажал целосната вистина. Колку ли непоколебливо срце морал да има!

Човекот исто така се исповедал дека уште од почетокот на времето, тоа било прв пат да некој излекува некого кој што бил слеп уште од самото негово раѓање. Фактот дека Исус му ги отворил очите на слепо родениот човек, имал големо духовно значење. Тој означува дека Исус не само што ја поседувал силата едноставно да го изведе тој знак, туку исто така ја поседувал силата и да му ги отвори и неговите духовни очи исто така.

Духовно, целото човештво е родено слепо. Но со верувањето во Исуса Христа ни се отвораат нашите духовни очи, па тогаш можеме да го видиме духовниот свет и Небесата. Фактот дека очите на слепиот човек му се отвориле, е предзнак на ова духовно значење.

Исто како што исцелениот човек кажал, како може некој кој што не е од Бога да му ги отвори очите на некој слеп човек? Само Бог кој што ја има поголемата сила од човекот, би можел да го стори тоа. Без разлика колку многу напредуваат и се развиваат науката и технологијата, ова претставува нешто што човекот едноставно не може да го изведе. Тоа е нешто што само преку Божјата сила би можело да биде исполнето. Тоа и било причината зошто излекуваниот човек посведочил дека Исус бил дојден од Бога. Но Фарисеите не сакале ништо да слушнат.

Да Се Биде Духовно Слеп

Гласините дека очите на слепиот човек му биле отвоени и дека тој бил на испрашување кај Фарисеите, многу бргу се рашириле. За да му даде на тој човек поголеми благослови од оној благослов кој што веќе го имал добиено кога бил излекуван, Исус повторно го сретнал. Причината поради која Исус решил повторно да го сретне човекот, уште еднаш—не само еднаш—била јасно очигледна во неговото делување.

„Веруваш Ли Во Синот Човечки?"

„Исус слушна дека го избркале, па го најде и му кажа, 'Веруваш ли во Синот Човечки?' Тој

одговори, 'Кој е Тој, Господи, во кого што морам да верувам?' Исус му рече, 'И си го видел и Оној е кој што зборува со тебе.' Па тој кажа, 'Верувам Господи,' па Му се поклони." (9:35-38)

Исус повторно го сретнал слепиот човек кој што бил излекуван и го прашал, „Веруваш ли во Синот Човечки?" Она што го мислел било, „Веруваш ли во Синот Божји, Месијата, кој што ти ги прости гревовите твои и те спаси?" Човекот не знаел дека оној кој што му ги отворил очите бил Месијата, кого што неговиот народ веќе долго време го исчекувал. Тој едноставно помислил дека Тој е некој кој што бил од Бога. „Кој е Тој, Господи, во кого што морам да верувам?"

Одговорот што го добил дека треба да верува во Синот Божји кој што му ги простил неговите гревови и кој што ќе го поведе кон спасението. Тој признал дека иако до тој момент не верувал, од тој момент натака тој сакал да верува. Знаејќи го срцето на тој човек, Исус му открил дека Тој е Месијата кој што му ги отворил очите и му кажал, „И си го видел и Оној е кој што зборува со тебе." Човекот кој што порано бил слеп, му одговорил, „Верувам Господи."

Исус не зборувал многу, но човекот сепак го разбрал. Тој Му се поклонил, обожувајќи го Исуса и исповедајќи ја својата вера. Обожувањето претставува чин кој што покажува најголем респект и благодарност. Човекот поверувал дека Исус бил Месијата, не само со своите усни, туку во самото негово срце.

Фарисеите Кои Што Биле Духовно Слепи

И Исус рече, 'За суд дојдов на овој свет, за да можат да прогледаат оние кои што не гледаат, а оние кои што гледаат да можат да станат слепи.' Некои од Фарисеите кои што беа со Него ги чуја овие нешта па Го прашаа, 'Ние не сме слепи, нели?' "Исус им кажа, 'Ако бевте слепи, немаше да имате гревови; но бидејќи кажувате, "Ние гледаме," ви остануваат гревовите ваши.'" (9:39-41)

Исус му кажал на Никодима, кој што дошол кај Него во текот на ноќта, *"Бидејќи Бог не го испрати Синот за да му суди на светот, туку за да преку Него светот може да биде спасен"* (Јован 3:17). Но во овој пасус, Исус кажал, "За суд дојдов на овој свет." Ова може да создаде импресија дека Исус паѓа во контрадикција, но тоа не е случај. Тој точно им кажува што според Бога означува "судот". Исусовата крајна цел за доаѓањето на овој свет била во тоа да не спаси, не да ни суди и да не прати во Пеколот. Сепак, оние луѓе кои што не му верувале, морале на крајот да го примат судот, бидејќи платата за гревот е смртта (Римјани 6:23).

Што мислел Исус кога кажал, "За суд дојдов на овој свет, за да можат да прогледаат оние кои што не гледаат, а оние кои што гледаат да можат да станат слепи"? Кога ќе го спoредиме слепиот човек со Фарисеите можеме да сватиме што ова би можело да значи. Иако некоја личност можеби е физички слепа, ако нејзиното срце го бара Бога и ако е добра личност, тогаш таа би го препознала Месијата и би го примила спасението и вечниот живот. Слично како Фарисеите, некој може да има две очи кои што можеби физички добро гледаат, но ако неговите духовни очи му се заслепени поради злото во неговото срце, тогаш тој не може да го прими спасението. Фарисеите кои што биле со Исуса го прашале, „Ние не сме слепи, нели?"

Тие му се спротиставувале на Исуса бидејќи го слушнале како кажува, „Оние кои што гледаат да можат да станат слепи." Тие не го поставиле тоа прашање бидејќи навистина не знаеле за тоа. Бидејќи можеле да видат, тие сакале да посочат дека не се слепи. Фарисеите едноставно не ги сваќале Исусовите зборови. Гледајќи ја нивната реакција, Исус бил многу тажен. „Ако бевте слепи немаше да имате гревови; но бидејќи кажувате, 'Ние гледаме,' ви остануваат гревовите ваши."

Ако некоја личност е слепа, можеме да претпоставиме дека таа не знае поради тоа што не може да гледа. Но Фарисеите не биле слепи. Тие поминале толку многу време во проучувањето и поучувањето на законите но сепак не ги сватиле. Токму поради тоа Исус им кажал, „Остануваат гревовите ваши."

Глава 10

„Јас Сум Добриот Пастир"

1. Параболата За Добриот Пастир
   (10:1-21)

2. „Јас И Отецот Сме Едно"
   (10:22-42)

Параболата За Добриот Пастир

Планинската земја Израел има многу стрмни падини и карпи, така што тука човек треба да биде многу претпазлив во опкружувањето кога одгледува овци во овој регион. Блиските рамнини немаат многу трева па пастирите мораат да патуваат и да поминуваат долги растојанија за да ги нахранат своите стада. Еден добар пастир нема да штеди енергија водејќи ги своите стада до зелените пасишта и мирните води. Исус често поучувал за духовните вистини употребувајќи илустрации што луѓето лесно би можеле да си ги претстават, а овците и пастирот биле меѓу најчесто употребуваните.

Овците И Пастирот

„Вистина, вистина ви велам, оној кој што не влегува низ вратата во овчото трло, туку се прекачува од другата страна, крадец е и разбојник. Но оној кој што влегува низ вратата, пастир е на стадото." (10:1-2)

Во текот на денот пастирот се шета наоколу барајќи добро пасиште за своите овци. Кога денот ќе се приближи до крајот, тој ги носи своите овци до безбедно место. Една пештера или ѕид од камења би можеле добро да послужат за таква намена. Кога пастирот ќе употребел некоја пештера како сигурно место за своите овци, тој обично оставал една мала вратичка од неколку стапки, на влезот од пештерата, трупајќи камења од двете страни на вратата, за да го покрие влезот на пештерата. Влезот бил многу тесен и тој обично ставал некое трње над него за да ги сопрел волците и крадците од влегувањето внатре. Се разбира дека пастирот кој што ги пази овците би влегувал и излегувал низ таа вратичка. Ако некој се обидел да влезе внатре искачувајќи се преку ѕидот тогаш најверојатно тој сакал да украде некоја од овците.

Зошто Исус би ни кажувал нешто што е толку очигледно? Тоа било така бидејќи овците, пастирот, засолништето, вратата, крадецот, разбојникот, сите тие имаат некое духовно значење, кое што е многу важно. Како прво, „овците" ги симболизираат Божјите чеда. Еден нов верник, кој што штотуку го примил Исуса, или пак некој верник кој што повеќе години го обожава Христа, верникот со големата вера, верникот со малата вера— секоја личност која што го примила спасението се смета за „овца". „Засолништето" го симболизира местото каде што овците се собираат за да се одморат; или со други зборови, „засолништето" ја претставува црквата каде што Божјите чеда можат да се соберат за да на мира го примат Сабатот.

Во 1 Коринтјаните 1:2 е опишано, „*До црквата Божја во Коринт, до осветените во Христа Исуса, до повиканите светии, заедно со сите оние кои што на секое место го повикуваат името на нашиот Господ Исус Христос, нивниот Господ и наш исто така.*" Црквата ги означува и типот на зградата и сите верници кои што одат во неа. Така што засолништето за овците може исто така да го означува собирањето на Божјите чеда. Исто како што Исус кажал во Јован 10:7, „*Јас сум вратата за овците,*" јасно е кажано дека вратата го симболизира Исуса Христа.

Па тогаш што симболизира „пастирот на овците"? Евреите 13:20 кажува, „*Сега Богот на мирот, кој што го воскресна големиот Пастир на овције низ крвта на вечниот завет, Исуса нашиот Господ.*" и 1 Петар 5:4 кажува, „*И кога ќе се појави Главниот Пастир, вие ќе ја примите невенливата круна на славата.*" Така што можеме да видиме дека Исус Христос е воедно и „Големиот Пастир", и „Главниот Пастир."

Да претпоставиме дека имаме едно стадо од десет илјади овци. Ако ги поделиме овците во десет групи и назначиме по еден пастир за секоја група, тогаш главниот пастир ќе претседава над десетте пастири. Духовно, Господ Исус е Главниот Пастир, а Божјите слуги кои што се назначени од страна на Бога за секоја од Неговите цркви, и сите слуги кои што се грижат за душите кои што се наоѓаат во рамките на црквата, можат да бидат наречени „пастири."

Како последно, кој тогаш би бил „крадецот и разбојникот"? Секој оној кој што ги наведува верниците да застранат нарекувајќи се себеси Бог, или воскреснат Исус; антихристот кој што негира дека Исус Христос дошол на овој свет во тело; и било кој еретички култ кој што го негира Господа дека не откупил преку плаќањето на казната за нашите гревови е „крадец" и „разбојник" (2 Петар 2:1).

Овците Кои Што Го Слушаат Гласот На Пастирот

„Нему вратарот му отвара и овците го слушаат гласот негов, и тој ги вика овците свои по име и ги изведува надвор. И кога ќе ги изведе сите свои овци, тој оди пред нив, а овците го следат бидејќи го познаваат гласот негов. Странец тие не би следеле, туку би избегале од него, бидејќи не му го познаваат гласот на странецот. Оваа парабола им ја кажа Исус, но тие не го разбраа што сакаше да им каже со неа." (10:3-6)

Кога доаѓа утрото, пастирот застанува кај вратата и ги повикува по име своите овци за да ги поведе до местото со вода и пасиште. Овците кои што мирно се одмориле под заштитата на пастирот, ќе го чујат неговиот глас и мирно ќе излезат од засолништето. Што би се случило ако некој друг ги облече алиштата на пастирот и се обиде да го имитира гласот на пастирот? Луѓето велат дека тогаш овците ја препознаваат разликата и се обидуваат да избегаат. Употребувајќи ја оваа специјална карактеристика кај овците како илустрација, Исус им дал едно духовно поучување.

„Вратарот" кој што му ја отвара вратата на пастирот е Светиот Дух. На секого кој што го прифаќа Исуса Христа, Бог му го дава Светиот Дух како подарок. Светиот Дух, кој што престојува во нас, ни помага да комуницираме со Бога и да живееме според Божјото Слово. Па така кога Писмото ни кажува, „вратарот му ја отвара вратата на пастирот", се однесува на улогата на Светиот Дух. „Вратата" во овој стих е со различно значење од „вратата" која што е спомената во претходните стихови. „Вратата" тука ја симболизира вратата на нашите мисли и срца, на нас како на Божји чеда.

Исто како што овците што можат со точност да направат разлика од пастировиот глас и гласот на другите луѓе, исто така и верникот кој што го примил Светиот Дух може да го препознае гласот на Господа. Во вистината, една личност може јасно да препознае дали некои слуги на Господа се едно со Главниот Пастир или не. Кога видел дека Јудејците не можеле да го разберат духовното значење на оваа илустрација, Исус повторно им објаснил, употребувајќи го концептот за Себеси.

„Јас Сум Вратата За Овците"

„Тогаш Исус пак им рече, 'Вистина, вистина ви велам, Јас сум вратата за овците. Сите што дојдоа пред Мене беа крадци и разбојници, но овците не ги чуја.'" (10:7-8)

За да можеме да разбереме зошто Исус кажал дека Тој бил „вратата за овците", мораме да се навратиме назад во времето на Исходот, кој што се случил пред 400 години, откако предокот на Израелците, Јаков и целата негова фамилија се преселиле и настаниле во Египет, за да избегаат од гладот.

Кога Јакововатa фамилија, која што изворно била составена од околку 70 луѓе, израснала голема во број, па можеле да се наречат „нација", тие станале закана за Египетскиот Фараон. Поради тоа тој ги направил робови и почнал да ги прогонува. Тешката работа била тешко поднослива, а злоупотребата од страна на Фараонот станувала сé полоша и полоша, па луѓето на Израелот повикувале кон Бога, за да им донесе спас.

Така Бог го избрал Мојсеја да оди и да му каже на Фараонот да дозволи да Израелците си отидат од неговата земја, но Фараонот не мислел така лесно да ги пушти да си одат. Како што Фараонот почнал да ги менува зборовите и почнал да оди против Божјата волја, така Египетската нација поради тоа примила разни видови на страдања. Прво им се случило страдањето со крвта, потоа жабите, вошките, мувите, говедата, чиревите, градот, скакулците и дури и страдањето од темнината. Целата земја станувала исцрпена од сето тоа. Во текот на целото тоа време кога Египјаните ги доживувале сите овие страдања, Израелците биле заштитени од страна на Бога.

Токму пред последното страдање—страдањето каде што секое првородено во Египетските фамилии и првороденото кај секое животно што го имале умрело—Бог им кажал на Израелците како да останат заштитени во текот на ова страдање. Тој им кажал да заколат едно младо јагне во самракот и да ја стават неговата крв на врвот и од страните на рамките на влезните врати на куќите, да го испечат месото над огнот, да го изедат, остранувајќи внатре во куќите. Страните на оквирите на влезните врати се всушност столбови кои што ја подржуваат вратата, а врвовите се исто така потпорни делови направени од дрво или камен, кои што хоризонтално лежеле над вратата, за да го држат ѕидот. Во една многу темна ноќ, сенките на смртта не оделе во куќите на Израелците кои што го испочитувале кажаното од Бога и кои што ставиле од крвта на младото јагне на оквирите од вратите на нивните куќи.

Тука, крвта на младото јагне духовно ја означува крвта на Исуса Христа. Исто како што сенката на смртта не одела по куќите чии што врати биле намачкани со крвта од младото јагне по оквирите, исто така секој кој што верува во фактот дека Исус умрел на крстот и ја пролеал Својата крв, преку којашто ни се простени нашите гревови, ќе избега од смртта и ќе отиде во вечниот живот. Иако тогаш тие не го знаеле духовното значење кое што лежело зад сето тоа што го направиле, тие сепак биле спасени од последното страдање.

Но домаќинствата кои што не ја ставиле крвта на оквирите од своите влезни врати, на страните и на врвот, ја искусиле смртта на своите првородени синови. Исто така и некои кои што ја имале ставено крвта од младото јагне на своите врати сепак не биле во можност да и избегаат на сенката на смртта, бидејќи не останале внатре во куќите, како што Бог тоа им го наложил. Тука симболично се прикажани оние луѓе кои што го прифатиле Господа, но го изгубиле спасението поради тоа што ја напуштиле рамката, или границите на спасението. Исто како што Израелците биле спасени само тогаш кога ставиле крв од младо јагне на рамките од своите врати и останале во куќите, исто така и ние можеме да бидеме спасени само ако останеме во Исуса Христа, кој што не спасил преку пролевањето на Својата крв, за да плати за нашите гревови. Поради тоа Исус кажал, „Јас сум вратата за овците."

Исус исто така кажал, „Сите што дојдоа пред мене беа крадци и разбојници." За што зборувал Исус тука? Зборовите „дојдоа пред" во овој стих не се однесува само на некое време пред тоа. Времето кога Исус дошол на овој свет за да го спаси човештвото од нивните гревови било веќе одредено според Божјото провидение. Тој дошол пред околу 2,000 години, кога било најпогодното време за да се исполни Божјата волја. Во тоа време, просперитетот на Римското Царство бил толку голем што луѓето дури вообичаено ја употребувале фразата „Сите патишта водат во Рим." Просперитетот на Римското Царство и развојот на Еленската цивилизација послужиле како механизам за брзото ширење на евангелието за Исуса Христа до целиот свет.

Ако некој се појавел и кажал, „Јас сум Христос," без оденото временско погодување, тогаш тоа би било лага. Истото важи и за Второто Господово Доаѓање. Божјото одредено време нема место ниту за најмала грешка. Ако некој дојде во времето кое што не е одредено за тоа и каже, „Јас сум Христос," или каже, „Ова е патот до спасението," тогаш тој би бил крадец и разбојник.

„Кој Ќе Влезе Преку Мене"

„Јас сум вратата; кој ќе влезе преку Мене, ќе биде спасен, и ќе влезе, и ќе излезе, и пасиштe ќе најде. Крадецот доаѓа само за да украде, убие и уништи; Јас дојдов за да имаат живот и да имаат изобилие." (10:9-10)

Секој кој што верува и го следи Исуса Христа—вратата за овците—нема само да го прими спасението, туку кога и да влезе и да излезе, тој ќе добива храна. Но одредбата, „кој ќе влезе преку Мене," претставува еден апсолутен предуслов за сето тоа. Само ако личноста живее во согласност со Словото на Господа, кој што е самата вистина, само тогаш таа ќе може да ги прими спасението и благословите. Кога го слушаме Божјото Слово и живееме според него, Бог ни ветува дека ќе не постави 'високо над сите нации на земјата' и ќе бидеме благословени 'кога ќе влегуваме и благословени кога ќе излегуваме' (Повторени Закони 8:1-14).

Наспроти тоа, кои се луѓето кои што се споредени со „крадците"? Тие се преправаат дека се Христос и им кажуваат на луѓето да ги следат, за да го примат спасението. Но на крајот од тој пат, се наоѓа смртта. Така да крадецот доаѓа за да краде и да убива, но спротивно на него, Исус дошол да даде живот и изобилство. Исто како што е и запишано во 3 Јован 1:2, кога нашите души ќе просперираат, ние ќе можеме да го имаме доброто здравје и сето да ни оди од рака во животот. Исус дошол на земјата, за да ние можеме да го имаме ваквиот живот. Кога Писмото ни кажува дека нашата „душа напредува", се мисли дека нашите срца ќе бидат исполнети со вистината. И кога нашите срца ќе бидат исполнети со вистината, нашите дела тоа јасно ќе го покажат. Тогаш ние ќе бидеме во можност да во целост му се покориме на Божјото Слово, да секогаш бидеме радосни, постојано да се молиме и да во секоја прилика му да оддаваме благодарноста на Бога. Кога ќе го правиме ова, непријателот ѓаволот и Сатаната ќе избегаат од нас и тогаш сите видови на искушенија, страдања и болести исто така ќе избегаат заедно со нив, па ние ќе можеме да го примиме благословот на доброто здравје.

Добриот Пастир И Наемникот

> „Јас сум добриот пастир; добриот пастир би си го дал животот за овците. Наемникот, кој што е најмен и не е пастир, кој што не е сопственикот на овците,

ако види волк како доаѓа, го остава стадото и бега, па волкот може да ги граби и расејува. Тој бега бидејќи е најмен и не му е грижа за овците." (10:11-13)

Кралот Давид во младоста бил пастир. Кога го чувал стадото, во некои случаи лавовите или мечките доаѓале и фаќале една или две овци. Но кога и да се случело такво нешто, Давид го бркал предаторот, го убивал и ги спасувал овците. Исус им го кажувал ова на Јудејците, користејќи го како илустрација. Добриот пастир би се борел со предаторот, па дури и да го ризикува и својот живот, само за да го спаси стадото. Но ако наемникот се најде во опасност, тој ќе ги напушти овците и ќе избега, спасувајќи си го животот. Така ние можеме да направиме разлика помеѓу добриот пастир и наемникот, со самото гледање на плодовите што ги носат (Матеј 7:17).

Поради фактот дека Исус не си го спасувал ниту Сопствениот живот, станувајќи искупителна жртва за гревовите на луѓето, Тој затоа можел да го спаси човештвото да не оди по патот на смртта. Исус го превземал страдањето на крстот за да може да не поведе кон патот на спасението. Тој е единствениот 'добар' пастир и тоа вистинскиот пастир. За разлика од Господа кој што ни служел со Својот живот, наемникот сака да биде услужен од страна на другите луѓе. Наемникот прави сè што е потребно за да се пофали себеси и да се направи познат. Ако нешто не оди како што тој посакува, тој тогаш во себе носи негативни емоции и непријателство. Ако се најде во ситуација која што не му носи никаква корист, или ако се соочи со некои потешкотии, тогаш тој бега; барајќи го патот за свое спасение.

„Животот Го Полагам За Овците"

„Јас сум добриот пастир и ги знам Моите, и Моите Ме знаат Мене, како што Отецот Ме познава и како што Јас Него го познавам; и животот го полагам за овците." (10:14-15)

Добриот пастир си ги познава овците и знае кога тие се гладни и кога би требало да ги нахрани. Тој ги храни, ги носи на почивка и ги заштитува од можни закани, така да ваквите овци растат и се јаки и здрави. Еден вреден пастир секогаш точно знае во каква состојба е секоја од овците, и изнаоѓа ефективни решенија за проблемите кај овците. Употребувајќи го ова како илустрација, Исус кажал, „Јас ги знам Моите, и Моите Ме знаат Мене."

Што тоа значи да се познава некој, гледано од страна на Писмото? Тоа значи да ги познаваме душите што Бог ни ги доверил: не само нивните имиња, потеклото на семејството, ситуацијата во фамилијата и на работното место, нивние физички услови, туку треба да ги познаваме и нивните духовни ситуации исто така. Ние мораме да знаеме дали душите кои што ни се доверени добиваат доволно духовна храна и да се осигураме дека не се неухранети, како и да провериме дали можеби се болни од нешто. Доволно е само да се знае проблемот кој што можеби го имаат. Ако една личност во себе ја нема верата, мораме да ѝ помогнеме да се здобие со неа. Ако една личност згреши, мораме да ѝ помогнеме да го свати својот грев и да ѝ помогнеме да живее во праведноста. Ако една личност не знае како да се моли, мораме да ја научиме на тоа. Тоа се одговорностите кои што ги има еден добар пастир.

Во исповеста на апостолот Павле можеме да го видиме срцето кое што го има еден навистина добар пастир, *„Во труд и мака, низ многу непроспиени ноќи, во гладта и жедта, често без храна, на студ и голотија. Освен таквите надворешни нешта, тука е и притисокот на дневна база во врска со грижата за сите цркви. Кој ослабел без и самиот да ослабам? Кој бил поведен кон гревот без мојата интензивна грижа?"* (2 Коринтјаните 11:27-29).

Кога еден пастир го поседува ваквото срце и води искрена грижа за своите овци, давајќи им исправни погледи и учења, тогаш овците природно ќе го сакаат и ќе му веруваат на пастирот. Бидејќи го сакаат својот пастир, тие ќе го слушаат неговиот глас и ќе го следат. Исус, како еден добар пастир, дошол да ги повика грешниците и да ги поведе кон покајанието, да им помогне да ги согледаат своите гревови, да ги отфрлат и да живеат во праведноста. Тој поучувал за вистината во согласност со мерката на верата кај секоја личност и им ја давал силата и надежта да живеат според Словото.

„Јас Го Полагам Животот По Моја Сопствена Иницијатива"

„Јас имам и други овци, кои што не се од ова трло; морам и нив да ги поведам, и тие исто така ќе го чујат Мојот глас; и ќе станат едно стадо со еден пастир. Поради оваа причина Ме љуби Отецот, бидејќи го полагам Мојот живот, за да можам пак да го земам. Никој не Ми го зема, туку Самиот по Моја иницијатива го полагам. Јас го имам авторитетот да го положам и авторитетот пак да го земам. Оваа заповед ја примив од Мојот Отец." (10:16-18)

Како што е запишано во Лука 5:32, *„Не сум дојден да ги повикам праведните, туку грешниците кон покајание,"* Исусовата мисија поради која што дошол на овој свет била да спаси колку што може повеќе души, кои што не биле во границите на спасението. Кога Исус кажал, „Имам и други овци, кои што не се од ова трло," Тој зборувал за луѓето кои што не верувале во Бога и кои што го немале прифатено Исуса Христа. Исус кажувал дека ваквите луѓе требало да бидат поведени кон Него и да станат дел од неговото свето стадо; или кажано со други зборови, да станат верници.

Затоа чедата Божји кои што веќе биле спасени, мораат да го шират евангелието. Како што е заповедано од страна на Исуса Христа во Дела 1:8, *„А вие ќе ја примите силата кога Светиот Дух ќе дојде над вас; и вие ќе бидете Моите сведоци, како во Ерусалим така и во целата Јудеја и Самарија, па и во најдалечните делови на земјата,"* без оглед дали имаме време ние мораме да најдеме време и да ги направиме сите напори за да работиме во ширењето на евангелието.

Причината поради која Исус го положил Својот живот била во тоа да не спаси и да не поведе кон Небесата. Тој не го положил неволно Својот живот, само поради тоа што тоа било Божја волја. Исто како што едно дете кое што си ги сака родителите и ги сваќа нивите срца, доброволно им се потчинува на нивната волја, исто така и Исус се покорувал со радост. Тој ја знаел, подобро од било кој друг, тагата којашто била во Божјото срце за душите на оние луѓе кои што оделе кон патот на вечната смрт.

Поради тоа Исус го избрал патот кој што водел кон положувањето на Неговиот живот. Иако на крајот од овој пат се наоѓала славата, овој пат не бил лесен; тој бил продолжение на страдањата. Но Тој сепак доброволно се определил да го земе сето тоа, а Бог мора тогаш да бил навистина среќен и радосен! Колку ли мора да му изгледал убаво на Бога поради тоа! Поради тоа Тој му ја подарил Својата сила на Исуса, и му ги покажал дури и поголемите нешта (Јован 5:20). Знаците, чудесата и делата на чудесната сила кои што се изразувале низ Исуса, биле доказ за Божјата љубов за Исуса.

Бог исто така ни го дал и авторитетот да станеме Негови чеда. Запишано е во Марко 16:17, "*Овие знаци ќе ги пратат оние кои што поверувале,*" Бог ни ветува, дека како Негови чеда, ако во себе ја имаме чистата вера, Тој ќе биде со нас низ знаците, исто како што бил и со Исуса.

Расправијата На Евреите

„Поделба настана помеѓу Јудејците штом ги слушнаа овие зборови. Голем број од нив кажуваа, 'Тој има демон во Себе и не е при Себе. Зошто Го слушате?' Други пак велеа, 'Ова не се зборови на човек опседнат од страна на демонот. Опседнатиот со демонот не може да му ги отвори очите на слепиот, нели?'" (10:19-21)

Наместо да се радуваат и да ја оддаваат благодарноста заедно со слепиот човек кој што бил излекуван, Јудејците почнале да се расправаат помеѓу себе и на крајот го натерале човекот да си замине. И по слушањето на Исусовата илустрација во врска со пастирот и овците, во намера да ги просветли, се појавила една друга расправија. По напаѓањето од страна на луѓето дека е опседнат од страна на демонот, тие почнале меѓусобно да се караат. Некој од нив кажал, „Тој има демон во Себе и не е при Себе. Зошто Го слушате?" додека други пак кажувале, „Ова не се зборови на човек опседнат од страна на демонот. Опседнатиот со демон не може да му ги отвори очите на слепиот, нели?"

Нивната расправија и караница постепено почнала да расте сè додека, на крајот, не одлучиле да го 'убијат' Исуса. Во основа, нивните срца биле зли, па тие не се колебале да ги осудат другите луѓе и не се воздржувале од зборувањето и делувањето во злото. Тие себеси се нарекувале луѓето на Бога, бидејќи биле во позиција да можат да го проучуваат Законот. Но бидејќи нивните очи им биле заслепени од страна на вистината, тие го обвиниле Исуса дека е луд и опседнат од страна на демонот, иако тие веќе ги имале видено делата Божји кои што се манифестирале низ Исуса Христа.

Но не секој го судел и осудувал Исуса поради злото во себе. Меѓу нив имало и луѓе со добри срца, кои што прашале како е можно да личност опседната од страна на демон, може да му ги отвори очите на некој слеп човек. Овие луѓе верувале и ги прифатиле делата на Исуса како еден вид на манифестација на Божјата сила. Немало шанса да демонот може да ја има во себе силата да му ги отвори очите на слепиот човек.

Во Библијата можеме да видиме случаи на некои луѓе кои што станале неми и глуви поради демонската опседнатост. Демоните донесуваат болести, несреќи, искушенија, страдања и потешкотии. Демоните немаат ништо заедничко со добрите дела, како што е отворањето на очите на слепиот човек, за да би можел да му ја одаде славата на Бога (Марко 9:25; Лука 6:18, 9:42). Отворањето на очите на слепиот било дело на Бога, и Тој ги изведува ваквите дела преку избраните луѓе кои што му угодуваат (Псалм 146:8; Судии 42:1-7).

„Јас И Отецот Сме Едно"

Исто како и секоја друга нација, нацијата на Израел си има свои специфични празници. Трите големи празници за Јудејците се: Пасхата, Празникот на Неделите и Празникот на Сениците. Покрај овие празници постоеле и други празници како што биле Рош Хашана, Јом Кипур, Пурим и Празникот на Посветувањето-Обновението (Ханука).

Помеѓу сите други празници, Празникот на Посветувањето, или поинаку познатиот како 'Ханука', е празник кој што ја одбележува повторната посветеност на Светиот Храм. Во 165 В.С., Јудејскиот лидер Макавеј го одземал Ерусалим од рацете на Сиријците и повторно го посветил храмот во Ерусалим, кој што бил уништен кога Ерусалим бил завземен. За да го одбележат овој настан Јудејците го празнуваат Ханука сé до денес. Од Септември

25 од Јудејскиот календар (околу Декември), во текот на околу осум дена, Јудејците прославуваат низ разни свечености. Отприлика паѓа во исто време кога и Божиќ, кога се прославува Христовото раѓање. Јудејците не го признаваат Исуса како Христа и затоа наместо тоа го слават Ханука.

„Ако Си Ти Христос, Кажи Ни Отворено"

„Во времето на празникот на Обновението во Ерусалим, во зимно време, одеше Исус во храмот по тремот Соломонов. Тогаш Јудејците се собраа околу Него и му кажуваа, 'До кога ќе не држиш во неизвесност? Ако си Ти Христос, кажи ни отворено.'" (10:22-24)

Се случило во времето на Празникот на Обновението. Зимно време; па бидејќи Исус ќе го земе страдањето на крстот, следната година во Април, значи дека ова била Неговата последна зима на земјата. Некаде во времето на Празникот на Обновението, Исус бил во храмот, во тремот Соломонов. Лоциран заедно со надворешните ѕидови на храмот, Соломоновиот трем немал некои ѕидови со кои што би се блокирале ветриштата. Ако погледнеме на една црква ќе видиме дека таа има црковна зграда, црковен двор и црковна ограда. Ако го споредиме храмот со црквата, Соломоновиот трем би бил нешто како црковната ограда, лоциран надвор од црковната зграда. Локацијата била често употребувана од страна на Рабините, кои што си ги поучувале своите ученици на тоа место.

Исус и Неговите ученици исто така отишле таму за да го шират евангелието, да поучуваат, лекуваат болни и да им ја покажуваат Божјата сила на луѓето. Еден ден една група на Јудејци се собрале околу Исуса како да испланирале да го направат тоа и почнале по случаен избор да го прашуват некои прашања, како што биле на пример, „Колку долго ќе не држиш во неизвесност?" и „Ако си Ти Христос, кажи ни отворено!"

Јудејците очекувале да Исус стане исплашен од нивното присуство и да каже дека Тој не бил Христос. Тие го направиле сето тоа бидејќи не го признавале Исуса за Божји Син и го сметале за обична личност. Тие самите биле Израелеви водачи кои што имале познати имиња и авторитет. Меѓу нив биле и некои кои што имале темелно познавање на Законот. За нив, Исус изгледал како да е син на сиромашен столар, кој што одел наоколу со некои рибари, кои што му биле ученици. Токму поради тој факт, иако Исус им покажал голем број на знаци и чуда, за да им даде докази кои што ќе ги видат и ќе поверуваат, тие сепак одбивале да поверуваат. Па како реагирал Исус на нивните барања кои што очекувале да им каже дека тој е Христос?

„Не Верувате Бидејќи Не Сте Од Моите овци"

„Исус им одговори, 'Ви кажав, и вие не поверувавте; делата кои што ги правам во името на

Мојот Отец, сведочат за Мене. Но вие не верувате бидејќи не сте од Моите овци. Моите овци го слушаат Мојот глас, ги познавам и тие Ме следат."
(10:25-27)

Бог употребил многу различни начини за да им покаже на Јудејците дека Исус навистина бил Спасителот. Тој им кажал за тоа преку Јована Крстителот, Исус самиот им го кажал истото, а и преку сите моќни дела коишто биле извршени во Божјото име, Тој исто така посведочил за Себе. Но Јудејците не го препознале сé до самиот крај.

„Ви кажав, и вие не поверувавте; делата кои што ги правам во името на Мојот Отец, сведочат за Мене."

Јудејците не само да одбиле да поверуваат; тие суделе, осудувале и ковале завери како да го убијат Исуса. Исто како што една овца си го препознава гласот на својот пастир и си го следи, чедата Божји би требало да бидат способни да поверуваат во сите нешта кои што Бог низ Исуса ги изведувал.

„Јас И Отецот Сме Едно"

„И Јас ќе им дадам вечен живот, и тие никогаш нема да загинат; и никој нема да ги грабне од раката Моја. Мојот Отец, кој што Ми ги даде, е поголем од сите; и никој не може да ги грабне од раката на

Мојот Отец. Јас и Отецот сме едно." (10:28-30)

Исус кажал, „Јас ќе им дадам живот вечен," бидејќи оние кои што веруваат во Исуса, кој што е Спасистелот, го примаат и Светиот Дух; и тогаш нивните духови, кои што еднаш порано биле мртви, повторно ќе оживеат. Кога Светиот Дух ќе му даде раѓање на духот и кога ќе почнеме сè повеќе да живееме во Словото на Бога, тогаш малку по малку ќе почнеме да се менуваме во вистината. Ова е патот на вечниот живот. Бидејќи во Исуса Христа, кој што го има вечниот живот, не постои смртта, кога ќе поверуваме во Него, ќе можеме да го имаме вистинскиот живот. Затоа нема да можеме да загинеме и ќе ја уживаме вистинската вечна среќа на Небесата.

Исус исто така кажал, „Никој нема да ги грабне од Мојата рака." Ова е делот каде што Исус покажува колку многу не сака. Она што Исус го кажува во овој пасус е тоа дека Неговите овци Му биле доверени од страна на Бога. Тој Самиот си ги сака овците, спремен дури да го положи и Својот живот за нив, па затоа без разлика каква и да е опасноста која што може да дојде, Тој нема да ги предаде овците Свои. Па затоа никој нема да може да му грабне ниту една овца од раката Негова.

„Кој може да не оддели од љубовта Христова? Дали можат неволјите, или вознемиреноста, или прогоните, или гладта, или голотијата, или опасноста, или можеби мечот?" (Римјаните 8:35).

Како врв на сето тоа, Бог е поголем од било што во созданието. „Било што во созданието" се мисли на сите нешта кои што постојат во универзумот. Самиот универзум е несватливо огромен. Кој тогаш би можел да не грабне од рацете на Бога, кој што е поголем дури и од огромниот универзум? По нагласувањето дека никој нема да може да не грабне од рацете на Исуса, сè додека веруваме и го следиме Него, Тој ни објаснува зошто сето тоа е така кажувајќи ни, „Јас и Отецот сме едно."

Причината поради која Исус и Бог се едно лежи во тоа што Исус е Словото (Бог) кое што станало тело и кое што дошло на овој свет (Јован 1:14). И самиот факт што Исус бил зачнат од страна на Светиот Дух, ни дозволува да дознаеме дека Тој е едно со Бога.

Јудејците Се Обидуваат Да Го Каменуваат Исуса

„Јудејците пак зедоа камења за да Го каменуваат. Исус им одговори, 'Ви покажав многу добри дела од Отецот; за кое од нив Ме каменувате?' Јудејците Му одговорија, 'Не Те каменуваме поради добрите дела, туку поради богохулие; и поради тоа што Ти, иако си човек, се правиш Себеси Бог.'" (10:31-33)

Јудејците биле страшно навредени кога Исус им кажал дека Тој е едно со Бога. Тие биле спремни да го каменуваат. Тие верувале дека Тој со тоа го навредил Богот кого што тие го обожуваат. Ако само свателе дека добрите дела коишто

Исус ги имал направено, не можеле да бидат направени со човечките способности и сила, тогаш тие би знаеле дека Бог пребива заедно со Него. Но нив не ги интересирале добрите дела; она кон што се насочиле биле зборовите „едно со Бога" и го виделе тоа како еден смртен грев. Познавајќи им ги срцата, Исус мудро ги запрашал едно прашање кое што им ги разоткрило нивните вистински срца: „Ви покажав многу добри дела од Отецот; за кое од нив Ме каменувате?"

Кога Јудејците повторно ги разгледале сите дела коишто Исус ги има направено, виделе дека не можат во нив да најдат никаква причина за да го каменуваат. Па кога не можеле да најдат адекватен одговор на Неговото прашање, тие се препирале дека Тој покажал богохулие кажувајќи, „Бидеќи Ти, иако си човек, се правиш Себеси Бог." Делота да се покаже непочитување или дрскост кон Бога, се нарекува „богохулие". Во Библијата, тоа е збор со кој што се објаснува нешто што се смета за сквернавење.

„Зошто Ме Обвинувате За Богохулие?"

„Исус им одговори, 'Нели е запишано во вашиот Закон, "Ви кажав дека сте богови"? Ако тој ги нарече 'богови,' кај кого што дојде словото Божјо—а Писмото не може да се прекрши—што да се каже за оној кого што Отецот го одделил како Негов и Го испратил во светот? Зошто Ме обвинувате за богохулие, поради тоа што кажав, "Јас сум Синот

Божји"?'" (10:34-36).

Исус го употребил Законот, на кого што Јудејците му придавале толку голема сила и авторитет, за да ги просветли и да им укаже на вистината. Тој го употребил пасусот од Псалм 82:6, *„Ви кажав, 'Вие сте богови, и сите вие сте синови на Највисокиот.'"*

Зошто тогаш Исус кажал, „Писмото не може да се прекрши"? Библијата претставува Божјото Слово на верувањето дадено кон нас. Бог не е човек; па затоа во сето она што Тој ќе го каже нема заблуда, и нема каење. Тој секогаш го правел она што Тој кажал дека ќе го направи. А бидејќи Библијата претставува едно искрено ветување дадено од страна на Бога, тоа ветување не може да биде прекршено. Матеј 5:18 кажува, *„Вистина ви велам, додека не поминат небесата и земјата, ниту најмалото слово или удар ќе помине од Законот, сè додека сето не се исполни."*

Исус кажал дека е запишано во Законот, дека луѓето „кај кои што дошло Словото Божјо", се богови. Постои голем број на луѓе во Библијата кои што го примиле специјалното откровение од Бога. Бог или директно им се обратил или им зборувал во сништата. Јаковиот единаесети син, Јосиф, го протолкувал Фараоновиот сон, којшто ниеден друг не можел да го протолкува, па тогаш Фараонот им кажал на слугите свои, *„Дали можеме да најдеме ваков човек, во кој што е божествениот дух?"* (Битие 41:38). На Мојсеја, кој што бил водачот на Големиот Исход, Бог му кажал,

„Ете, те направив како бог пред Фараонот" (Исход 7:1). Апостолот Павле исто така покажал голем број од вчудоневидувачките дела Божји, па голем број на луѓе помислиле дека тој самиот е бог (Дела 14:11, 28:6).

Кога Исус кажал, „Јас и Отецот сме едно", луѓето помислиле дека Тој „се претставува Себеси како Бог". Исус секогаш го нарекувал Бога со „Оче". Тој никогаш не кажал, „Јас сум Бог." Но сепак, базирано на пасусот од Левит 24:16, *„ Оној кој што богохули на името ГОСПОДОВО сигурно ќе биде предаден на смртта; целата конгрегација тогаш ќе го каменува,"* тогаш тие помислиле дека ја нашле причината за да Го убијат, а сето тоа да биде во согласност со Законот.

„Иако Не Ми Верувате, Верувајте Во Делата"

„'Ако не ги правам делата на Мојот Отец, не верувајте Ми; но ако ги правам, иако не Ми верувате на Мене, верувајте во делата, за да можете да дознаете и да сватите дека Отецот е во мене, и дека Јас сум во Отецот.' Поради тоа тие пак се обидоа да го фатат, но Тој избега од нивнот стисок." (10:37-39)

Исус бил многу тажен гледајќи ги Јудејците. Иако во многу случаи им ги претставил Божјите вчудоневидувачки дела, тие сепак сеуште не му верувале, поради фактот дека во своите срца имале љубомора и завист. Ако тие не можеле стварно да поверуваат, Исус ги повикувал да поверуваат барем во делата што ги имал направено кажувајќи им, „Ако не ги правам делата на Мојот Отец, не верувајте Ми; но ако ги правам, иако не Ми верувате на Мене, верувајте во делата, за да можете да дознаете и да сватите дека Отецот е во мене, и дека Јас сум во Отецот."

Делата кои што Исус ги извел не можеле да бидат изведени со помош на човечката сила. Една личност може само да препознае дека Тој ги извел тие дела преку силата на Бога. Исус сакал да тие ја добијат верата барем со гледањето на тие нешта. Пасусот го покажува Исусовото срце—срцето кое што искрено копнеело да спаси барем уште една душа.

Но без разлика колку многу Исус се обидувал да ги просветли, тие сепак сеуште не можеле да разберат. Јудејците сѐ повеќе и повеќе се лутеле и се обиделе да го фатат Исуса. Сепак, уште еднаш, Исус мудро избегал од нивниот стисок. Да, Неговото време сеуште не било дојдено за да биде фатен; но што е најважно, Исусовите зборови во себе носеле толку многу достоинство и авторитет, што никој ниту се осмелувал да дојде и да го фати.

Луѓето Кои Што Поверуваа Отаде Јордан

„И отиде пак отаде Јордан, до местото каде што крштеваше Јован, и остана таму. Многумина дојдоа кај Него кажувајќи, 'Јован не направи ниедно чудо, но сето што го кажа за овој човек беше вистина.'

Многумина поверуваа во Него таму." (10:40-42)

Исус уште еднаш отишол отаде Јордан. Тоа бил регионот на Верија, каде што Јован Крстител крштевал. Луѓето кои што таму се собрале откако чуле за Него, биле поучени на евангелието за Небесата, од страна на Исуса, и Тој извел голем број на чудесни знаци, вклучувајќи го тука и излекувањето на болните луѓе. Кога луѓето од тој регион дошле во директен контакт со Исусовите зборови и со Неговото свештенствување, тие кажале, „Јован не направи ниедно чудо, но сето што го кажа за овој човек беше вистина."

Реакциите кај луѓето во регионот на Верија биле многу различни од реакциите на Јудејците во Ерусалим. Доброто и злото во срцата на луѓето биле јасно изразени тука. Добрите луѓе се обидувале да поверуваат во добрите и љубезни зборови кои што се однесувале на вистината. Специјално кога некој како што бил Исус, сведочел за зборовите преку знаците и чудесата кои што ги изведувал. Тогаш тие поверувале. А сето тоа е така, бидејќи чудесните знаци не можат да се случат со употребата на човечката сила; тие се возможни само преку Бога (Псалм 62:11).

Автор:
д-р Џерок Ли

Д-р Џерок Ли е роден во Муан, Покраина Јеоннам, Република Кореа, во 1943 година. Кога имал дваесет години, Д-р Ли почнал да страда од разни неизлечиви болести и седум години ја исчекувал смртта без надежта за оздравување. Еден ден во пролетта 1974 година сестра му го однела во црквата и кога клекнал долу да се помоли, Живиот Бог веднаш го излекувал од сите негови болести.

Од моментот кога Д-р Ли го запознал Живиот Бог преку тоа прекрасно искуство, тој го засакал Бога со сето негово срце и искреност, и во 1978 година бил повикан да стане слугата Божји. Тој предано се молел за да може јасно да ја разбере волјата Божја, во потполност да ја исполни и да ги почитува сите Слова Божји. Во 1982 година, ја основа Манмин Централната Црква во Сеул, Кореа и безбројните дела Божји, вклучувајќи ги чудотворните излекувања и чудесата почнаа да се случуваат во неговата црква.

Во 1986, Д-р Ли беше ракоположен за свештеник на Годишното Собрание на Исусовата Сунгкјул Црква во Кореа и четири години подоцна во 1990 година, неговите проповеди започнаа да се емитуваат во Австралија, Русија, Филипините и во многу други земји, преку Радиодифузното друштво на Далечниот Исток, Азиската Станица за Радиоемитување и Христијанскиот Радио Систем во Вашингтон.

Три години подоцна во 1993 година, Манмин Централната Црква беше избрана како една од „50 Најдобри Цркви во Светот" од страна на магазинот *Христијански Свет* (САД), а тој се здоби со Почесен Докторат за Богословија од Колеџот Христијанска Вера во Флорида, САД и во 1996 го добива Докторатот по Свештеничката Служба од Кингсвеј Теолошката Семинарија, Ајова, САД.

Од 1993 година, Д-р Ли го презеде водството на светската мисија на многу крстоносни походи во странство, вклучувајќи ги тука Танзанија, Аргентина, Л.А., Градот Балтимор, Хаваи, Градот Њујорк во САД, Уганда, Јапонија, Пакистан, Кенија, Филипините,

Хондурас, Индија, Русија, Германија, Перу, Демократска Република Конго и Израел. Неговиот крстоносен поход во Уганда беше емитуван на Си-Ен-Ен а на Израелскиот крстоносен поход одржан во Меѓународниот Конвенциски Центар во Ерусалим, тој го прогласи Исуса Христа за Месија. Во 2002 година беше наречен "свештеникот на светот" од главните Христијански весници во Кореа за неговата работа во различните Големи Обединети Крстоносни походи во странство.

Така во март 2017 година, Манмин Централната Црква има конгрегација од повеќе од 120,000 члена. Има 11,000 локални и подрачни цркви во странство на целата земјина топка вклучувајќи 56 домашни црквени филијали во поголемите градови на Кореа, а досега се воспоставени повеќе од 102 Мисии во 23 земји, вклучувајќи ги Соединетите Држави, Русија, Германија, Канада, Јапонија, Кина, Франција, Индија, Кенија, и многу други.

До денот на ова издание, Д-р Ли има напишано 107 книги, вклучувајќи ги и бестселерите *Вкусување на Вечниот Живот пред Смртта*, *Мојот Живот*, *Мојата Вера I & II*, *Пораката на Крстот*, *Мерката на Верата*, *Небеса I & II*, *Пекол*, и *Силата на Бога*. Неговите дела се преведени на повеќе од 76 јазици.

Неговите Христијански колумни се појавија во весниците *Ханкук Илбо*, *ЈоонгАнг Дејли*, *Донг-А Илбо*, *Сеул Шинмун*, *КјунгХуанг Шинмун*, *Кореја Економик Дејли*, *Кореја Хералд*, *Шиса Њуз* и *Христијан Прес*.

Д-р Ли во моментов е водач на многу мисионерски организации и здруженија: вклучувајќи го и тоа дека е Претседавач, Обединетите Свети Цркви на Исус Христос; Постојан Претседател, Здружение на Мисијата за Христијански препород во светот; Основач & Претседател на Одборот, Глобална Христијанска Мрежа (ГХМ); Основач & Претседател на Одборот, Светска Христијанска Мрежа на Доктори (СХМД); и Основач & Претседател на Одборот, Манмин Интернационалната Семинарија (МИС).

Други моќни книги од истиот автор

Небеса I & II

Детален нацрт на прекрасната животна средина во која живеат жителите на рајот и прекрасни описи на различните нивоа на небесните царства.

Пораката на Крстот

Моќна освестувачка порака за будење на сите луѓе кои што се духовно заспани! Во оваа книга ќе прочитате за причината зошто Исус е единствениот Спасител и за вистинската љубов на Бога.

Пекол

Искрена порака до целото човештво од Бога, Кој што посакува ниту една душа да не падне во длабочините на Пеколот! Ќе откриете никогаш порано −откриено прикажување на суровата реалност на Долниот Ад и Пеколот.

Дух, Душа и Тяло I & II

Преку духовното разбирање за духот, душата и телото, кои што се компонентите на луѓето, читателите ќе можат да погледнат во своето 'себе' и да се здобијат со увид за самиот живот.

Мерката на Верата

Какво живеалиште, круна и награди се подготвени за вас во Рајот? Оваа книга обилува со мудрост и водство за вас да ја измерите вашата вера и да ја култивирате најдобрата и зрела вера.

Разбудениот Израел

Зошто Бог внимана на Израел од почетокот на светот до денешен ден? Каков вид на Негово Провидение е подготвено за Израел во последните денови, кои што го исчекуваат Месијата?

Мојот Живот, Мојата Вера I & II

Најмирисна духовна арома извлечена од животот кој што цветал со една неспоредлива љубов за Бога, во средина на темните бранови, студеното ропство и најдлабокио очај.

Моќта на Бога

Четиво што мора да се прочита и што служи како основен прирачник со кој што некој може да ја стекне вистинска вера и да ја искуси прекрасната сила на Бога.

www.urimbooks.com

www.ingramcontent.com/pod-product-compliance
Lightning Source LLC
LaVergne TN
LVHW091700070526
838199LV00050B/2218